시사고전일지

길 잃은 나의 조국

My Beloved Korea, A Lost Road

홍경표 지음

개정판

圖書出版 오래

길 잃은 나의 조국

초판 1쇄 펴낸날 | 2009년 9월 10일
개정판 1쇄 펴낸날 | 2023년 9월 20일

지은이 | 홍경표
펴낸이 | 황인욱
펴낸곳 | 도서출판 오래
　　　　04091 서울시 마포구 토정로 222, 406호(신수동, 한국출판콘텐츠센터)
　　　　전화 02-797-8786, 8787
　　　　팩스 02-797-9911
　　　　이메일 orebook@naver.com
　　　　홈페이지 www.orebook.com
　　　　출판신고번호 제2016-000355호

ISBN 979-11-5829-215-7　03300

값 20,000원

나의 사랑하는 아내에게

일러두기

이 책에서 인용한 주요 동양 고전은 논어論語, 맹자孟子, 대학大學, 중용中庸, 주역周易, 시경詩經, 서경書經, 도덕경道德經, 장자莊子, 순자荀子, 한비자韓非子, 묵자墨子, 소학小學, 명심보감明心寶鑑, 고문진보古文眞寶, 채근담菜根譚 등이며 아래의 해석 번역본을 참고하였다. 그 외는 고사성어대사전과 중국고전명언사전 등을 참고하였다.

1. 논어論語 강설 이기동 역저 성균관대학교출판부 서울 한국 2005
2. 맹자孟子 차주환 역 명문당 서울 한국 2002
3. 대학大學·중용中庸 김학주 역 명문당 서울 한국 1995
4. 대산 주역周易 강의 김석진 역저 한길사 서울 한국 1999
5. 시경詩經 김학주 역 명문당 서울 한국 2002
6. 서경書經 김학주 역 명문당 서울 한국 2002
7. *도덕경道德經 하상공장구河上公章句 노자老子 저 이석명 역 소명출판 서울 한국 2005
8. 장자莊子 기세춘 역 바이북스 서울 한국 2007
9. 순자荀子 정장철 역 혜원출판사 파주 한국 1992

10. 한비자韓非子 노재욱/조강환 역 자유문고 서울 한국 1994

11. 묵자墨子 박문현/이지한 역 자유문고 서울 한국 2007

12. 소학小學 주희朱熹 저 이기석 역 홍신문화사 서울 한국 1993

13. **명심보감明心寶鑑 추적秋適 편저 김성원 역 명문당 서울 한국 2005

14. 고문진보古文眞寶 황견黃堅 편 이장우/우재호/장세후 역 을유문화사 서울 한국 2007

15. 채근담菜根譚 홍자성洪自誠 편저 조지훈 역주 현암사 서울 한국 1996

16. 고사성어대사전故事成語大辭典 임종욱 엮음 시대의창 서울 한국 2008

17. 중국고전명언사전中國古典名言事典 모로하시 데쓰지(諸橋轍次) 편 김동민/원용준 역

솔 서울 한국 2004

* 본문 주석에서는 도덕경道德經의 하상공河上公 본본과 왕필王弼 본본의 목차를 함께 표기했다.
** 명심보감明心寶鑑은 편저자가 추적秋適과 범입본范立本으로 따로 알려져 있다.

머리말

역사적으로 중차대한 사건이 벌어지게 되면 그것을 발생하기 이전으로 되돌리는 것은 거의 불가능하며, 해결하기조차 어려운 경우가 흔하다. 장자莊子는 재앙이 모이고 쌓이면 점점 자라나 되돌리기가 매우 어려우며, 그렇게 쌓인 재앙의 결과는 오랜 세월을 간다고 했다.[1] 예를 들어 지금으로부터 약 100년 전인 1910년, 조선[대한제국]이 일제에 멸망당하고 식민지가 된 다음에는 이미 돌이킬 수 없는 상황이 돼 버렸던 사실을 잘 알고 있다. 1919년 3월 조선 백성들이 '대한독립만세'를 외쳤어도 식민지 상황은 더욱 굳어져만 갔으며, 우리가 일제 식민지로부터 해방된 것은 경술庚戌 국치國恥로부터 36년이란 긴 세월에 지난 후였다. 그러나 조선이 멸망하기 몇 십 년 혹은 백 년 전으로 거슬러 올라가 보면 나라가 조금씩 기울어가는 길로 접어드는 작지만 중요한 징

---

1 장자莊子 서무귀徐无鬼; 화지장야자췌 기반야연공 기과야대구 禍之長也玆萃 其反也緣功 其果也待久

조들을 찾아낼 수 있다.

노자^{老子}는 천하의 어려운 일은 반드시 쉬운 것에서 일어나고, 천하의 큰일이라도 반드시 미세한 것에서부터 만들어진다고 했다.[2] 따라서 천하의 큰일이 벌어지기 훨씬 전에 시초의 미세한 것을 발견해내고 이를 미리 제거하거나, 진행을 막으면 큰 재앙을 예방할 수 있을 것이다. 나라에서 뿐아니라 가정과 학교에서도 이러한 예는 얼마든지 찾아볼 수 있다. 학교에서 학생을 가르치다 보면 본래는 선량했던 학생이 나쁜 물이 들어 낙오하는 경우를 가끔 보게 되는데, 대개는 이미 낙오한 뒤에 발견되어 계도^{啓導}하기 어려운 경우가 많다. 그러나 가정과 학교에서 관심을 가지고 지켜보면 낙오하는 학생들의 대다수가 낙오되기 훨씬 이전부터 조금씩 그런 기미를 보이기 시작하는 것을 발견할 수 있다. 예를 든다면 학교 가기 싫어 한다든가 남의 조그만 물건을 훔친다던가 하는 것 등이 그것이다. 이럴 때 그 학생을 상담해 보거나 심리적으로 분석해보면 그 이유가 의외로 간단하거나 사소한 것에서부터 출발하고 있는 경우가 드물지 않다는 것을 알고는 놀란다. 우리가 이러한 문제들을 초기에 발견해 내면 쉽게 해결할 수 있어서 그 학생이 나쁜 길로 접어들기 전에 그를 구해 낼 수 있다. 하지만 가정에서나 학교에서 그 학생에 대하여 관심이 적다면 사태가 매우 나빠진 후에 발견되어 해결이 불가능한 경우가 많다.

---

2 노자老子 도덕경道德經 은시恩始/이세易細; 천하난사 필작어이 천하대사 필작어세
　天下難事 必作於易 天下大事 必作於細

인간 교육에 있어서 한 인간의 장래와 역사상 한 국가의 미래는, 관심을 가지고 작은 징조를 이른 시기에 발견하여 중재함으로써 불행한 사태로의 발전을 미리 막을 수 있다는 점에서 비슷하다. 나는 2005년 2월 10일 북한이 북핵 6자회담에 참석치 않겠다고 선언한 날부터 2007년 4월 2일 한미 자유무역협정(Free Trade Agreement＝FTA)이 타결된 날까지[3] 약 2년여 동안 우리나라에서 일어난 사건을 중심으로 나라의 명운命運에 영향을 미칠 수 있는 징조들을 찾아 분석하고 이를 교정할 수 있는 원칙을 이 책에서 제시하고자 노력하였다. 따라서 이 책에 나오는 사건들이 거의 대부분 좋지 않은 소식이라는 점에 대하여 독자 여러분의 양해를 먼저 구하고자 한다. 더우기 잘못된 행위를 저지른 사람을 비방할 의도 또한 전혀 없다는 점을 강조한다. 어떤 사람의 행위가 그릇되었을 때, 우리는 사람을 비난하기 보다 그릇된 행위 그 자체에 대하여 비평해야 한다. 예부터 군자君子는 남의 잘못을 정직하게 일러주며 지적하지만 그를 헐뜯지는 아니하였다.[4] 그리고 상당수 뉴스가 참여정부에 비판적인 조선일보를 참조했음을 미리 밝혀둔다. 그 까닭은 참여정부가 집권하고 있던 당시에는 비판적인 뉴스를 조선일보에서 많이 다루었기 때문이며, 특정 신문의 논조를 지지하기 때문에 그 신문을 인용한 것이

---

3 2007년 10월 4일에 있었던 제2차 남북 정상회담과 같이 의미있는 몇 사건은 추가되었다. 또한, 맥락이 비슷한 사건이나 소식이 있으면 독자의 이해를 돕기 위해서 최근 내용을 일부 추가했다.

4 순자荀子 불구不苟; 군자…정의직지 거인지과 비훼자야 君子…正義直指 擧人之過 非毁疵也

아니라는 점을 여기에서 분명히 하고 싶다. 독자 여러분의 오해가 없기를 간절히 바란다.

순자荀子에 이르기를 '얕은 것으로서 넓고 큰 것을 알아내고, 옛 것으로서 지금의 것을 알고, 한 가지로서 만 가지를 안다'라고 했듯이,[5] 이 책에서는 앞서 언급한 2년 반 동안 일어난 사건들을 고사성어故事成語와 사서삼경四書三經을 비롯한 동양의 고전에 실려 있는 내용에 비유하여 설명해보려고 시도하였다. 그렇게 함으로써 우리의 미래를 예측해 보고자 했으며, 불행한 미래를 피하기 위해 역사의 진행 과정을 어떻게 하여야 선한 방향으로 개선할 수 있을지 고민해 보았다.

일반적으로 역사는 적어도 한 세대 약 20년이 흘러야 평가가 가능하다고 했지만, 그만한 세월이 지나버리면 사태의 발전이 불가역적不可逆的이어서 되돌릴 수 없는 경우가 많이 생겨날 것이다. 현대는 역사의 진행 속도가 과거에 비할 수 없이 빨라져 옛날에는 수십 년 수백 년 걸렸던 변화가 지금은 몇 년 몇 달 사이에 일어나기도 한다. 그러므로 역사의 평가가 내려진 시점에서는 이미 상황이 끝나버린 후가 되어 역사의 진행을 교정하기가 대체로 불가능해진다. 2003년 3월 미국의 잘못된 판단에 근거한 침공으로 말미암아 이라크는 역사적 불행을 맞았지만, 지금 그 잘못 진행된 역사를 되돌릴 수 있는 사람이나 나라는 지구상 어

---

5 순자荀子 유효儒效; 이천지박 이고지금 이일지만 以淺持博 以古持今 以一持萬

디에고 없다. 먼 훗날 역사의 평가를 보고 후세 사람들은 교훈을 찾을 수 있겠지만, 이미 이라크 나라는 찢어지고 국민은 갈라졌으며 주요 경제적 이권은 외국에 빼앗기고 그리고 평화는 사라졌다. 그러므로 현재 진행형인 역사에서 그 주체인 우리로서 역사가 나쁜 방향으로 흘러가는 것을 미리 중간에 개선하지 못한다면 매우 후회스러운 결과가 초래될 수 있다. 한漢나라 초기의 유학자이자 재상이었던 동중서董仲舒도 그의 저서 춘추번로春秋繁路에서 귀미중시貴微重始 즉 '미세한 징조를 귀히 여겨서 사태의 시작 단계를 중시한다'라고 말하고 있다. 나 또한 조그만 사건이라도 중요한 의미가 있으면 채택하였으며 큰 사건이라도 역사적 의미가 별로 없으면 채택하지 않았다. 이렇게 작은 기미를 강조했던 까닭은 이 단계에서는 노력 여하에 따라 얼마든지 문제를 해결할 수 있으며, 그렇게 함으로써 불행한 사태로 발전해 나가는 것을 미리 예방할 수 있기 때문이다. 역사가 잘못된 방향으로 궤도를 1도 이탈했을 때 그 징조는 미세하게나마 우리에게 보여진다. 우리가 1도를 수정하고 제 궤도로 들어가는 것은 아주 쉬우나, 그것을 못보거나 내버려두어 수 년 후 1도의 이탈이 수 천리가 된 다음에는 하늘도 이를 움직이지 못한다. 역사 변환의 중요 시기를 놓치면 역사 변화의 기회를 잃어버리고 마는 것이다.

요즈음 젊은 사람들은 세상 돌아가는 일에 상대적으로 관심이 줄어들고 있는 경향이 있다. 그나마 신문이나 방송, 인터넷으로 단편적인 뉴스는 접하겠으나 과거 현재 미래를 관통하면서 흐르고 있는 역사의 큰 물줄기에 관심을 갖고 있는 사람은 많지 않다. 나에게도 두 아들이 있지만 그들 또한 예외가 아닐 것이라고 생각한다. 인도의 초대 수상이었던 네루는 영국으로부터 독립 운동을 하던 시절 긴 세월을 여러 차례 감옥 속에서 보냈다. 그는 옥중에서 딸에게 세계사에 대하여 이야기하는 편지를 3년에 걸쳐 196편을 보내 역사에 대한 올바른 인식을 도와주었다.[6] 이 편지는 한데 모아져 훗날 '세계사 편력(Glimpses of World History)'이라는 책으로도 세상에 나왔다. 내가 네루에 비할 바 되지 못하겠지만 세상이 돌아가는 이치를 이 책을 빌어 두 아들에게 일러주고 싶은 마음은 부모로서는 공통일 것이다. 이 책에서는 관련이 있는 사건들을 내용별로 모으고 시기적으로 엮어 일지日誌 형식으로 기술하였다. 하지만 얼마 시간이 경과하지 않은 사건들을 논하여서 그로 인해 남들의 웃음거리가 되지는 않을까 두려운 마음도 없지 않다.[7]

나의 소박한 생각이 책으로 나오게 되기까지에는 많은 분의 도움이 있었다. 이 분들의 도움이 없었다면 나의 생각은 햇빛을 볼 수 없었을 지도 모른다. 동양 고전을 자문해주신 진성수 박사, 삽화를 맡아주신 송근영 화백, 자료를 찾아주고 만들어주신 이화영 사서와 강보라 기자, 자문에 흔쾌히 응해주신 정인억 박사와 최문실 컨설턴트 및 홍혜선 변호사, 내용을 검토해주신 안

---

6 네루의 딸은 훗날 인도 수상이 된 인디라 간디이다.
7 주희朱熹 소학小學 외편外篇 가언嘉言; 논당세이해이 論當世而解頤 당唐나라 유변 柳玭이 자제들에게 경계하기를, '당대의 일을 논하여서 남의 웃음거리가 되지 말라' 고 말했다.

석진 선생께 지면을 빌어 심심한 감사의 인사를 전한다. 존경하는 백낙청 교수님께서 두찬^{杜撰}임에도 불구하고 추천의 글을 써주셔서 더없는 영광을 입었으며, 이는 대동^{大同} 사회의 꿈을 지지해주시는 격려로 삼고 싶다. 그리고 좋은 책이 만들어지도록 애써주신 이정훈 회장과 정동묵 선생께도 진심어린 고마움을 표한다. 마지막으로 2008년 안식년을 이용하여 초고를 쓸 수 있도록 해준 대학에게 감사드린다.

2009년 9월 1일

재출간에 즈음하여

이 책이 처음 세상에 나온 지 14년이라는 세월이 흘렀다. 그 기간 동안 품절된 책에 관한 출판 요청을 독자층으로부터 받은 바 없지 않았지만 때가 아닌 것 같아 이제껏 미뤄왔다. 저자가 과거 군의관으로 근무하던 부대에서 함께 복무했던 K중위와 최근 재회하여 〈길 잃은 나의 조국〉 책을 전하면서, 이 책에서 염려했던 대부분의 상황이 현재 진행중이라는 사실을 새삼 느꼈다. 그리하여 나는 더 늦기 전에 이 책을 다시 출간하여야겠다는 마음을 정했다. 더우기 국가 채무의 심각한 증가와 출산율의 무서운 저하는 머지않아 국가와 민족의 존폐를 위협하는 시점에 이르렀다. 나의 사랑하는 사해형제四海兄弟[8]가 자신의 위치에서 무엇을 생각하고 무슨 행동을 하여야할지 이 책을 통하여 돌이켜보기를 바라는 마음이다. 끝으로 출간을 맡아주신 도서출판 오래 황인욱 대표께 심심한 감사의 인사를 드린다.

2023년 8월 31일

---

8 논어論語 안연顔淵; 세상의 모든 사람이 형제와 같다.

차례

14

제1장

북한

처음말

통일신라시대 평양 이북과 만주의 옛 고구려 영토에 세워진 발해가 927년 요遼에 의해 멸망한 이후, 1,000여 년 만에 우리 민족은 다시 남과 북으로 갈라졌습니다. 1910~45년 일제日帝 강점기强占期를 경험하고 해방과 더불어 한반도에는 38선이 그어졌으며, 그 후 1948년 8월 15일 38선 남쪽에 대한민국이 건국되고 9월 9일에는 북쪽에 조선민주주의 인민공화국이 세워졌습니다. 1950년 6월 25일 북한의 남침으로 터진 한국전쟁이 휴전한 1953년 7월 27일 이후에는 휴전선이 38선을 대신하여 남북을 가로지르고 있습니다. 1991년 9월 18일 남북한이 유엔에 농시 가입하고 나서 남북 간에 대화와 교류가 지지부진하게나마 진전進展하다가, 마침내 2006년 10월 9일 북한이 핵실험을 하고 핵무기를 개발하면서 한반도에는 다시금 그 미래를 위협하는 기운이 감돌고 있습니다.

길 잃은 나의 조국

핵실험

2005-02-10

초가벌진[1]
楚可伐陳

"초楚나라는 진陳나라를 정벌할 수 있다."

춘추전국春秋戰國시대에 소국小國이었던 진나라는 나라를 지키기 위해 성곽을 높이 쌓고 물골을 깊이 파고 군량軍糧도 엄청나게 비축備蓄하였다. 그 과정에서 국력이 크게 낭비되었다. 지나치게 많은 세금을 걷고 백성들을 혹사시켜 백성들의 원성은 높아만 갔다. 초나라 왕이 진나라를 치기 위하여 미리 정탐을 시켰더니 진나라가 국방을 철저히 해서 칠 수 없다는 보고가 들어왔다. 하지만 초나라 왕은 진나라가 작은 나라인데도 국방에 지나치게 국력을 쏟았다면 세금을 가혹하게 거두고 부역도 심하게 시켰을 터이니 백성들이 지치고 원망이 높을 것이라 생각하고 오히려 진나라로 쳐들어갔다. 결국 높은 성곽과 많은 군량도 아랑곳없이 진나라는 이웃 초나라에 허무하게 멸망당하고 말았다. 북한이 주민들의 민생民生은 소홀히 하고 쓸모없는 핵무기 개발에 그나마 있는 돈을 낭비하고 있으니, 내부 스스로 약화되는 길을 자초하고 있다.

---

1 설원說苑 권모편權謀篇, 유향劉向; 伐 정벌하다

2005년 2월 10일 북한은 북핵 6자회담(한국, 북한, 미국, 중국, 러시아, 일본)에 참석치 않겠다고 발표했습니다. 북한은 외교적으로 긴장 관계를 조였다 풀었다 하면서 특히 미국으로부터 이익을 최대한 얻어내려 합니다. 북한은 경제적 실정失政에 따른 빈곤으로 인하여 국제 역학 관계에서 수세에 몰려 있어, 마치 낭떠러지를 등 뒤로 하고 중국과 미국 사이에서 위태로운 줄타기를 하고 있는 듯합니다. 그들에게 그것은 떨어지면 그대로 죽는 그야말로 생존 차원에서의 도발입니다.

이듬해인 2006년 7월 5일 새벽, 북한은 함경북도 화대군과 강원도 안변군에서 동해상으로 7발의 미사일 발사 시험을 하였습니다.[2] 그러더니 10월 3일 북한 외무성은 핵무기를 보유하고 있으며, 곧 핵실험을 실시할 예정이라고 발표했습니다. 그리고 10월 9일 북한은 세계에서 8번째로 핵실험을 한 국가가 되면서 우리 민족의 역사에 돌이킬 수 없는 실착失着을 남겼습니다.[3] 북한은 조선중앙통신사를 통해 핵실험을 실시한 의의를 다음과 같이 발표했습니다.

"온 나라 전체 인민이 사회주의 강성強盛 대국 건설에서 일대 비약을 창조해 나가는 벅찬 시기에 우리 과학연구 부문에서는

---

2 북한은 2009년 4월 5일 인공위성체를 실은 로켓 발사 실험을 재개하였다. 이를 규탄하기 위하여 유엔 안전보장이사회는 4월 14일 의장성명을 발표했으며, 북한 또한 같은 날 의장성명에 반발하여 북핵 6자회담에 참석하지 않겠다고 선언했다.
3 약 3년 후인 2009년 5월 25일 북한은 2차 핵실험을 강행하였다.

길 잃은 나의 조국

2006년 10월 9일 지하 핵시험을 안전하게 성공적으로 진행하였다. 과학적 타산과 면밀한 계산에 의하여 진행된 이번 핵시험은 방사능 유출과 같은 위험이 전혀 없었다는 것이 확인되었다. 핵시험은 100% 우리 지혜와 기술에 의거하여 진행된 것으로 강위력強威力한 자위적 국방력을 갈망해온 우리 군대와 인민에게 커다란 고무와 기쁨을 안겨준 역사적 사변이다. 핵시험은 조선 반도와 주변 지역의 평화와 안정을 수호하는 데 이바지하게 될 것이다."

2005년 2월 10일 북핵 6자회담에 참석하지 않겠다는 북한의 행동에 대하여 미국은 상응하는 조처를 취할 준비를 하면서, 한편으로 일본과 함께 외교적 압박을 가했습니다. 외교적으로 해결되지 않으면 유엔 안전보장이사회에 상정하여 제재 조치를 취함으로써 북한을 경제 봉쇄(무역 제한, 해상로 차단, 자산 동결 등)시키려는 것이 그것입니다. 경제 봉쇄를 단행하면 북한 경제는 더욱 어려워져 미국과 북한 사이의 갈등이 점점 고조될 것임은 불을 보듯 자명합니다. 북한이 6자회담 재개再開에 불응할 경우, 많은 사람의 예상대로 미국은 유엔 안전보장이사회에 이 문제를 상정할 계획이라고 거듭 강조했습니다.[4]

---

4 조선일보 2005.4.21. 2006년 10월 9일 북한이 핵실험을 실시하자 10월 14일 유엔 안전보장이사회는 북한을 규탄하는 결의안을 채택했다.

곤수유투[5]

困獸猶鬪

"궁지에 몰린 짐승이 오히려 발악하고 덤빈다."

2006년 7월 5일 북한이 동해상으로 실시한 미사일 발사 실험에 대해 미국과 일본이 협의한 '대북제재안'을 유엔에 제출하였습니다.[6] 이 과정에서 미국은 사전에 그 내용을 한국과 의논하지 않았습니다. 국제사회에서 관계 당사국 사이의 협의는 마땅히 예의에 속하는 사항임에도 미국과 일본이 의도적으로 한국을 배제한 이유는, 한국과 상의하면 한국이 그 내용을 북한으로 전하지 않을까 하는 우려 때문이었을 것입니다. 전 주한 미군사령관 러포트Laporte도 퇴임하면서 한국 정부나 관련 인사들이 한미 사이의 협상 내용을 언론에 누설하여 어려움이 많았다고 말한 바 있습니다.[7]

이 같은 국제적인 협의에서 관계 당사국인 한국 정부를 배제하고 무시해도 한국이 어찌 할 수 없을 것이라고 미국과 일본이

---

5 좌전左傳, 좌구명左丘明; 獸 길짐승, 猶 오히려

6 조선일보 2006.7.15

7 조선일보 2006.4.13

생각했다면, 이것은 스스로 권위를 떨어뜨린 우리에게도 문제가 있다고 할 수 있습니다. 다른 나라가 우리를 어떻게 대하든지 우리가 의연하게 다른 나라들을 합리적으로 대하고 신의를 지켜왔다면 이런 상황은 일어나지 않았을 것입니다. 국가도 개인과 마찬가지로 언행이 불합리하고 신의가 어긋나면 따돌림을 당합니다. 한국이 미국과 일본 등 주변 국가들로부터 불필요한 따돌림을 당한다면 손해를 보는 것은 우리 자신입니다.

북한의 핵 개발과 미사일 제조는 많은 자금을 필요로 하는 일입니다. 그래서 미국은 북한으로 들어가는 자금을 막아야 한다고 생각하고 있었습니다. 그러나 미국의 대북 제재에 적극적으로 협조한 일본과는 달리, 한국의 참여정부는 계속해서 미온적인 태도를 보였습니다. 한국에서 북한으로 들어간 자금이 아니었다면 핵 개발과 미사일 제조는 어려웠을 것입니다. 미국은 북한으로 현금이 들어가는 통로인 개성공단 사업과 금강산 관광 사업을 염두에 두고 있으나, 참여정부는 두 사업 모두 지속하겠다는 의사를 표시했습니다.[8] 적어도 한국은 소극적으로나마 금강산 관광 정도는 보류하는 자세를 보였어야 한다고 생각합니다.[9]

2006년 10월 3일 북한 외무성이 핵실험을 예정하고 있다고 발표했을 때, 일본 외상은 "평화를 위협하는 일로 도저히 용서할

8 조선일보 2006.7.20
9 2008년 7월 11일 남한의 금강산 관광객 한 명이 북한군의 총격으로 사망한 사건이 발생한 이래 금강산 관광 사업은 중단된 상태다.

수 없다"며 북한을 강도 높게 비난하였습니다.[10] 일본은 북한 미사일의 사정권 안이므로 북한이 미사일이나 핵무기를 개발하는 상황에 대단히 민감하게 반응할 수밖에 없습니다. 또 일본의 일부 극우極右 군국주의자들은 이러한 일련一連의 사건을 자국自國의 군사력을 더 키울 수 있는 호기好機로 이용할 우려도 있습니다. 일본의 국방비 지출 규모를 보면 이미 일본은 북한의 사태 진전과 병행하여 국방 능력을 높이는 방향으로 나가고 있음을 알 수 있습니다. 2006년도 세계 국방비 지출 규모를 보면 일본의 국방비 지출은 437억 달러로 미국, 중국, 영국, 프랑스에 이어 세계 5위에 이르고 있습니다.[11] 이 같은 국방비 지출은 북한뿐 아니라 중국과 러시아를 가상假想하여 자위대를 강화하기 위한 목적을 가지고 있습니다.

2006년 10월 9일 북한이 핵실험을 실시하자 미국은 "북한이 핵물질이나 핵무기를 어떤 국가 또는 비非 국가 조직에 이전할 경우 미국은 이를 안보에 대한 중대한 위협으로 간주할 것"이라고 경고했습니다.[12] 이에 따라 주한 미국대사는 미국 주도로 2003년에 발족한 '대량살상무기 확산방지 구상(Proliferation security initiative = PSI)'에 한국이 참가하기를 희망한다고 말했습니다.[13]

마침내 유엔 안전보장이사회는 2006년 10월 14일 (1) 대북

---

10 조선일보 2006.10.4
11 Stockholm international peace research institute, yearbook 2007
12 조선일보 2006.10.10
13 조선일보 2006.10.11

길 잃은 나의 조국

제재위원회 설치 (2) 핵 및 미사일 관련 북 자산 동결 (3) 핵 및 미사일 관련자 입국 거부 (4) 북한 화물 검색 협력 (5) 대북 핵 관련 물자 수출입 금지 (6) 무력 제재 불고려 (7) 북한 대응에 따라 추가 조치를 주요 내용으로 하는 결의안을 채택하였습니다.[14] 재미있는 것은 이 결의안 내용 중에 사치품이 금수禁輸 품목으로 지정되어 있다는 점입니다. 많은 국민들은 기아飢餓 상태에서 허덕이는 마당에, 김정일 국방위원장을 비롯한 북한 지도층은 포도주 등 값비싼 사치품을 애용하니 그것을 수출 금지하겠다는 것입니다. 이런 것은 곧 우리 민족의 국제적인 망신이라고 할 수밖에 없습니다.

중화경제권

2005-04-02

여지기비의 사속이의 하대내년

如知其非義 斯速已矣 何待來年[15]

"만약 그것이 도리가 아님을 알면 속히 그만두어야 할 것이니, 어찌 내년을 기다리겠는가?"

송宋나라 대부大夫인 대영지戴盈之가 백성들에게 무자비하게 세

---

14 조선일보 2006.10.16
15 맹자孟子 등문공장구滕文公章句

금을 거두자 맹자가 충고하면서 한 말이다. 옳지 못한 일은
무엇보다 빨리 고치는 것이 상책上策이다. 북한의 중국 의존도
가 나날이 심화되고 있다. 이것을 되돌릴 수 있는 근본적인
발상의 전환이 필요하며 이는 빠를수록 좋다.

그렇지 않아도 이미 북한의 경제는 생존을 위하여 중국의 지
원과 투자에 의존하고 있는 실정이므로, 미국이 주도하는 국제
사회의 북한에 대한 경제 봉쇄가 강화될수록 이 같은 현상은 더
욱 두드러질 공산이 큽니다. 한 예로 2005년 3월 북한은 중국이
요구하는 '투자촉진 및 보호에 관한 협정'을 체결했다고 합니
다.[16] 2004년 하반기에 중국 상하이의 시사 주간지 〈요망동방주
간瞭望東方週刊〉(중국 신화통신 자매지)은 중국 자본의 북한 진출에 관

표1_ 북한의 주요국별 교역량[17] (단위=백만 달러)

연도	2001	2002	2003	2004	2005	2006	2007
중국	737.5	738.2	1022.9	1385.2	1580.3	1699.6	1974
한국	430	641	724	697	1056	1349.7	1797.9
일본	474.7	369.5	265.3	252.6	193.6	121.6	93.1
러시아	68.3	80.7	118.4	213.4	232.3	210.6	159.6
총	2673.5	2901.4	3115.3	3554.1	4057.4	4345.5	4710.5

자료: 북한의 대외무역동향. KOTRA, 2005, 2008

16 조선일보 2005.4.2
17 조명철, 양문수, 정승호, 박순찬; 북한 경제의 대중국 의존도 심화와 한국의 대응
 방안. 대외경제정책연구원 2005; 2007년 북한의 대외무역 동향. KOTRA 2008.6

길 잃은 나의 조국

한 기사를 실었는데, 기사 제목은 '중국인은 다시 압록강을 건넌다. 이번엔 상인으로서조선에서 금 캐기'였다고 합니다. 중국인은 본디 돈을 좋아해 서방 자본주의 국가보다 어떤 의미에서는 훨씬 더 배금주의拜金主義적이라고 할 수 있는데, 이들이 북한 경제를 점차 지배하면서 북한에서 많은 이득을 취하리라는 걸 예상할 수 있습니다. 2006년 통일부 국정감사 자료에 따르면, 북한 경제의 중국 의존도는 2005년도 교역량의 38.9%를 차지하고, 원유 52.3만 톤 전량全量 등 에너지는 전적으로 중국에 의존하고 있습니다(표1).[18]

경제적 이득 외에 중국은 북한과 중국의 장래 관계를 내다보고 북한에 대한 영향력을 계속 증대하려 하고 있습니다. 즉, 경제적으로 북한이 중화경제권에 점령당한다면 북한은 중국의 동북東北 4성省[19]이 될 수도 있습니다. 북한이 중화경제권에 포함되면 그 다음 단계로 정치·군사적으로 북한이 중국에 종속되는 상황이 수월해지겠지요. 그렇다고 이전에 북한이 한민족 경제권으로 들어올 기회가 없었던 것은 아닙니다. IMF 외환위기가 없었다면 지금쯤 북한은 자연스럽게 한민족 경제권의 일원으로 역할을 하게 됐을 가능성이 있었습니다. 하지만 민족 공동의 경제권이 형성될 수 있었던 최적의 시기와 기회는 우리가 1997년 외환위기로 인해 국제통화기금(International Monetary Fund＝IMF의 구제 금융을 받으면서 일단 한 번 놓친 것 같습니다.

18 조선일보 2006.10.16
19 동북3성; 요녕성遼寧省, 길림성吉林省, 흑룡강성黑龍江省, 과거 열하성熱河省까지 포함하면 동북5성

북한은 자유세계 진영에서 볼 때 자유가 억압받는 폐쇄된 사회, 공산당 일당 독재와 권력의 세습, 기아와 주민 이탈 등 부정적인 이미지가 많았는데, 최근 핵실험을 통하여 전 세계적으로 '미친 나라(crazy country)'로 인식되는 오해를 스스로 불러일으키고 있습니다. 그렇기 때문에 만약 북한 내부에서 중대한 사태가 발생할 때 중국이 정치·군사적으로 북한을 점령해 핵 시설과 핵무기를 폐기한다면, 아마도 세계가 중국의 행동에 대하여 소극적으로 반대하든지 아니면 묵시적으로 동의할 가능성도 있습니다. 그리고 중국은 북한의 핵무기를 폐기한다는 점을 내세워 다른 강대국들로부터 북한 점령을 양해받으려 할 것입니다. 강대국들은 소위 '미친 나라'의 지도자가 핵무기를 가지고 무슨 짓을 할지도 모른다고 걱정해야 하는 상태보다는, 차선책으로나마 중국이 북한을 실질적으로 지배하면서 핵무기를 제거하는 편에 동의할 수 있습니다. 북한 핵을 장악하려고 중국과 미국이 북반부에서 충돌할 가능성은 매우 적습니다. 어떤 경우라도 북한의 핵무기 개발은 우리 민족에게 비극의 불씨가 아닐 수 없습니다.

동북공정

노무현 대통령은 2006년 12월 21일 서울에서 열린 민주평화
통일자문회의 상임위원회에서 전시戰時 작전통제권 환수還受에 관
해 연설하면서 이런 말을 했습니다.[20] "…그러나 우리는 전쟁과
유사시有事時를 항상 전제하고 준비하고 있는데, 중국도 그렇게
준비하지 않겠습니까? 한국군이 작전통제권을 가지고 있을 때,
북한과 우리가 대화하는 관계에서, 중국과 우리가 동북아시아의
안보 문제를 놓고 대화를 할 때 그래도 한국이 말발이 좀 서지
않습니까? 작전통제권도 없는 사람이… 중국한테 무슨 할 말이
있습니까? 북한한테 무슨 할 말이 있어요. 이것은 외교상의 실
리에서 매우 중요한 문제 아니겠습니까?…명색이 국방부 장관
을 지낸 사람들이 북한 문제, 북한의 유사시에 한-중 간의 긴밀
한 관계가 생긴다는 사실을 모를 리 있겠습니까?"

이 발언의 행간行間을 읽어보면, 전쟁을 포함하여 북한 유사시
한-중 간에 긴밀한 관계가 생길 때를 대비하여 한국군이 작전통
제권을 가지고 있어야 무언가 할 말이 있다는 듯한 뉘앙스를 담
고 있음을 발견할 수 있습니다. 긴밀한 관계가 생길 때 있을 수
있는 무언가가 과연 무엇일까요. 외교적 협상일지 아니면 무력

---

20 조선일보 2006.12.22

충돌일지 지금으로서는 아무도 모릅니다. 나는 오히려 북한 유사시에 작전통제권을 가지고 있는 한국의 대통령이 신중하지 못하게 북한에 대해서 선제공격과 같은 어리석은 명령을 내릴까봐 몹시 우려스럽습니다. 미국의 동의가 있건 없건 북한에 대한 선부른 선제공격은 '조중朝中우호협력 및 상호원조조약'[21]에 의거해 자동적으로 중국군의 북한 내로의 진입과 중국군과의 교전을 초래할 수 있습니다. '조중우호협력 및 상호원조조약'에는 "…(북한이) 무력 침공을 당하거나 개전開戰 상태에 놓이게 되면 지체 없이 (중국이) 군사 및 기타 원조를 제공…" 한다고 되어 있기 때문입니다.

재조지혜[은]

再造之惠[恩]

"거의 망하게 된 것을 구원하여 다시 일으켜준 은혜"

과거 우리 역사에서는 두 차례 중국으로부터의 재조지혜가 있었다. 명明나라는 임진왜란 때 우리나라를 도왔고, 중국 공산당은 6·25 전쟁 때 북한을 도와주었다. 명나라 원군援軍과 이순신 장군이 왜군을 물리치고 임진왜란이 끝난 뒤, 선조의 승하昇遐로 왕위를 물려받은 광해군은 명청明淸 전환기에 저무는 명나라와 부상浮上하는 청나라 사이에서 어느 쪽도 소홀히 할 수 없는 외교를 펼치다가 폐위廢位되고 말았다. 대왕대비大王大妃는 광해군 폐위의 당위성을 사대주의事大主義의 극치인 다음

---

21 1961년 7월 11일 북한과 중국 사이에 체결

길 잃은 나의 조국

과 같은 말로 설명하였다.[22]

"…아국복사천조, 이백여재, 의즉군신, 은유부자. 임진재조지혜, 만세불가망야. …광해 망은배덕, 망외천명.…"

"…我國服事天朝, 二百餘載, 義則君臣, 恩猶父子. 壬辰再造之惠, 萬世不可忘也. …光海 忘恩背德, 罔畏天命.…"

"…우리나라가 중국을 섬겨온 지 200여 년이 지났으니 의리에 있어서는 군신君臣 사이이며 은혜에 있어서는 부자父子 사이와 같았다. 임진(왜란)년에 나라를 다시 일으켜준 은혜는 영원히 잊을 수 없는 것이다. …광해는 배은망덕하고 (명나라) 천자天子의 명을 두려워하지 않았으니…"

북한 또한 중국으로부터 재조지혜를 입었으니 '조중우호협력 및 상호원조조약'에 의거하여 중국이 북한 사태에 개입하더라도 우리로서는 어찌할 도리가 없는 것입니다. 그런 사정을 무릅쓰고 한국이 북한 유사시에 서툰 공격을 한다면, 마치 숫양이 울타리를 들이받다가 뿔이 울타리에 걸려 뿔을 빼지도 들이밀지도 못하는 모양이 될 수 있습니다.

저양촉번리기각[23]

羝羊觸藩羸其角

"숫양이 울타리를 들이받아 그 뿔이 걸리고 말았다."

---

22 조선왕조실록朝鮮王朝實錄 광해군일기光海君日記; 載 싣다, 猶 똑같다, 罔 없다
23 주역周易 뇌천대장雷天大壯 괘; 羝 숫양, 觸 찌르다, 藩 울타리, 羸 걸리다

주역周易에 위정자가 자신의 알량한 힘을 믿고 안하무인眼下無人으로 세상을 업신여겨 마구 행동하든지, 소인이 객기客氣를 부리면 이 같은 처지에 빠질 수 있다고 하였다.

우리의 독자적인 군사 작전을 두고 미군이 중국군과의 교전을 꺼리며 개입을 원치 않는다면, 그야말로 2008년 8월 8일부터 12일 사이 5일 만에 그루지야Georgia의 실질적인 패배로 막을 내린 그루지야군의 남南오세티야Osetiya[24] 공격 꼴이 될 수 있습니다. 그루지야 사카슈빌리Saakashvili 대통령의 신중치 못한 결정에 의해 그루지야군은 그루지야 내 남오세티야 자치주를 전격적으로 공격했지만 나토NATO는 수수방관했고 러시아군이 즉각적인 반격에 나서 5일 만에 패퇴하였습니다.

부자량력[25]
不自量力
"자신의 힘은 고려하지 않고 섣부르게 행동하다."
춘추春秋시대에 정鄭나라와 식息나라 사이에 분쟁이 생겼는데 상대적으로 약한 나라인 식나라 왕은 대화와 협상을 추진할 생각은 하지 않고 도리어 무력으로 정나라를 공격하였다가 대파大破되었다.

---

24 그루지아 안의 친親 러시아 지역
25 좌전左傳 은공隱公, 좌구명左丘明

우리가 식나라나 그루지야처럼 우리 자신의 역량을 고려하지 않고 신중하지 못하게 북한을 선제공격 내지는 북한에 진입하는 행동은 중국군의 개입을 불러올 가능성이 높습니다. 오히려 중국이 '동북변강역사여현상계열연구공정東北邊疆歷史與現狀系列研究工程'(동북공정東北工程)으로 북한을 실질적으로 지배하고자 하는 야욕을 가지고 기다리고 있는데, 한국의 군사행동은 어리석게도 중국에게 그 기회를 제공하는 꼴이 되는 것입니다. 우리는 이 같은 부자량력의 어리석음을 범하지 말아야 합니다.

2012년 이후에는 전시 작전통제권을 한국이 가지고 간 상황이므로 미국이 중국과의 군사적 충돌을 피하기 위해 한국과 중국 사이에서 중립적인 태도를 취한다면, 한국은 동맹군 없는 외로운 처지가 되고 맙니다. 더욱이 중국은 2008년 기준으로 미국이 발행한 국채를 가장 많이 보유한 나라이므로,[26] 미국은 중국과 필요 이상의 갈등을 원하지 않을 것입니다. 한국의 북한에 대한 군사행동은 국제사회에서 우리만 호전적好戰的으로 비쳐질 따름입니다.

김일영 교수(성균관대 정치외교학)는 국제법상 북한은 독립된 주권 국가이므로, 남한이 자동적으로 북한의 통치권을 가지지 못한다고 말합니다.[27] 유엔총회 결의안 195호에 따르면 "대한민국은 유엔 한국 임시위원단 감시가 가능한 지역에서 수립된 합

---

26 동아일보 2008.11.20
27 조선일보 2007.1.2

법 정부이며, Korea에서 유일한 합법 정부"이지만,[28] 우리 헌법은 정의定義상 국내법이라는 것입니다. 미국과 중국은 북한 정권 붕괴 시 정전협정, 한미상호방위조약,[29] 조중우호협력 및 상호원조조약 등을 근거로 사태에 개입할 수 있습니다. 그러므로 미국과 중국에 대응할 수 있는 법적 논리를 미리 개발해놓아야 북한 유사시에 한국 정부도 개입할 정당성을 가지게 됩니다. 그래서 김일영 교수는 사전에 남북한이 통일 조약을 맺을 필요가 있다고 강조합니다. 즉, 유사시 선제공격과 같은 어리석은 행동보다는 북한 내 사태의 발생을 미리 예방하는 지혜롭고도 의연한 외교 활동과 평화 통일 노력이 절실히 필요한 때입니다.

릴리Lilly 전 주한 및 주중 미국 대사는 2007년 1월 18일 미국 하원 외교위원회 북한청문회에 증인으로 나와 "중국의 동북공정에 대해 예의 주시하여야 한다" "중국은 북한이 붕괴하면 진입하려는 것" "중국이 동북공정을 통해 북한 지역의 절반 이상을 중국 땅이라고 주장하고 있다" "중국이 북한과 국경 지역에 대규모

---

28 UN General Assembly Resolution 195 (Ⅲ) (1948.12.12); The Problem of the Independence of Korea "declares that there has been established a lawful government (the Government of the Republic of Korea) having effective control and jurisdiction over that part of Korea where the Temporary Commission was able to observe and consult and in which the great majority of the people of all Korea reside; that this Government is based on elections which were a valid expression of the free will of the electorate of that part of Korea and which were observed by the Temporary Commission and that this is the only such Government in Korea."

29 1953년 10월 1일 한국과 미국 사이에 체결

군부대를 전진 배치한 것도 북한이 붕괴될 경우 북한 진입을 위한 것"이라고 증언했습니다.[30] 실제로 중국은 2003년 9월 15일 국경순찰대를 인민해방군으로 바꾸었다고 발표했습니다. 중국이 북한 땅의 일부[평안도, 함경도]라도 획득하면 중국의 만주 지방은 경제적 및 군사적으로 직접 동해(조선해)로[31] 진출할 수 있는 꿈을 이루게 됩니다. 동해로의 진출은 일본을 직접적으로 제압할 수 있을뿐더러 러시아도 효과적으로 견제할 수 있어 중국에게는 너무나도 달콤한 유혹이 아닐 수 없습니다. 미국 공화당의 로라배처Rohrabacher 의원도 "중국은 북핵 문제 해결보다 북한의 정권 교체나 북한 붕괴에 대비하고 있다"고 말했습니다.

혹시 중국은 북한을 중국의 조선족 자치성으로 만들 속셈은 아닐까요? 앞으로 김정일 국방위원장이나 후계 세력은, 고구려 고국천왕의 동생 발기發岐가 요동遼東 땅을 들어 한漢나라 요동 태수太守 공손도公孫度에게 투항하고, 연개소문의 맏아들 남생男生이 당唐에 투항한 이래 자신의 작은 사리私利를 위해 세 번째로 조국의 강토疆土를 중국에 바치는 민족의 배신자가 될까요? 그리고 그들은 자치성의 성장省長이 되어 중국의 일개 제후로 전락하지는 않을는지요. 그 와중에 한국은 한반도에서 전개되는 역사의 진행에 전혀 무기력하고 속수무책束手無策인 상태로 존재하진 않겠는지요. 이 질문들에 대한 답은 앞으로의 역사가 알려줄 것입니다.

---

30 조선일보 2007.1.20
31 19세기에는 조선해로 불렸다가 일제 강점기에 일본이 일본해로 무단히 이름을 바꾸었다.

만사휴의[32]

萬事休矣

"모든 일이 다 끝나다."

당唐나라가 망한 후 당말오대唐末五代 때, 작은 나라였던 형남荊南은 4대째 들어와 정치가 썩을 대로 썩어 결국 송宋에 멸망하고 말았다. 나라가 망하자 그 나라 사람들은 모든 것이 다 끝나고 말았다며 탄식하였다. 북한의 미래에 관한 우리의 어떤 노력도 수포로 돌아가버릴까 두렵다.

2008년 2월 북한개혁방송 대표[탈북자 출신]는, 북한이 이대로 가면 단기적으로는 중국의 속국이 되겠지만 장기적으로는 중국의 동북공정에 의해 티베트Tibet처럼 되어 결국은 동북4성으로 갈 가능성이 크다고 말했습니다. 그는 북한에서 급변 사대가 발생할 때 중국이 개입할 가능성을 80~90%로 보고 있으며, 북한 엘리트의 상당수는 북한이 남한에 흡수되기보다 중국에 귀속되어야 자신들이 살 수 있다는 생각을 갖고 있다고 전했습니다.[33] 이 말대로라면 이미 북한 권력 엘리트(power elite)들의 머릿속에는 고구려의 발기나 남생과 같은 생각으로 그득 차 있다고 밖에 할 수 없습니다. 마지막으로 그는 "남한이 아무런 대책을 세워놓지 않은 상태에서 북한에서 급변 사태가 발생하면 당연히 북한은 중국에 귀속될 것"이라고 경고했습니다.

---

32 송사宋史 형남고씨세가荊南高氏世家
33 프리존 2008.2.4

우리도 이전 나라의 멸망을 교훈으로 삼아 같은 전철前轍을 밟지 않아야 합니다. 북한은 고구려 고국천왕 때와 연개소문이 죽은 후 고구려의 멸망 과정을 통하여 교훈을 얻어야 합니다. 그것에서 교훈을 얻지 못하고 고구려의 전철을 밟는다면 민족의 역사에 통한이 맺힐 것입니다.

우리 또한 북한이 발기와 남생의 전철을 밟지 않도록 지혜를 짜내야 함에도 불구하고 중앙선거관리위원회에서 통일연구원에 의뢰한 '남북통합 대비 선거관리기구설립 운영방안 보고서'(2007년)에는 북한 노동당이나 국가 보위부保衛部의 핵심 인물 및 자유민주주의 체제를 부정하는 사람은 공직에서 배제할 것을 제안하고 있으니,[34] 오히려 북한 엘리트들이 남한보다 중국에 귀속되어야 자신들이 살 수 있다는 생각을 가질 수밖에 없게 만들고 있습니다.

2008년 8월 25일 서울에서 열린 한중 정상회담에서 발표된 성명의 제5항을 보면, "한국 측은 남북한 간 화해와 협력을 통해 상생相生 공영共榮의 남북 관계를 발전시켜 나가고자 하는 입장을 표명하였다. 중국 측은 남북한이 화해 협력하고 남북 관계를 개선해 궁극적으로 평화 통일을 실현하는 것을 계속 지지한다고 재천명하였다"라고 되어 있습니다. 이 말에는 역逆으로 남북한이 화해 협력하지 못하고 남북 관계를 개선하지 못한다면, 중국의 대응은 달라질 수도 있다는 뜻이 담겨 있습니다.

34 동아일보 2008.9.23

병자 궤도야 고능이시지불능 용이시지불용 근이시지원 원이
시지근[35]

兵者 詭道也 故能而示之不能 用而示之不用 近而示之遠 遠而
示之近

손자병법 중에, "병법이란 기만술이다. 그러므로 능력이 있
지만 능력이 없는 척, 병법을 쓰되 쓰지 않는 척, 가까이 있
어도 멀리 있는 척, 멀리 있어도 가까이 있는 척하는 것이다"
라는 대목이 있다. 예를 들면, 출병出兵하지 않을 것처럼 의도
를 가려놓고 허虛를 찔러 출병하는 경우라고 할 수 있다.

중국의 최고 영도자인 후진타오(호금도胡錦濤) 국가주석이 한중
정상회담 성명에서 표명한 내용을 순수하게 받아들이고 싶지만,
마음 한구석에는 북한 유사시 중국이 마치 북한에 출병하지 않
을 것처럼 의도를 가리고 한반도의 평화통일을 지지해 우리를
안심시켜놓은 다음 허를 찔러 북한에 군사적으로 개입하려는 전
술은 아닌지 걱정스럽습니다.

---

35 손자孫子 시계편始計篇, 손무孫武; 詭 속이다

부중지어[36]

釜中之魚

"가마솥 안에 있는 물고기"

곧 삶겨 죽는 줄도 모르고 즐겁게 헤엄치고 있다는 뜻이다.

2007년 3월 4일 김정일 국방위원장이 북한의 군부와 당 및 외교부 수뇌들을 이끌고 중국 대사관을 방문해 중국 유효명劉曉明 대사와 식사하면서 대사관 직원들과 함께 원소절元宵節(대보름)을 축하하였습니다.[37] 국가원수가 외국 공관을 방문하는 것은 매우 이례적인 일입니다. 지난 2월 13일 베이징에서 중국의 역할로 북핵 합의가 북한에 유리하게 이루어진 일에 대해 중국에 고마움을 표시하려고 직접 대사관을 방문한 모양입니다.

북한 자신을 지탱해주고 있는 강대국의 대사관을 최고지도자가 방문해 대사와 함께 식사를 하면 최고지도자의 위상은 상대국에 비해 한층 떨어질 수밖에 없습니다. 십수 년 후에는 국가원수급에서 자치성장급으로 하락할지도 모를 북한 최고지도자의

---

36 자치통감資治通鑑 한기漢記, 사마광司馬光; 釜 가마

37 조선일보 2007.3.6. 북한 최고 지도층은 2008년 3월 1일에도 중국 대사관을 방문하여 그해 8월 개최될 북경 올림픽에 대한 축하 인사를 전한 것으로 알려졌다.

행동을 보니, 머지않아 북한을 삶아 집어삼키려는 중국의 꿍꿍
이속도 모른 채 헤엄치는 부중지어의 모습이 떠올라 마음 한구
석이 씁쓸합니다.

유비무환

2005-04-21

거안사위 사즉유비 유비무환[38]
居安思危 思則有備 有備無患
"편안할 때 위태로움을 생각하라. 위태로움을 생각하면 미리
대비할 수 있고, 대비함이 있으면 우환이 없다."

나라를 경영하는 일에서 미래의 중대한 사건에 대하여 미리
예측하고 대비하는 것은 필수입니다. 단 1%의 가능성이 있다 하
더라도 매우 중차대重且大한 사항이라면 당연히 대비해야 합니다.
우려한 일이 일어나지 않으면 다행이지만, 만약 일어난다 하더
라도 준비한 바가 있으니 순조롭게 대처할 수 있기 때문입니다.

국가안전보장회의와 국방부가 북한의 급변 사태에 대비한 작
전계획 5029-05를 폐기하기로 하였다니,[39] 준비하지 않은 상태

---

38 좌전左傳, 좌구명左丘明
39 조선일보 2005.4.21

길 잃은 나의 조국

에서 북한에 급변 사태가 발생한다면 그때 가서 우왕좌왕右往左往 하게 될 가능성이 커졌습니다. 아무런 대책이나 준비 없이 당황하면 우리는 한심한 나라가 되고, 결국 시나리오를 준비해놓은 외국들이 한반도에 큰 영향력을 가지고 개입할 것입니다. 그렇게 되면 우리는 당사자이면서 마치 제3자처럼 소외될 수 있고 속수무책으로 외국에 한반도의 일부를 내주게 될지도 모릅니다. 중국군이 북한으로 진입하고, 국제사회의 동의를 얻기 위해 무엇보다도 먼저 북한 핵무기를 만천하에 폐기하겠노라 선언하면, 중국의 북한 점령을 여러 나라에서 묵인할 수도 있습니다. 이 얼마나 끔찍한 우리 민족의 쇠퇴입니까.

대한민국 영토

2006-01-04

참여정부 시절 전前 통일부 장관이 2005년 10월 "개헌이 논의되면 영토 조항의 검토가 필요하다"고 발언했다고 합니다.[40] 북한을 의식하여 우리가 먼저 알아서 헌법 제1장 제3조 한반도와 부속 도서 영토 조항을 바꾸자는 뜻인 것 같습니다. 통일할 때 통일 헌법에 영토를 명기해도 늦지 않을 뿐 아니라 오히려 그때

---

40 조선일보 2006.1.4

가 시기적으로 적절할 것인데,[41] 미리 영토 조항을 바꾸면 의도와는 달리 우리 영토를 잃어버리게 될 수 있습니다. 북한이 이북 땅 일부를 다른 나라에 이양하거나, 북한 주민이 다른 나라 사람이 되어버리는 일도 벌어질 수 있는 것입니다.

1909년 청淸나라와 일본이 맺은 불법적인 '간도협약'에 의해 간도間島 지방이 조선에서 청나라로 영토가 넘어가면서, 그곳에 살고 있던 조선인이 청나라 관할로 들어가 현재 중국의 조선족 일부가 되었지요. 그들이 지금 자신을 국적에 따라 중국인이라고 여기고 있다는 사실을 상기할 필요가 있습니다.

한국의 대처

2006-07-06

자구병 이재도량자야[42]
藉寇兵 而齎盜糧者也

---

41 한반도라는 표현은 모호하므로 통일 헌법에서는 영토를 지리적으로 명확하게 기술하여야 할 것이다. 중국측에서 청천강 하구와 원산만을 잇는 선부터 한반도가 시작된다고 억지 주장을 할 수 있다.

42 고문진보古文眞寶; 이사李斯 '간진왕축객서諫秦王逐客書' 이사李斯가 진나라 왕(후에 진시황秦始皇)에게 올린 글. 藉 빌리다, 寇 외적, 齎 증여하다

"외적에게 무기를 빌려주고 도적에게 양식을 보내주는 것과 같다."

진시황秦始皇의 신하 이사李斯가 인용한 옛 격언으로, 북한을 외적이나 도적으로 비유할 의도는 없다. 하지만 우리가 북한으로 보내준 돈과 양식이 어떻게 쓰였는지는 깊이 생각해볼 필요가 있다.

2006년 7월 5일 새벽 북한은 함경북도 화대군과 강원도 안변군에서 동해상으로 7발의 미사일 발사 시험을 하였습니다. 그러나 참여정부는 발사 이전까지 계속 "미사일 발사가 임박하지 않은 것으로 판단한다", "과민 반응을 보이는 건 사태 악화를 바라는 의도에 말려드는 것이다"라며[43] 이를 애써 외면했습니다.

한편 미사일 발사 시험에도 불구하고 참여정부는 금강산 관광 사업을 지속할 계획이라고 하였습니다. 금강산 사업 등을 통해 북한은 한국으로부터 달러를 직접 받고 있는데, 이 달러의 일부가 미사일과 핵무기를 개발하는 비용으로 쓰이고 있으므로 한국 정부가 북한으로 하여금 미사일과 핵무기를 개발할 수 있도록 간접적으로 도와주는 꼴입니다. 그러나 이러한 상황에서도 참여정부는 북한에 볼모로 잡혀 있는 격이 되어, 북한을 비난하지도 못하고 어정쩡하게 북한을 감싸주어야 할 뿐 아니라, 금강산 사업으로 돈 대주기를 계속해야만 하는 처지가 되어버렸습니다.

---

[43] 조선일보 2006.7.6

북한이 미사일을 발사한 후 7월 9일 청와대는 홈페이지에 홍보수석실 명의로 '안보 독재의 망령에서 벗어나자'라는 제목하에 "북한 미사일 발사가 우리나라 안보 차원의 위기였는가. 어느 누구를 겨냥한 것도 아니다"라는 내용의 글을 발표하였습니다. 참여정부는 북한 미사일 발사에 대하여 스스로 전략적 침묵을 하고 있다고 주장하지만, 북한에 이러지도 저러지도 못하는 상황에 대하여 자기 합리화를 위한 변명을 하고 있다고 밖에 볼 수 없습니다.

한국 정부는 미사일 발사 정보를 접하고도 경고를 하지 않아 우리 민항기가 인근 하늘을 날아다니도록 방치했으며, 동해상의 우리 어선들에게 아무런 경고도 하지 않았습니다.[44] 참여정부는 북한의 미사일 발사 정보를 일부러 축소해오던 터이므로, 자국민自國民에게 미리 북한의 미사일 발사에 대한 경고를 할 수도 없는 노릇이었을 것입니다. 결과적으로 참여정부는 헌법상 국민의 생명과 재산을 보호해야 하는 국가의 신성한 의무를 저버리고만 셈입니다.

국회 통일외교통상위원장(열린우리당)이 북한 미사일은 주한 미군 공격용이며, 남한 공격용이 아니라는 발언을 했다고 합니다.[45] 삼척동자三尺童子도 주한 미군을 공격하면 남한이 공격당한 것이라는 걸 알 것입니다. 국민에게 이런 비상식적인 궤변으로

44 조선일보 2006.7.10
45 조선일보 2006.7.15

북한의 미사일 발사를 호도糊塗하며, 그는 또 "북한이 남한을 공격하겠다고 한 적도 없다"라고 말했다고도 합니다. 공격하지 않겠다고 한 적이 없으면 공격할 수도 있는 것으로 북한의 의도를 해석하는 게 타당할 것입니다.

마침내 북한 외무성은 2006년 10월 3일 핵무기를 보유하고 있고 곧 핵실험을 할 예정이라고 발표했습니다. 일본 외상은 "평화를 위협하는 일로 도저히 용서할 수 없다"고 비난했지만, 한국의 노무현 대통령은 "북한 핵은 일리가 있다"며[46] 오히려 북한을 두둔하는 듯한 발언을 했습니다. 이미 2004년 11월 노 대통령은 미국 로스앤젤레스에서 "북한의 핵 개발 주장은 일리 있는 측면이 있다"고 언급한 바 있습니다. 2006년 9월 7일 핀란드 방문 시에도 대통령은 "북한 핵실험에 대하여 근거 없이 이야기하는 것은 여러 사람을 불안하게 할뿐더러 남북관계를 해롭게 만들 우려가 있다. …북한 핵실험에 대한 아무런 징후나 단서를 가지고 있지 않다"고 말하고 있었습니다. 핵실험 예정이라는 북한 외무성의 발표에도 아랑곳없이 10월 4일 북한으로 가는 시멘트 6,420톤을 실은 화물선이 인천에서 남포로 출항했습니다.

2006년 10월 9일 드디어 북한이 핵실험을 하자 다음 날인 10일 남한의 소위 좌파 쪽은 단결해 한목소리를 쏟아냈습니다. 통일연대, (민주주의민족통일)전국연합, 남북공동선언실천연대, 전국

46 조선일보 2006.10.4

공무원노동조합, 전국민주노동조합총연맹 등은 "미국의 대북 압박 정책이 북한의 핵실험을 부추겼다"며 10월 22일 반미반전反美反戰 민중대회를 열겠다고 하였습니다. 한국대학총학생회연합(한총련)은 "이번 사태는 미국의 위협에 대한 북한의 응당한 자위력 강화다. …자주 국가의 권리인 핵 보유를 미국과 유엔이 무슨 권리로 제재한다는 말인가"라며 북한을 대변해주었습니다.

10월 10일 청와대 조찬에서 열린우리당 의장은 "금강산 관광, 개성공단 사업 등 교류 협력은 분리 대응해야…"라고 말하며, 두 사업을 계속하겠다는 의도를 내비쳤습니다. 열린우리당 원내대표도 "(북한이) 마치 우리를 상대로 핵전쟁을 일으킬 것처럼 사태를 과장하는 것은 국민의 불안감을 자극하는 것"이라며 북한 핵실험의 파장을 축소하려 들었습니다. 10월 10일 같은 날 국회 재정경제위원회에서 열린우리당의 한 의원은 "북한이 핵을 개발한 게 남한을 공격하려고 한 건 아니지 않느냐. …핵무기는 미국과 북한 간의 문제"라며[47] 핵실험 사건을 빗나간 방향으로 해석하였습니다. 국민의정부와 참여정부로 이어지는 김대중 전 대통령의 햇볕정책으로 막대한 돈과 물자가 북한에 제공되고, 그 돈이 핵실험과 핵무기 개발에 기여했으리라는 점을 애써 불식시키기 위해 당시 여당인 열린우리당 정치인들은 여론을 호도하는 발언을 늘어놓을 수밖에 없었던 것입니다. 하지만 사람의 손으로 천하의 눈을 가릴 수는 없듯이, 북한이 무슨 자금으로 핵

---

47 조선일보 2006.10.11

길 잃은 나의 조국

을 개발했는지 많은 국민들은 알고 있습니다.

북한이 핵실험을 한 열흘 후 열린우리당 의장은 굳이 개성공단을 방문하여 10월 20일 개성공업지구관리위원회 창립 2주년 기념식에 참석해서 축사를 할 계획이라고 했습니다.[48] 집권 여당 의장이 상징적으로 개성을 방문하면 핵실험에 관한 대북對北 태도가 유약柔弱해질 수밖에 없습니다.

이이지성음안색 거인어천리지외[49]
訑訑之聲音顔色 距人於千里之外

"독선적으로 자신의 지혜에 만족해하는 목소리와 안색이 사람들을 천리 밖에서 못 오게 막는다."

당시 여당 의장이 이처럼 부적절한 시기에 꼭 개성을 방문하겠다고 하니, 그가 국민들로부터 멀어질까 염려스럽습니다. 여당 의장이 시기적으로 북한 핵실험 직후에 개성공단에 가서 축사를 하겠다는 것은 자신의 판단이 옳다고 생각하고 있기 때문이겠지요. 맹자는 독선적인 생각이나 행동은 선善을 좋아하는 것과 궤를 달리한다고 여겼습니다. 여당 의장의 이러한 행동은 국민적인 합의를 이루어 북한 핵 사태에 전진적으로 대처함으로써 북한으로 하여금 한반도 평화를 위한 길로 나서도록 해야 할 시점에 오히려 전열을 흐트러뜨리게 할 것입니다.

48 조선일보 2006.10.20
49 맹자孟子 고자장구告子章句; 訑 으쓱거리다

국무총리, 여당 대표, 청와대 비서실장은, 북한의 핵실험으로 인한 유엔 안전보장이사회의 대북 결의와 상관없이 금강산 관광을 계속한다고 합의 발표하였습니다.[50] 북핵에 대응하는 국제 공조共助의 효력이 줄어드는 순간이었습니다. 한국이 핵무기 개발에 필요한 자금을 북한에 계속 제공하겠다는 무언無言의 선언으로 국제사회에 비쳐지겠지요.

햇볕정책

2006-10-28

현대그룹은 국민의정부의 요청과 압력으로 2000년 6월 13~15일 김대중 대통령과 김정일 국방위원장 사이에 있었던 남북정상회담의 성사를 위해 5억 달러가량을 북한에 전했다고 합니다.[51] 한나라당 주장에 의하면, 1998년 이래 인도적 지원 외에도 공식적으로 12억 달러 정도의 자금이 한국 정부로부터 북한에 제공됐다고 합니다. 개성공단과 금강산 관광 사업을 통하여 연 2,000만 달러가 북한으로 들어가고,[52] 현대그룹은 리조트 건설 등을 위해 북한에 로열티로 총 8억5,000만 달러가량을 지급

50 조선일보 2006.10.20
51 이코노미스트Economist지 2006.10.28
52 조선일보 2006.10.5

길 잃은 나의 조국

했다고 합니다. 이러한 자금의 일부가 결국 핵무기 개발에 사용되었으리라 짐작됩니다.

김영삼 전 대통령은 2006년 10월 북한의 핵실험 이후 청와대 초청 오찬에서 "김대중, 노무현 두 정권으로 이어지는 8년 7개월 동안 4조 5,800억 원을 퍼줘서 북한이 핵을 만들었다"라고 비판했습니다.[53]

도탄지고[유하혼덕 민추도탄][54]
塗炭之苦[有夏昏德 民墜塗炭]
"하夏나라 임금이 덕에 어두워 백성들이 도탄에 빠졌다."

하夏나라 마지막 임금인 걸桀왕의 학정에 대해 상商나라 탕湯왕의 신하 중훼仲虺가 한 말처럼 주민들은 굶주림에 지치고 도탄에 빠져 있는데, 북한은 사용하지도 못할 핵무기를 만드느라 엄청난 돈을 낭비하고 있습니다. 북한의 지도층이 진정으로 인민을 사랑한다면 핵무기 개발로 낭비한 예산을 민생고民生苦 해결에 사용해야 할 것입니다. 북핵이 오히려 한민족에게 비극의 실마리가 될 수 있습니다.

---

53 조선일보 2006.10.11
54 서경書經 상서商書; 塗 진흙, 炭 숯/재

남북정상회담

2007-10-04

2000년 9월 2일은 비전향非轉向 장기수長期囚 63명이 북송된 역사적인 날이지만, 국민의정부와 참여정부가 납북자 송환 문제는 애써 외면하고 있어 우리는 아직 그들의 소식조차 잘 모르고 있습니다. 2007년 10월 4일 제2차 남북정상회담에서 발표한 노무현 대통령과 김정일 국방위원장의 선언에서도 납북자에 관한 사안은 의도적으로 뺀 인상이 짙습니다.

2007년 10월 2~4일 노무현 대통령이 평양을 방문하고 김정일 국방위원장과 함께 발표한 '남북관계 발전과 평화 번영을 위한 선언'의 내용을 살펴보면 몇 군데 모호한 부분이 눈에 띕니다.(부록 1)

우선, '우리 민족끼리'라는 문구가 매우 강조되어 자주 나옵니다. 그 문구가 좋은 의미가 되려면 우리 민족이 협력해 인류 번영에 기여할 수 있어야 합니다. 만약 배타적으로 작용해 국수주의적 의미로 받아들여지면 오히려 국제적으로 다른 나라들로부터 따돌림을 당할 수 있습니다.

둘째로 2항에 '내부 문제 불간섭'의 원칙이 포함되어 있는데, 이것은 북한의 의도대로 북한의 인권, 납북자와 탈북자 문제 등을 의도적으로 도외시하려는 것입니다.

셋째로 '각기 법률·제도적 장치들을 정비해나가기로' 한 것은 남측의 '국가보안법'을 무력화無力化시키고자 하는 목적을 내포하고 있습니다.

마지막으로 4항에 '직접 관련된 3자 또는 4자 정상들이 한반도 지역에서 만나 종전終戰을 선언하는 문제'를 넣음으로써 느닷없이 사대주의적 태도를 보이고 있을 뿐 아니라, 모호한 표현법을 씀으로써 훗날 이의 해석을 둘러싸고 갈등이 생길 우려가 높아졌습니다. '3자 또는 4자'가 '남북한, 미국, 중국', '남북한, 미국', '북한, 미국, 중국' 중 어느 쪽을 의미하는지 불확실합니다. 정전협정에 서명한 대로 '북한, 미국, 중국'이 종전을 선언하는 의미라면 한국을 배제하려는 북한의 외교 술수에 말려든 것입니다.

맺음말

북한 위정자들은 백성들의 이익을 최우선시하여 정책을 펴야지 집권층의 이익을 위한 정책을 추구해서는 안 됩니다. 집권층과 백성의 이익이 일치할 때는 아무 문제가 없겠으나, 서로 부합하지 않을 경우에는 소리小利를 취하지 말고 대의大義를 택해야 합니다.

필생즉사 필사즉생[55]

必生則死 必死則生

"반드시 살려고 하는 자는 죽고, 죽으려 하는 자는 산다."

이순신 장군이 임진왜란 때 수적數的으로 우세한 왜선倭船과의 싸움에 임하는 조선 수병水兵들에게 한 말입니다. 북한의 위정자는 스스로 살려고 소리를 취하면 반드시 죽을 것이요, 소리를 버리고 백성을 위하여 자신을 희생하면 반드시 나라가 보전될 것입니다.

---

55 난중일기亂中日記, 이순신李舜臣

'남북관계 발전과 평화 번영을 위한 선언'

대한민국 노무현 대통령과 조선민주주의인민공화국 김정일 국방위원장 사이의 합의에 따라 노무현 대통령이 2007년 10월 2일 부터 4일까지 평양을 방문하였다.

방문 기간 중 역사적인 상봉과 회담들이 있었다.

상봉과 회담에서는 6·15 공동선언의 정신을 재확인하고 남북관계발전과 한반도 평화, 민족공동의 번영과 통일을 실현하는 데 따른 제반 문제들을 허심탄회하게 협의하였다.

쌍방은 우리 민족끼리 뜻과 힘을 합치면 민족번영의 시대, 자주통일의 새 시대를 열어 나갈 수 있다는 확신을 표명하면서 6·15 공동선언에 기초하여 남북관계를 확대·발전시켜 나가기 위하여 다음과 같이 선언한다.

1. 남과 북은 6·15 공동선언을 고수하고 적극 구현해 나간다.

   남과 북은 우리민족끼리 정신에 따라 통일문제를 자주적으로 해결해 나가며 민족의 존엄과 이익을 중시하고 모든 것을 이에 지향시켜 나가기로 하였다.

   남과 북은 6·15 공동선언을 변함없이 이행해 나가려는 의지를 반영하여 6월 15일을 기념하는 방안을 강구하기로 하였다.

2. 남과 북은 사상과 제도의 차이를 초월하여 남북관계를 상호존중과 신뢰 관계로 확고히 전환시켜 나가기로 하였다.

   남과 북은 내부문제에 간섭하지 않으며 남북관계 문제들을 화해와 협력, 통일에 부합되게 해결해 나가기로 하였다.

   남과 북은 남북관계를 통일 지향적으로 발전시켜 나가기 위하여 각기 법률적·제도적 장치들을 정비해 나가기로 하였다.

   남과 북은 남북관계 확대와 발전을 위한 문제들을 민족의 염원에 맞게 해결하기 위해 양측 의회 등 각 분야의 대화와 접촉을 적극 추진해 나가기로 하였다.

3. 남과 북은 군사적 적대관계를 종식시키고 한반도에서 긴장 완화와 평화를 보장하기 위해 긴밀히 협력하기로 하였다.

   남과 북은 서로 적대시하지 않고 군사적 긴장을 완화하며 분쟁문제들을 대화와 협상을 통하여 해결하기로 하였다.

   남과 북은 한반도에서 어떤 전쟁도 반대하며 불가침의무를 확고히 준수하기로 하였다. 남과 북은 서해에서의 우발적 충돌방지를 위해 공동어로수역을 지정하고 이 수역을 평화수역으로 만들기 위한 방안과 각종 협력 사업에 대한 군사적 보장조치 문제 등 군사적 신뢰구축조치를 협의하기 위하여 남측 국방부 장관과 북측 인민무력부 부장 간 회담을 금년 11월중에 평양에서 개최하기로 하였다.

4. 남과 북은 현 정전체제를 종식시키고 항구적인 평화체제를 구축해 나가야 한다는데 인식을 같이하고 직접 관련된 3자 또는 4자 정상들이 한반도지역에서 만나 종전을 선언하는 문제를 추진하기 위해 협력해 나가기로 하였다.

   남과 북은 한반도 핵문제 해결을 위해 6자회담 「9.19 공동성명」과 「2.13 합의」가 순조롭게 이행되도록 공동으로 노력하기로 하였다.

길 잃은 나의 조국

5. 남과 북은 민족경제의 균형적 발전과 공동의 번영을 위해 경제협력사업을 공리공영과 유무상통의 원칙에서 적극 활성화하고 지속적으로 확대 발전시켜 나가기로 히였다.

남과 북은 경제협력을 위한 투자를 장려하고 기반시설 확충과 자원개발을 적극 추진하며 민족내부협력사업의 특수성에 맞게 각종 우대조건과 특혜를 우선적으로 부여하기로 하였다.

남과 북은 해주지역과 주변해역을 포괄하는「서해평화협력특별지대」를 설치하고 공동어로구역과 평화수역 설정, 경제특구건설과 해주항 활용, 민간선박의 해주직항로 통과, 한강하구 공동이용 등을 적극 추진해 나가기로 하였다.

남과 북은 개성공업지구 1단계 건설을 빠른 시일 안에 완공하고 2단계 개발에 착수하며 문산–봉동간 철도화물수송을 시작하고, 통행·통신·통관 문제를 비롯한 제반 제도적 보장조치들을 조속히 완비해 나가기로 하였다.

남과 북은 개성–신의주 철도와 개성–평양 고속도로를 공동으로 이용하기 위해 개보수 문제를 협의 추진해 가기로 하였다.

남과 북은 안변과 남포에 조선협력단지를 건설하며 농업, 보건의료, 환경보호 등 여러 분야에서의 협력 사업을 진행해 나가기로 하였다.

남과 북은 남북 경제협력사업의 원활한 추진을 위해 현재의「남북경제협력추진위원회」를 부총리급「남북경제협력공동위원회」로 격상하기로 하였다.

6. 남과 북은 민족의 유구한 역사와 우수한 문화를 빛내기 위해 역사, 언어, 교육, 과학기술, 문화예술, 체육 등 사회문화 분야의 교류와 협력을 발전시켜 나가기로 하였다.

남과 북은 백두산관광을 실시하며 이를 위해 백두산–서울 직항로를 개설하기로 하였다.

남과 북은 2008년 북경 올림픽경기대회에 남북응원단이 경의선 열차를 처음으로 이용하여 참가하기로 하였다.

7. 남과 북은 인도주의 협력 사업을 적극 추진해 나가기로 하였다.

남과 북은 흩어진 가족과 친척들의 상봉을 확대하며 영상 편지 교환사업을 추진하기로 하였다.

이를 위해 금강산면회소가 완공되는데 따라 쌍방 대표를 상주시키고 흩어진 가족과 친척의 상봉을 상시적으로 진행하기로 하였다.

남과 북은 자연재해를 비롯하여 재난이 발생하는 경우 동포애와 인도주의, 상부상조의 원칙에 따라 적극 협력해 나가기로 하였다.

8. 남과 북은 국제무대에서 민족의 이익과 해외 동포들의 권리와 이익을 위한 협력을 강화해 나가기로 하였다.

남과 북은 이 선언의 이행을 위하여 남북총리회담을 개최하기로 하고, 제1차 회의를 금년 11월 중 서울에서 갖기로 하였다.

남과 북은 남북관계 발전을 위해 정상들이 수시로 만나 현안 문제들을 협의하기로 하였다.

2007년 10월 4일 평양
대한민국 대통령 노무현
조선민주주의인민공화국 국방위원장 김정일

제 2 장

북한의 인권

처음말

서장거여 적피낙토 낙토낙토 원득아소[1]
逝將去女 適彼樂土 樂土樂土 爰得我所
"이제는 너를 떠나 저 즐거운 땅으로 가련다. 즐거운 땅 즐거운 땅 거기 가면 내 편히 살리라."
시경詩經에 나오는 '석서碩鼠'라는 시의 한 구절이다. 위魏나라 백성들이 자신들을 착취하는 위정자를 '큰 쥐(석서)'에 비유하면서 위나라를 떠나 낙토樂土를 찾아 떠난다는 노래다. 고향을 등지고 북한을 탈출하는 많은 북한 주민들이 낙토를 찾아 떠난 위나라 백성과 무엇이 다르랴.

한국으로 입국하는 탈북자 수가 급증하고 있습니다. 1990년 9명에서 2002년에는 1,138명이 입국하였으니, 중국에서 붙잡혀 강제로 북송된 사람까지 합치면 매년 엄청난 수의 북한 주민이 고향을 떠나 국경을 넘고 있는 셈입니다.

중국 사회과학원의 조선족 출신 정신철鄭信哲 연구원이 '중남민족中南民族'에 기고한 '한반도 정세가 조선족 지역 발전과 안정에 미치는 영향'이라는 논문에 따르면 2002년도 연변延邊 조선족자

---

1 시경詩經 국풍國風 위풍魏風 석서碩鼠; 逝 가다, 爰 이에

치주를 통해 북송된 탈북자는 4,809명-연변 자치주에서 체포된 탈북자 3,732명, 다른 지역 1,077명-이라고 합니다.[2] 이 밖의 지역을 통해 북송된 탈북자를 더하면 강제로 북송된 탈북자 수는 5,000명을 넘을 것으로 추정됩니다. 2002년에 1,138명의 탈북자가 한국으로 입국했고, 중국에서 북한으로 약 5,000명의 탈북자가 추방되었으니, 그해 중국을 거쳐 한국으로 입국한 탈북자는 중국으로 탈북한 사람의 20% 정도이며, 약 80%는 다시 북송된 것으로 보입니다.

득중즉득국 실중즉실국[3]
得衆則得國 失衆則失國
"민중을 얻으면 나라를 얻게 되고, 민중을 잃으면 나라를 잃게 된다."

대학大學에 지도자에게 덕이 있으면 백성이 모이고, 백성을 얻으면 국토, 즉 나라를 얻게 된다고 하였습니다. 수많은 북한 주민이 북한을 등지고 떠나니 백성을 잃으면 나라를 잃게 될 터인즉, 북한 지도층이 이러한 현상을 되돌리지 못한다면 끝내 민중을 잃고 나라를 잃을 수도 있는 것입니다.

---

2 동아일보 2007.6.9
3 대학大學 치국평천하治國平天下

폭기민 심즉신시국망 불심즉신위국삭[4]

暴其民 甚則身弑國亡 不甚則身危國削

"백성에게 폭정을 가하면 몸이 시해^弑되고 나라는 망한다. 심하지 않더라도 몸이 위태로워지고 국토가 깎인다."

맹자^{孟子}의 이 경고가 전하는 바를 진지하게 받아들여 북한 지도층이 하루라도 빨리 주민의 생존과 안녕을 위하는 정치가 무엇보다 우선이라는 사실을 인식했으면 좋겠습니다. 그렇지 않으면 위정자도 위태로워질 뿐 아니라 무엇보다도 강토^{疆土}가 깎여 나갈 수 있기 때문입니다.

탈북자

2005-10-11

살인이정 여도유이이호 이도여정유이이호[5]

殺人以挺 與刃有以異乎 以刃與政有以異乎

"사람을 몽둥이로 죽이는 것과 칼로 죽이는 것이 다른가? 칼로 죽이는 것과 정치로 죽이는 것이 다른가?" 맹자^{孟子}가 양혜

---

4 맹자孟子 이루장구離婁章句; 弑 윗사람을 죽이다, 削 깎다
5 맹자孟子 양혜왕장구梁惠王章句; 挺 노

왕梁惠王에게 들려준 말이다. 사람을 몽둥이로 죽이건, 칼로 죽이건, 정치로 죽이건 다르지 않고 다 똑같은 살인이라는 가르침이다.

2005년 8월 29일 산동山東 연대烟臺 한국국제학교에 들어간 탈북자 7명이 그해 9월 29일 결국 북송되었습니다.[6] 한국 정부는 북한과 중국의 눈치를 보느라 동포의 생명이 걸린 이 위중한 사태를 소홀히 하였습니다. 사람을 칼로 죽이든 정치로 죽이든 다 똑같은 살인입니다. 어떤 이유로도 인명을 손상시키는 일이 정당화될 수는 없는 것입니다. 국민의 생명 보호는 국가의 존립 근거이자 의무인데 이를 거부하는 국가는 큰 문제가 있다 하겠습니다. 중국 공산당 정부도 북한 노동당과 마찬가지로 비난받아 마땅할 일입니다.

북한에 있는 국군 포로 3명의 가족 9명이 2006년 7월 중국으로 탈출해 그해 10월 심양瀋陽 한국총영사관 영사 2명의 안내로 근처 조선족 여관에 들어갔다가 다음 날인 10월 12일 중국 공안에 체포되었습니다.[7] 이들은 모두 10월 말경 북한으로 송환되어 수용소로 보내졌는데, 이중 노인 1명이 간이 수용소에서 사망했다고 합니다.[8] 한국 영사관측에서는 중국 공안과 업무 협조가 제대로 되지 않아 이 같은 일이 발생했다고 밝혔습니다. 한국 정부

6 조선일보 2005.10.11
7 조선일보 2007.1.18
8 조선일보 2007.1.20

2002년 5월 8일 중국 심양 주재 일본영사관 안으로 망명하려는 북한 여성을 중국 공안이 못들어가게 막으며 붙잡고 있다. 그녀의 딸은 안쪽에서 겁에 질린 채 엄마를 바라보며 울고 있다.   사진출처_ 로이터/뉴스1

는 국군 포로 가족의 생명이 위협받을 수 있다는 점을 알면서도 안이한 자세로 임해 간접적 가해자가 되어버린 셈입니다.

도덕지위 성호안강, 폭찰지위 성호위약, 광망지위 성호멸망[9]
道德之威 成乎安彊, 暴察之威 成乎危弱, 狂妄之威 成乎滅亡
"도덕적인 위엄은 나라를 태평하고 강하게 하고, 폭력에 기반한 위엄은 나라를 위태롭고 약하게 하며, 광포狂暴한 위엄은 나라를 멸망케 한다."

---

9 순자荀子 강국彊國

길 잃은 나의 조국

북한의 위정자들은 폭력이나 위협으로 백성을 다스리려 해서
는 안정은커녕 나라가 위태롭고 약해져 멸망에 이를 수도 있다
는 점을 깨달아야 합니다. 백성을 덕으로 다스려야 국가의 위엄
이 서고 나라가 안정됩니다. 정치는 백성을 사랑하고 아끼는 마
음, 즉 어진 덕으로부터 시작되는 것입니다.

측은해하는 마음이 인이라 했습니다.[10] 옛사람들은 어짊, 즉
인을 군자가 갖추어야 할 최고의 덕목으로 꼽았습니다. 인이 없
는 지도자 아래에서 사는 백성의 고통이 너무나 크기 때문입니
다. 수많은 탈북자가 발생하는 원인은 반성하지 않고, 강제로 북
송된 탈북자들에게 가혹한 형벌을 내리는 북한의 지도자들은 옛
선현先賢의 가르침에 귀를 기울이기 바랍니다.

인권결의안

2005-10-27

**위인부자 필능조기자 위인형자 필능교기제 약부불능조기자
형불능교기제 즉무귀부자형제지친의[11]**

---

10 맹자孟子 고자장구告子章句; 측은지심인야 수오지심의야 공경지심예야 시비지심
지야 惻隱之心仁也 羞惡之心義也 恭敬之心禮也 是非之心智也 "측은해하는 마음이
인仁이요, 부끄러워하는 마음이 의義요, 공경하는 마음이 예禮요, 옳고 그름을 가
리는 마음이 지智이다." 羞 부끄러워하다

11 장자莊子 도척盜跖; 詔 가르쳐 지도하다

**爲人父者 必能詔其子 爲人兄者 必能教其弟 若父不能詔其子
兄不能教其弟 則無貴父子兄弟之親矣**

"아비 된 자는 반드시 아들을 타이를 수 있어야 하며, 형 된
자는 반드시 아우를 교화시킬 수 있어야 한다. 만약 아비가
아들을 타이르지 못하고 형이 아우를 교화시키지 못한다면,
부자지간 형제지간에 친함을 귀하다고는 할 수 없다."

공자의 친구 가운데 유하계柳下季라는 재상이 있었는데 그의
동생이 악명 높은 도적떼의 두목 도척盜跖이었습니다. 공자가 동
생을 교화시키지 못한 친구 유하계에게 형의 도리를 이야기한
내용입니다.

**도기이승…접인용설[12]
度己以繩…接人用枻**

"자기를 돌아보는 법도로는 먹줄을 긋듯 똑바로 (엄격하게) 하
고… 남을 접할 때는 굽은 활 도지개처럼 유연하게 (관용으로)
한다."

한 집안에서도 아우가 나쁜 짓을 하면 남들이 비난하기 전에
부모 형제가 먼저 나서서 그 잘못을 꾸짖고 반성하게 하여 다시
는 잘못을 저지르지 않도록 하는 게 마땅하다 할 것입니다. 자기
가족에게는 한없이 관대하고 남의 잘못은 맹렬하게 비난하는 경

---

12 순자荀子 비상非相; 繩 목수가 쓰는 먹줄, 枻 활 도지개

　　　　　　　　　　　　　　　　　길 잃은 나의 조국

우를 세상에서 자주 볼 수 있습니다. 자기 식구에게는 엄격하면서 남에게 너그러운 이야말로 예를 아는 이라 할 것입니다.

유엔 인권위원회에서 2003년 4월 16일 처음으로 북한 인권결의안이 통과된 이래 인권결의안은 연례적으로 매년 채택되었지만 한국 정부는 2006년을 제외하고는 2007년까지 번번이 회의에 불참하거나 기권하였습니다. 2005년에 유럽연합(European Union＝EU)은 '북한 인권 상황 결의안(Situation of human rights in the Democratic People's Republic of Korea)'을 60차 유엔 총회에 상정했습니다.[13] 12월 16일 열린 60차 유엔 총회에서 '북한 인권결의안'은 한국 정부가 기권한 상태에서 통과되었습니다. 그 후 2007년까지 유엔 총회에서는 매년 북한 인권결의안을 통과시켰으나 한국 정부는 2006년 61차 총회를 빼고는 늘 기권을 했습니다.

형유과실화기이간 제유과실이성이훈[14]
兄有過失和氣以諫 弟有過失怡聲以訓
"형이 허물이 있으면 (아우는) 온화한 기운으로 간諫하고, 아우에게 잘못이 있으면 (형은) 부드러운 목소리로 훈계한다."

남북은 한 집안의 형제지간이라고 할 수 있습니다. 잘못한 게 있다면 서로 충고해 고쳐 나가도록 애쓰는 게 옳겠지요. 그렇게

---

13 조선일보 2005.10.27
14 소학小學, 주희朱熹; 怡 기쁠, 諫 간하다

보았을 때 한국 정부는 북한 인권결의안에 동의하는 게 마땅합니다. 물론 충고하는 쪽의 태도도 중요합니다. 막무가내로 욕하고 비난하는 태도보다는 한 민족이라는 인식 아래 보다 장기적인 비전을 공유하면서 상대의 경계심을 완화하고 신뢰를 회복하려고 애쓰면서 온화한 말로 타일러야 바람직할 것입니다.

하지만 한국 정부는 반기문 유엔 사무총장이 선출된 2006년 61차 총회 때를 제외하고는 북한 인권결의안 표결에 기권 내지 불참으로 일관하여 형제지간의 도리를 저버렸다고 할 수 있습니다. 게다가 우리나라 사람이 유엔의 수장首長으로 선출될 때에만 인권결의안에 찬성하여, 속내가 빤히 들여다보이는 외교적 행위로 비웃음을 사고 말았습니다.

제수유과수물성책[15]

弟雖有過須勿聲責

"아우에게 비록 허물이 있더라도 모름지기 큰 소리로 꾸짖지 마라."

그러나 2008년 11월 63차 유엔 총회에서는 한국 정부가 공동제안국으로 북한 인권결의안을 앞장서 상정하였으니, 이번에는 참여정부와는 정반대로 지나쳤다고 하겠습니다. 소학小學에 이르기를 아우를 교화하되 큰 소리로 꾸짖지는 마라 하였거늘,

---

15 소학小學, 주희朱熹; 雖 비록 須 모름지기

한국 정부는 유엔에서 마치 북한을 야단치듯이 행동해 상대로 하여금 크게 반감을 갖도록 했습니다.

북한 주민에게 자유를

2006-07-15

노르베르트 폴러첸Norbert Vollertsen(독일 의사, 북한 인권운동가)은 세종로 외교통상부 정문 앞에서 2006년 7월 12일부터 "Freedom for North Koreans(북한 주민에게 자유를)"이라는 문구를 쓴 피켓을 들고 1인 시위를 하다가, 그해 7월 14일 대통령이 외교통상부를 방문할 때 경호를 이유로 경찰에 의해 강제로 끌어내졌다 합니다.[16] 이 독일인이 어떤 불순한 목적을 따로 가지고 이 같은 시위를 했는지는 알 수 없으나 외국인이 나서서 시위할 때까지 우리 정부와 국민이 북한 동포의 인권을 위해 무엇을 해왔는지는 자문自問해볼 필요가 있습니다. 잘못하는 것이 있으면 형제간에 충고해주는 게 진정한 우애이지, 잘못하는 것을 보고도 못 본 체하면서 계속 잘못하도록 내버려두는 것은 진정한 우애가 아닐 것입니다.

16 조선일보 2006.7.15

맺음말

북한 지도층의 입장에서 그들에게 주는 충고가 당장은 귀에 거슬릴 테지만, 길게 내다보면 북한 지도층과 주민 모두에게 유익한 충고일 것입니다. 북한 위정자들은 그들이 인민 위에 군림하는 존재가 아니라 인민을 위해 존재한다는 초심初心으로 돌아가기를 간절히 바랍니다.

절위반문[17]

節威反文

"무력을 줄이고 문치文治로 돌아오라."

순자의 가르침에 따라 핵무기와 같은 무력을 쌓는 데 국력을 낭비하지 말고 문치文治에 힘을 기울이십시오. 인간의 기본권을 보호하고 인민들이 인간다운 생활을 할 수 있도록 애쓰는 새로운 정치를 하기를 북한 위정자들에게 진심으로 당부합니다.

---

17 순자荀子 강국彊國

제 3 장

중국

처음말

중국과 우리나라는 동북아시아에서 고대 문명이 발생한 때부터 문명을 공유하고 교류해왔습니다. 요하遼河와 대릉하大凌河, 그리고 황하黃河 같은 큰 강 유역에서 발달한 고대 문명의 주체는 동이東夷족과 화하華夏족[고대 중국]이었습니다. 동이족의 나라인 (고)조선, 삼한, 부여, 고구려, 백제, 신라, 가야[1], 발해 시대에 우리 강역疆域의 대부분을 차지하는 요하 유역과 그 이동以東 지역을 고구려와 발해의 멸망으로 잃고 한반도에 국한된 우리나라는 중국과 수많은 접촉을 해왔습니다. 현재와 미래도 그 접촉의 진행형이라 할 수 있습니다.

---

1 가야와 왜倭는 같은 부족국가연맹체라고 할 수 있다. 한일 고대 관계사의 쟁점. 강길운 저. 왜의 정체. 한국문화사, 서울, 한국 2011

중국과 러시아

합종연횡[2]

合從連衡

"세로로 단결하고, 가로로 연합한다."

약자가 세로로 단결하여 강자强者에게 대항하거나, 가로로 연합하여 강자와 화해한다는 뜻이다.

기원전 전국戰國시대에 진秦나라에 대항하여 초楚, 제齊, 한韓, 위魏, 조趙, 연燕 여섯 나라가 소진蘇秦의 주창대로 합종하여 진나라를 견제하던 적이 있었고, 이후에는 진나라 장의張儀의 전략으로 진나라가 주위 나라와 연횡하여 주변국을 하나하나 멸망시켜 나갔다. 오늘날에도 각국 간에 이해관계에 따라 시시時時 때때로 합종과 연횡이 일어난다.

2005년 8월 18일부터 25일까지 중국과 러시아가 산동山東반도와 황해에서 사상 최초로 육·해·공군 연합 군사훈련을 실시하였습니다.[3] 중국이 미국의 견제를 극복하려는 게 첫째 목적인데, 이 훈련은 한반도를 가상으로 한 훈련으로 보입니다. 북한에 혼란이 예상되거나, 실제로 혼란이 일어났을 때 중국 혹은 중국

---

2 사기史記 소진장의열전蘇秦張儀列傳, 사마천司馬遷
3 조선일보 2005.8.25

과 러시아가 북한 땅에 들어올 가능성을 염두에 두고 훈련하는 것일지 모릅니다. 그럴 경우, 중국은 북한 지역에서 주도권을 쥘 수 있고, 러시아는 한반도의 이권利權을 일부 나눠 가질 수 있기 때문입니다.

역사 전쟁

2005-10-11

연목구어[4]

緣木求魚

"나무에 올라가서 물고기를 구한다."

[연목구어 수불득어 무후재 이약소위 구약소욕 진심력이위지 후필유재]

[緣木求魚 雖不得魚 無後災 以若所爲 求若所欲 盡心力而爲之 後必有災]

"나무에 올라가서 물고기를 얻으려 하는 것은 비록 고기만 얻지 못할 뿐 뒤따르는 재앙은 없다. 선宣왕이 그러한 방법으로 자신의 욕구를 채우려 한다면, 마음과 힘을 다 하여도 뜻을 이루지 못할 뿐 아니라 후에 반드시 재앙이 생긴다."

맹자가 제齊나라 선宣왕에게 왕이 바라는 것은 천하를 정복하고자 하는 것일 텐데, 그것은 나무에 올라가 물고기를 얻겠다

---

4 맹자孟子 양혜왕장구梁惠王章句

는 것처럼 이룰 수 없는 것이라고 설득한다. 중국이 천하를 정복하고자 하는 욕망 또한 연목구어로서, 동북공정과 같은 방법으로 욕심을 채우려 한다면 뜻도 이루지 못할 뿐 아니라 반드시 재앙이 뒤따를 것이다.

2005년 9월 연변延邊 조선족 자치주 세계역사 교과서[5] 한국사 부분에서 고구려사를 포함하여 한국의 전前근대사가 전부 삭제 됐습니다. 세계역사 중국어판에서는 이미 2003년부터 삭제됐다고 합니다.[6]

또한 2004년 8월 중국 외교부 홈페이지에서는 1948년 이전의 한국사가 모두 삭제됐다는데, 이는 우리나라를 1948년에 신생 독립한 나라인 것처럼 호도하려는 뜻일 겁니다. 대한민국 이전의 우리 역사의 정통성을 희석시켜 한국을 옛 우리 조상들이 세운 나라를 이어 내려온 나라로 인정하고 싶지 않다는 의도를 내보이는 짓이지요. 2006년 7월 31일 이영훈 교수(서울대 경제학)가 '우리도 건국절을 만들자'라는 칼럼에서 광복절을 건국절로 바꾸자고 제안하였고,[7] 한나라당 국회의원 등이 중심이 되어 광복절을 건국절로 이름을 바꾸는 법률안을 2008년 7월 3일 국회에 제출했습니다.[8] 하지만, 우리나라가 건국된 것은 반만년 전

5 '세계역사' 중국 인민교육출판사 발행, 연변교육출판사 번역
6 조선일보 2005.10.11
7 동아일보 2006.7.31
8 서울신문 2008.8.8

이며 현재 대한민국 정부수립일이 1948년 8월 15일인 것뿐이니, 건국절로 이름을 바꾸면 그 이전의 모든 역사에서 '신생국(?)' 대한민국은 조상들의 역사의 정통성을 주장하기 힘들게 됩니다. 이는 중국과의 부당한 역사 전쟁에서 우리가 패배할 수 있음을 의미합니다. 다행히 정부의 건국 60주년 기념사업 추진기획단장은 광복절을 건국절로 바꾸는 것을 검토한 바 없다고 밝혔습니다.[9]

동북공정은 2002년부터 중국 사회과학원이 동북3성[요녕성, 길림성, 흑룡강성]과 함께 본격적으로 추진하고 있는 역사 연구 과제입니다. 동북공정은 고대 한국의 (고)조선, 부여, 고구려, 발해 등을 중국의 주변 소수민족이 세운 나라로 왜곡하여, 이들 국가는 중국의 지방 정권[신하 국가/제후국]으로서 중국 중앙정부에 조공朝貢을 바치던 속국이라고 표현하고 있습니다. 그러면서 중국이 변방의 소수민족을 융합하여 거대한 제국을 형성한 것이라는 그릇된 역사관을 주장합니다.[10] 중국이 이처럼 역사를 조작하는 이유는, 역사에 나타난 우리 조상들 나라의 강역을 중국의 영토에 포함시키고자 하는 목적을 가지고 있기 때문입니다. 최근에는 단동丹東(구 안동安東)[11]에 만리장성이라고 지어놓고 여기서부터 만리장성이 시작됐다고 날조하고 있습니다.[12] 원래 만리장성

---

9 서울신문 2008.8.1

10 중국은 이를 '다多민족 융합 (multinational mix)'이라고 부른다.

11 신의주 압록강 건너편 중국 도시

12 조선일보 2009.5.2. 한겨레신문 2009.5.15. 이덕일; 식민사관과 노론사관

은 북경에서 동쪽으로 300km 떨어진 산해관山海關에서 시작합니다. 발해만渤海灣에 위치한 산해관은 소위 중화와 오랑캐를 구분 짓는 지리적 관문이었습니다. 이러한 역사 조작 연구를 기초로 하여 앞으로 북한 유사시와 한반도 통일 시 취할 중국의 행동에 역사적 정당성을 부여하고, 영토를 팽창시키고자 하는 야욕이 숨어 있다고 하겠습니다.

대국지공소국야 시교상적야 과필반어국[13]
大國之攻小國也 是交相賊也 過必反於國
"큰 나라가 작은 나라를 공격하면 서로가 서로를 해치게 되므로 그 허물은 반드시 큰 나라로 돌아오게 된다."

전국시대에 제齊나라가 노魯나라를 치려고 하자 묵자墨子는 위와 같이 말하면서, 훗날 점령한 곳에서 피지배민족이 나라를 되찾고자 끊임없는 투쟁을 벌여 결국에 가서는 지배 국가도 쇠약해지고 벌을 받는다고 가르칩니다. 이처럼 옛 선현先賢들은 큰 나라가 작은 나라를 침략하는 것을 비판하였고, 나라가 커지면 이웃 나라를 해치고 잡아먹으려 들기 때문에 노자老子 역시 소국과민小國寡民을 이상理想 국가의 가장 핵심적인 필요조건으로 보았습니다.

---

13 묵자墨子; 賊 해치다

소국과민[14]

小國寡民

"나라는 작고 백성은 적다."

소국과민이면 이웃 나라를 욕심내지 않으므로 이웃 나라끼리
화목하게 지낼 수 있다고 노자는 생각한 것이다.

반한 감정

2006-09-07

국교국사불망 즉기국불망야[15]

國敎國史不亡 則其國不亡也

"나라의 가르침과 나라의 역사가 망하지 않으면, 그 나라는
망하지 않는다."

박은식 선생의 이 문장을 바꿔 말하면, 한 나라의 역사가 망
하면 그 나라는 망하고 만다는 것을 의미한다.

중국이 역사를 왜곡하고 동북공정을 추진하는 것에 대항하여
우리나라에서는 2004년 교육부 산하에 '고구려연구재단'을 설립
했고, 이는 2006년 5월 2일 '동북아역사재단 설립·운영에 관한

---

14 도덕경道德經 독립獨立/소과小寡, 노자老子
15 박은식; 한국통사韓國痛史. 상해, 중국 1915

길 잃은 나의 조국

법률안'이 국회를 통과하면서 8월 20일 '동북아역사재단'으로 흡수 통합되었습니다.

그러나 김정배 전 고구려연구재단 이사장의 말에 의하면, 참여정부 시절 고구려연구재단이 만든 고구려사 연구 자료를 각 학교에 배포하려 했지만 외교부가 중국을 의식하여 반대함으로써 결국 배포하지 못한 적이 있었다고 합니다.[16] 우리의 바른 역사를 학생들에게 떳떳하게 가르쳐야 하는 것은 우리의 숭고한 의무임에도 불구하고, 참여정부가 한편에서 우리의 바른 역사를 감추고 싶어 했다면 이율배반二律背反이 아닐 수 없습니다. 이렇게 하면 우리 후손은 우리의 고대사[(고)조선, 부여, 고구려, 발해]를 중국의 선전으로 인해 중국의 역사로 잘못 인식할 수 있습니다. 이는 우리의 역사를 영구히 중국에게 빼앗기는 어리석음을 범하는 것입니다. 우리의 강역은 한반도의 남쪽 절반으로 국한되어, 바다와 중국으로 둘러싸인 고립무원孤立無援인 대륙의 섬으로 전락할 수 있습니다.

2008년 8월 8일부터 24일까지 중국 베이징에서 열린 제29회 올림픽 경기에서 한국 선수가 출전하면 중국 관중들은 상대편이 어느 나라건 무조건 "한국 져라!"를 외치고 심지어 한일韓日전에서도 일본을 응원하는 희한한 광경까지 벌어졌습니다. 현대 역사에서 중국인의 원한이 가장 뼛속 깊이 맺혀 있는 나라가 일본인데, 중국 인민을 학살하고 생체 실험까지 자행했던 일본마저

---

16 조선일보 2006.9.7

도 한국의 상대팀이 되면 중국 관중의 열화와 같은 응원을 받았습니다. 이런 기괴한 사태를 어떻게 보아야 할까요?

내불친민 외불약치 이소한중 이약경강 신사국망 위천하소[17]
內不親民 外不約治 以少閒衆 以弱輕强 身死國亡 爲天下笑
"안으로 백성과 친하지 않고, 밖으로 나라를 잘 다스리지 못하며, 적은 백성으로써 많은 백성을 업신여기고, 약한 나라로써 강한 나라를 가볍게 여겨 죽임을 당하고 나라가 멸망하여 천하의 웃음거리가 되었다."
묵자의 제자가 나라를 지키는 방도를 물어보자 묵자는 이와 같은 고사故事를 예로 들면서 큰 나라를 업신여기면 보복당할 수 있음을 암시하고 있다.

국소이불처비 역소이불외강 무례이모대린 탐팍이졸교자 가망야[18]
國小而不處卑 力少而不畏强 無禮以侮大隣 貪愎而拙交者 可亡也
"나라가 작은데 겸손하지 않고, 힘은 약한데 강한 나라를 겁내지 않으며, 예의 없이 이웃의 큰 나라를 업신여겨 자기 욕심만 부리고 외교에 졸렬하면 나라가 망한다."

---

17 묵자墨子
18 한비자韓非子 망징亡徵; 십과十過에서도 국소무례國小無禮라는 말이 나온다. 愎괴팍하다. 성격이 까다롭고 고집이 세 남의 말을 듣지 않는다.

한비자 또한 큰 나라를 업신여기지 말라고 충고합니다. 우리로서도 평소 중국인을 업신여기고 중국을 가볍게 여긴 일은 없었는지 반성해보아야 할 부분이 없지 않을 것입니다. 하지만, 중국인들의 반한反韓 감정이 어찌 이 지경에까지 이르렀을까 생각하면 씁쓸함이 느껴집니다. 한편 '이런 상황을 보고 어떤 세력이 가장 흐뭇해할까?'라는 의문도 떠오르는데, 그것은 아마 일본의 우익 군국주의자나 중국의 집권 공산당일지도 모른다는 생각이 듭니다.

중국 국민의 반한 감정은, 표면적으로는 중국 네티즌들이 한국 인터넷에서, 예를 들면 '중국의 4대 발명의 진원震源은 한국인이다' 같은 불확실한 이야기를 퍼다 퍼뜨리면 그것을 중국 언론이 뉴스 기사로 보도하여 공식화해버리는 식으로 하다 보니 거품처럼 부풀어 올랐습니다. 중국에서 언론 보도는 공산당의 통제를 받는 것으로 알려져 있는데, 그렇다면 중국 공산당 정부가 언론의 허황된 보도를 묵인하고 있는 건 아닌지 의심스럽습니다. 왜냐하면 오랜 이웃인 한국에 대해 터무니없이 나쁜 소문이 돌 때, 중국 정부는 그것이 기사화되는 것을 막아야 하는 것이 예의이기 때문입니다.

나는 우리 네티즌들은 중국 네티즌에 대항하여 사려 깊지 않은 반응을 드러내지 않기를 바랍니다. 우리도 비슷하게 반응하면 중국과 한국 국민 사이의 적대감만 커질 뿐이며 이렇게 되는 것을 원하는 나쁜 세력이 있을 수 있다는 점을 네티즌들은 잊지 말아야 합니다. 한국의 언론도 마찬가지로 중국인의 반한 감정을 악용하는 세력에 빌미를 주지 않도록 보도에 신중을 기해야 합니다.

2008년 9월 중국 인터넷에 "한국인의 83%가 중국과 전쟁을 원한다"는 날조 기사가 떴습니다. 이에 대하여 중국 네티즌들이 "그렇다면 우리도 북한을 침공하자." "김정일 사후 한국은 북한을 침략하길 원한다." "한국인이 중국과 전쟁을 원한다면 그들의 소원대로 우리 중국도 한국을 쳐야지 않겠나." 같은 댓글을 쓰고 있다고 합니다.[19] 한국을 비난하면서 엉뚱하게 북한을 침공하자는 논지論旨로, 한국을 제어하기 위해서 중국이 마땅히 전쟁으로 대응하자는 식의 허위 사실을 만들어내 중국 국민을 선동하는 내용입니다.

중국 공산당은 자국민을 대상으로 민족주의 의식을 의도적으로 고양高揚시키기 위해 부단히 노력하고 있습니다. 또한 자국민의 무의식 속에 충성심을 배양하기 위해 공자의 유학을 다시 살려내고 있습니다. 중화인민공화국 건국 초기에 중국공산당은 공자를 몹시 비난했습니다만, 유학에서 가르치는 충효사상은 중국 국민들로 하여금 공산당 정부에 충성하도록 활용하는데 매우 유리한 사상입니다.[20] 역대 중국 왕조가 유학을 통치이념으로 삼았

---

19 조선닷컴 2008.9.25 http://news.chosun.com/site/data/html_dir/2008/09/25/2008092500463.html

20 소학小學 내편內篇 명륜明倫, 주희朱熹; 유학儒學에서는 '이효사군즉충以孝事君

던 똑같은 논리로 현 중국 정부도 공자를 다시 부활시키고 찬양하는 것입니다. 그러나, 중국인의 민족주의와 충성심이 잘못된 방향으로 분출하면 애꿎은 피해자 혹은 피해국이 생길 수 있습니다. 그 대상에 우리나라가 포함된다면 이는 동아시아 평화를 매우 위태롭게 만들 것입니다. 비이성적인 민족주의를 자극하는 여론 조작의 배후가 북한을 침공하려는 탐욕을 가지고 있는 중국 공산당일 가능성도 완전히 배제할 수는 없을 것 같습니다.

폐형폐성[일견폐형 백견폐성 일인전허 만인전실][21]
吠形吠聲[一犬吠形 百犬吠聲 一人傳虛 萬人傳實]
"개 한 마리가 그림자를 보고 짖으면 뭇 개들은 그 소리만 듣고 짖어대고, 사람 하나가 헛된 말을 전파하면 나머지 사람들은 그것을 사실인 양 전한다."
고대 중국에 개 한 마리가 무언가 보고 짖으면 나머지 개들은 무슨 영문인지도 모르고 덩달아 따라서 짖는다는 속담에서 유래하였다.

한 사람이 헛된 말을 하면 수많은 사람들이 마치 그것이 사실인 것처럼 퍼뜨리는 식의 현재 중국 내 반한 감정의 끝은 어디일까요. 혹시 한국과 중국을 이간질하여 중국인들이 한국인에게 적개심을 갖도록 유도하는 세력이 있는 것은 아닌가 하는 의구

則忠'이라 하여 '어버이에게 효도하듯이 임금을 섬기면 그것이 바로 충성이다' 라고 가르친다.
21 잠부론潛夫論 현난편賢難篇, 왕부王符; 吠 짖다

심이 생깁니다. 중국군이 북한에 진입하여 혹시라도 한국군과 대치하는 상황이 벌어졌을 때 중국 인민들의 한국인에 대한 적개심을 악용하려는 술책은 아닐까 생각하면 소름이 끼칩니다. 더욱이 중국 내부의 고조된 불만을 북한 무력 정복이라는 돌파구로 삼아 해결하려는 수법을 쓴다면 중국 국민의 한국에 대한 적개심은 아주 유용할 것입니다. 미래에 대한 이런 음울한 예측이 사실로 전개되지 않기를 바랄 뿐입니다.

맺음말

한漢족의 중국과 동이東夷족의 한국은 같은 문명권에서 싸운 적도 많았지만 숙명적인 이웃으로서 지금껏 역사를 만들어왔습니다. 두 나라는 일본과 함께 동북아시아의 주역으로서 어쩔 수 없이 앞으로의 역사도 함께 만들어 나가지 않으면 안 됩니다. 통일 한국을 포함한 이 세 나라는 과거의 갈등과 반목과 전쟁 같은 반反인류적 가치를 인간성 회복과 협력, 공유共有를 통하여 인류 공동 번영의 가치로 대체하는 데 힘을 쏟아야 할 것입니다. 이러한 과정은 무력과 같은 퇴폐적 수단이 아니라 도道와 덕德에 기초하여 순리에 따라 이루어져야 합니다.

제 4 장

국
방

처음말

오합지중[졸][1]

烏合之衆[卒]

"까마귀 떼 같은 군중[군대]"

전한前漢 말 왕망王莽이 왕위를 찬탈하고 신新나라를 세웠다가 후한後漢의 광무제光武帝에 의하여 평정되었다. 그 당시 광무제 휘하에는 경엄耿弇이라는 용감한 젊은 장수가 있었는데 그는 천자天子를 사칭한 왕랑王郞이 이끄는 무리를 오합지졸이라 부르고 이들을 단숨에 격파하겠노라고 자신 있게 공언하였다. 그 후 그는 여러 전투에서 공을 세워 광무제가 후한을 일으키는 데 크게 기여하였다.

나라를 지키는 일은 돈만으로도 안 되고, 무기만으로도 안 되며, 사람 수만으로도 안 됩니다. 국민의 정신과 군인의 사기가 무엇보다 중요합니다. 이것을 정신 전력戰力이라고 하는데 정신 전력이 떨어진 군대는 오합지중을 모아 놓은 것에 다름없기 때문입니다. 하지만 국민의정부와 참여정부에서는 정신 전력을 떨어뜨리는 일이 자주 일어났습니다.

---

1 후한서後漢書 경엄전耿弇傳, 범엽范曄

국가필유문무[2]

國家必有文武

"나라에는 반드시 문文의 도道와 무武의 도道가 있어야 한다."

대통령이 육군사관학교 졸업식에 참석하지 않기로 했다 합니다.[3] 문무文武 중 어느 한쪽도 소홀히 할 수 없는 게 국가 경영이라 할 것입니다. 격년隔年으로 육사 졸업식에 참석하겠다는 것은 비난을 무마하기 위한 위선僞善에 지나지 아니하므로, 겸허하다고 할 수 없습니다. 무武를 잃거나 무의 반발은 역사에서 흔히 보는 사실史實입니다. 군대의 근간인 초급 장교를 배출하는 졸업식에서 국군 최고통수권자인 국가원수의 격려는 국가에 대한 충성과 사기의 앙양이라는 무형無形의 가치를 생산해냅니다. 무의 반발은 소극적 체념으로 나타나거나, 적극적 반동으로 나타날 수 있습니다. 어느 쪽의 반응이든 모두 나라를 위태롭게 하고, 국가를 퇴보시킬 수 있는 것입니다.

조선시대 역대 왕의 시호諡號에는 대부분 문무가 고루 들어가 있습니다. 태조太祖의 시호에는 성문신무聖文神武, 정종正宗은 의문

2 한비자韓非子 해로解老
3 조선일보 2005.2.16

장무^{懿文莊武}, 태종^{太宗}은 문무예철^{文武叡哲}, 세종^{世宗}은 영문예무^{英文睿武} 등 문^{文}을 숭상하던 조선에서도 무를 경시하지 않고 왕의 시호에 문무를 고루 넣었다는 것은 조상들이 나라 경영에 있어 무가 문 못지않게 중요함을 깨닫고 있었다는 사실을 말해줍니다.[4] 하물며 대한민국 국군 최고통수권자인 대통령이 무를 경시한다면 이는 국가 경영의 초석이 흔들리는 문제입니다.

연평 해전

2005-06-29

2002년 6월 29일 황해 연평도 인근 해상에서 북한군과의 교전(제2 연평 해전^{海戰})으로 6명의 해군이 사망한 지 3년이 흘렀습니다. 유족들은 그들의 아들과 형제가 국가를 위해 숨겼음에도 정부가 장병과 유족들에 대해 고의적인 무관심과 냉대로 일관하자 더없이 서러워했습니다. 국가를 위해 싸우다 숨진 군인에 대

4 세조^{世祖} 열문영무열^{文英武烈}, 예종^{睿宗} 흠문성무^{欽文聖武}, 성종^{成宗} 인문헌무^{仁文憲武}, 연산군^{燕山君} 경문위무^{經文緯武}, 중종^{中宗} 휘문소무^{徽文昭武}, 인종^{仁宗} 헌문의무^{獻文懿武}, 선조^{宣祖} 현문의무^{顯文毅武}, 인조^{仁祖} 헌문열무^{憲文烈武}, 효종^{孝宗} 선문장무^{宣文章武}, 현종^{顯宗} 순문숙무^{純文肅武}, 숙종^{肅宗} 장문헌무^{章文憲武}, 경종^{景宗} 덕문익무^{德文翼武}, 영조^{英祖} 정문선무^{正文宣武}, 정조^{正祖} 문성무렬^{文成武烈}, 순조^{純祖} 문안무정^{文安武靖}, 헌종^{憲宗} 경문위무^{經文緯武}, 철종^{哲宗} 문현무성^{文顯武成}

길 잃은 나의 조국

한 예우가 이 지경이라면 어느 국민이 국가가 요구할 때 죽음을 무릅쓰고 전선戰線으로 달려가겠습니까. 국민으로 하여금 나라를 지켜내고야 말겠다는 굳은 의지와 높은 사기를 갖도록 정부는 숨진 군인에 대한 예우에 절대로 소홀히 해서는 안 됩니다.

미국의 합동전쟁포로/실종자 확인 사령부(Joint POW/MIA Accounting Command＝JPAC)는 전사자의 유해를 찾기 위해 지구 끝까지 달려간다고 합니다. 이에 걸맞게 JPAC의 부대 구호는 "You are not forgotten(조국은 그대를 잊지 않는다)"이라지요. 이처럼 미국은 국가를 위해 희생한 군인을 대단히 존경합니다. 국가가 충성을 다한 국민에게 예우를 할 때, 국민이 국가를 믿고, 군인이 목숨을 바쳐 나라를 지키는 것입니다. 북한의 비위를 거스를까 봐 나라를 지키다 목숨을 바친 장병에게 관심을 두지 않는다면, 그 정부가 과연 나라를 지킬 의지를 갖고 있는지 되묻지 않을 수 없습니다. 북한의 국군 포로, 납북 어부, 그외 많은 납북자를 방치하는 조국이라면 그 조국이 위험에 처했을 때 어느 누가 위기에 맞서 기꺼이 자신을 던지려 하겠습니까?

모병제

개간상도리지병야 용도육매지도야[5]

皆干賞蹈利之兵也 傭徒鬻賣之道也

그러나 거개가 충절忠節을 좇기보다는 "모든 병사가 상을 탐하
고 이익을 추구하는 병사들이요, 품을 파는 고용된 병사"라
면 전쟁에서 이길 수 없다.

순자께서 말씀하기를, 신상필벌信賞必罰로 단련시킨 군대라도
절도 있고 통제된 군대를 당해내지 못하며, 절도 있고 통제된
군대라도 인의仁義로 교화教化하여 단련된 군대를 당할 수 없다
고 하였다. 하물며 돈을 바라고 품을 파는 병사들로 구성된
군대가 전쟁에서 어떻게 이길 수 있겠는가.

국방부 장관이 남북관계가 정착(?)되고 병력을 50만 명 선으
로 줄인다면 모병제募兵制를 적극 검토해보겠다고 합니다.[6] 이런
민감한 발언은 징병제와 모병제의 장단점을 논하고 여론을 수렴
해 중지衆智를 모아가는 민주적 절차를 거친 후에 언급하는 것이
적절할 것입니다. 특히 주무主務 장관이라면 보다 신중히 검토한
후 발언했어야 합니다. 민의民意 수렴 과정을 거치지 않고 모병제
의 합리성과 가능성만 강조한다면, 오랜 세월 대한민국 국방력

---

5 순자荀子 의병議兵; 干 구하다, 蹈 따르다, 鬻 팔다
6 조선일보 2005.7.22

길 잃은 나의 조국

의 근간으로 기능해온 징병제의 순기능^{順機能}이 덮여질 우려가 높기 때문입니다. 일단 한번 징병제에서 모병제로 바뀌면, 다시는 징병제로 돌아오기가 매우 어렵다는 점을 감안하여 신중히 접근해야 할 사안인 것입니다.

집사광익[부참서자 집중사 광충익야]⁷
集思廣益[夫參署者 集衆思 廣忠益也]

"여러 사람의 의견을 모아서 나라의 이익을 넓힌다."

제갈량^{諸葛亮}은 관료들에게 보낸 편지에서 "무릇 관직에 참여하는 사람은 여러 사람의 의견을 모아야 나라에 충성하고 국익을 넓힐 수 있다"고 훈시했다. 중요한 정책은 여러 사람의 지혜를 경청하고 충분한 논의를 거쳐야 좋은 결론에 이를 수 있고 그래야만 나라에 이익이 된다.

대한민국은 통일을 포함하여 평화로운 남북관계가 오더라도 징병제를 유지해야 동북아시아의 세력관계에서 자주적인 지위를 유지할 수 있습니다. 설사 많은 병력이 필요하지 않더라도 복무 기간을 줄이거나 체력이 약한 젊은이는 공익적인 부문이나 사회봉사 활동 부문에 배치해 국방의 의무를 공평히 부과하는 게 좋습니다. 모병제로 바뀌면 경제적으로 부유한 사람은 대체로 군대를 가지 않으려 할 것이고, 가난하거나 교육을 덜 받은 사람이 주로 입대해 군인들의 평균 교육 수준이 떨어지고 사회

---

7 삼국지三國志 촉지蜀志; 署 벼슬

계층 간의 갈등도 심해질 것입니다.

모병제가 되면 돈을 벌기 위한 수단으로 군에 입대하는 직업 군인으로 부대가 구성될 것입니다. 그렇다면 그에게 입대는 회사에 취직한 셈이 되고, 부대는 일반 회사나 다름없이 느껴질 수 있습니다. 그는 위에서 반인륜적인 명령을 내려도 '목구멍이 포도청'이라 돈[월급]을 받기 위해서 그 명령을 수행할 가능성이 높습니다. 말 그대로 용병같이 될 수 있습니다. 실제 전투에서 퇴역 후 외상후 스트레스 장애(PTSD = post-traumatic stress disorder)에 걸리는 이유도 정신적 갈등이 쌓인 까닭이 아닐까 생각합니다. 또한 직업 군인으로 구성된 '군대 회사(?)'라면 급기야 교직원노동조합, 공무원노동조합처럼 군인 노동조합이 생기지 마라는 법도 없을 것입니다.

국가는 국민 개개인의 영달榮達이나 출세를 위해서가 아니라 나라를 지키겠다는 애국심에 입각해 기꺼이 입대하도록 이끌어야 합니다. 이는 궁극적으로 군인의 자긍심을 높이는 일이기도 합니다. 한반도에 평화가 찾아오더라도 대체 복무를 활용하거나 복무 기간을 조정하는 등의 수정된 징병제를 운영함으로써 모든 국민이 나라를 위해 봉사하는 정신 자세를 잃지 않도록 하는 것이 중요함에도 국방부 장관이 나서서 모병제 발언을 하니 참으로 망연茫然해집니다. 하지만 국방부는 결국 2005년 9월 13일 모병제 도입을 공식적으로 검토하겠다고 밝혔습니다.[8] 국방력을

8 조선일보 2005.9.14

길 잃은 나의 조국

약화시킬 우려가 높은데도 모병제를 도입한다면 대중의 인기를 얻으려는 대중영합주의(populism)에 다름 아니라고 여겨집니다.

매 맞는 군대

2006-05-06

방어리이행 다원[9]

放於利而行 多怨

"이익에 따라 행동하면 원망이 많다."

군대가 매를 맞았습니다. 미군기지 이전이 옳으냐 그르냐를 떠나 입장을 표현하는 자유는 절대적으로 옹호되어야 합니다. 그러나 반대 의사를 표현하는 방법은 폭력에 의존해서가 아니라 대안을 제시하는 등 순리를 따라야 할 것입니다. 2006년 5월 5일, 평택으로의 미군기지 이전을 반대하는 시위대가 군 텐트를 부수고 시위를 막는 군대에게 막대기를 휘둘렀고, 병사들은 몽둥이와 돌에 맞아 쫓겨 갔습니다.[10] 부상병이 11명 발생했는데, 죽봉과 각목에 의해 5명은 팔이 부러지고, 4명은 머리가 찢어졌고, 눈과 허리를 다친 병사가 각각 1명이었다고 국방부가 발표했습

9 논어論語 이인里仁
10 조선일보 2006.5.6

니다.[11] 이 사건은 단순히 병사가 매 맞은 정도 차원의 문제가 아니라 대한민국 국군을 시위대가 공격한, 국기國基를 뒤흔든 사건입니다. 그러나 이들에게 법적으로 응당한 조처를 한다는 정부의 발표는 어디서고 찾아볼 수 없었습니다.

국방의 의무

2006-12-22

군군신신부부자자[12]
君君臣臣父父子子

"임금은 임금답고, 신하는 신하다우며, 부모는 부모답고, 자식은 자식답다."

제齊나라 경공景公이 공자에게 정치에 대해 묻자 공자가 답한 말이다. 임금이 임금답지 못하면, 신하 역시 신하로서의 본분을 제대로 할 수 없다는 뜻이다.

노 대통령은 2006년 12월 21일 서울에서 열린 민주평화통일자문회의 상임위원회에서 전시 작전통제권 환수에 관해 연설하

---

11 조선일보 2006.5.8
12 논어論語 안연顔淵

면서 이런 말을 했습니다.[13]

"국방개혁 2020, 돈 특별히 더 드는 것 없습니다. [하지만, 국방개혁 2020을 위해서는 2020년까지 289조 원의 전력 증강 비용이 들어가며, 경상운영비까지 포함하면 총 683조 원의 국방비가 소요된다][14] 50만 명으로 줄입니다. 인력을 줄이고 더 줄여야 됩니다. …우리 아이들 요새 아이들도 많이 안 낳는데, 군대에 가서 몇 년씩 썩히지 말고 그동안에 열심히 활동하고 장가를 일찍 보내야 아이를 일찍 낳을 것 아닙니까? 우리 모든 사회 제도를 장가 일찍 가고, 시집 일찍 가는, 결혼 일찍 하는 제도로 전부 바꿔 줘야 합니다."

군 최고 통수권자가 국민이 신성한 국방의 의무를 다하는 것을 인생을 썩히는 일로 간주하고 있으니, 어느 국민이 군인이 되어 나라를 지키고 싶은 마음이 생겨나겠습니까.

다음 날인 12월 22일, 청와대에서는 그때껏 24개월인 군 복무기간을 줄일 계획이라고 발표했습니다.[15] 군복무기간 단축은 여론을 수렴하는 과정을 충분히 거치지 않고 나온, 대중의 인기를 의식한 것일 뿐입니다. 인기를 위해 국가의 안위安危가 걸린 국방 정책을 즉흥적이며 돌발적으로 결정하는 대통령을 믿고 의지할 수밖에 없는 국민들이 안타깝기까지 합니다. 혹 2007년 대통령선거를 앞두고 정권의 승리를 위해 내놓은 선심성 정책이라

---

13 조선일보 2006.12.22
14 조선일보 2005.9.14. 국방부는 2005년 9월 13일 '국방개혁 2020'을 발표했다.
15 조선일보 2006.12.23

면, 정권 유지를 위해 국방 정책을 흔드는 행위도 서슴지 않는 정부가 안쓰러울 따름입니다.

결국 대통령의 대중영합주의 정책을 뒷받침하기 위해 참여정부는 24개월의 국방 의무를 2007년부터 1~2년마다 1개월씩 줄여나가 2013~15년에는 복무기간을 18개월까지 단축할 예정이라고 합니다.[16] 전문가들이 충분한 검토를 거쳐 도출導出한 내용을 대통령이 재가裁可하는 형식이 아니라, 대통령이 돌발적으로 제안한 것을 뒷수습하는 차원에서 국방부 전문가들이 정책을 급조한 느낌입니다. 임금이 임금답지 못하면, 신하 역시 신하의 역할을 제대로 하지 못하게 됩니다.

예비역 장성 모임인 성우회星友會 소속 200여 명이 2007년 1월 26일 재향군인회관 대강당에서 모임을 갖고 최근의 안보 상황을 6.25 전쟁 이후 최대의 안보 위기라 진단하고 전시 작전통제권 환수 및 군 복무기간 단축을 반대하는 6개항의 성명을 발표했습니다.[17] 성우회는 군 복무기간 단축보다는 군의 사기 진작 방안을 먼저 강구할 것을 요구했습니다.

16 조선일보 2007.1.9
17 조선일보 2007.1.27

전투기 추락

사직위장 곡위노[18]

師直爲壯 曲爲老

진晉나라의 명신名臣 자범子犯이 말하였다. "군대는 바르면 굳세어지고 바르지 아니하면 쇠퇴한다."

2007년 2월 13일 충청남도 보령 앞 황해에서 훈련 중 추락한 공군 KF-16 전투기의 사고 원인은 엔진 정비 불량 때문이라고 합니다. KF-16의 가격은 425억 원인데, 정비 불량으로 추락했기 때문에 제조사로부터 보상조차 받을 수 없다고 합니다. 공군 작전사령부 안전과장은 3월 5일 "바다로 추락한 전투기의 엔진을 수거하여 분해해본 결과, 엔진 정비 불량에 의한 사고가 발생했다"고 밝혔습니다.[19] 공군은 KF-16 전투기 총 140대를 보유하고 있는데, 그중 지금까지 4대가 추락했다고 합니다. 그 4대는 각각 1997년 8월 6일 엔진 고장(연료도관 파열)으로 경기도 여주에서, 1997년 9월 18일 엔진 고장(연료도관 파열)으로 충청남도 서산에서, 2002년 2월 26일 엔진 고장(터빈 블레이드 탈락)으로 충청남도 서산에서, 2007년 2월 13일 엔진 고장(터빈 블레이드 탈락)으로 황해에서 추락했습니다.

18 좌전左傳 선공宣公, 좌구명左丘明
19 조선일보 2007.3.6

계용병혁 공완편리자강 계용병혁 유고불편리자약[20]

械用兵革 攻完便利者彊 械用兵革 窳楛不便利者弱

"기계와 병기가 쓰기에 편리하도록 잘 닦여져 있는 나라는
강하고, 녹슬고 깨져서 쓰기에 불편한 나라는 약하다."

엔진 제작사인 미국 프랫&휘트니Pratt & Whitney사는 1993년과
1994년에 제작된 엔진의 블레이드 지지대를 2004년까지 교체하
라고 통보했다 합니다.[21] 그러나, 정비 인력난을 겪고 있던 한국
공군은 정비한 것으로 허위 기록을 하는 등 평소 항공기 정비를
허술히 해온 것으로 알려졌습니다. 이번에 황해상에서 추락한
KF-16 전투기 역시 교체해야 할 블레이드를 그대로 사용했고,
엔진의 블레이드 지지대에 문제가 발생해 추락한 것입니다. 이
전투기의 2004년 6월 29일자 정비기록에는 "분해해본 결과 엔
진에 이상이 없다"고 돼 있었다고 합니다.[22] 현실적으로 정비할
전투기에 비해 정비 인력이 부족해 초과 근무하는 일이 빈번했
음에도 불구하고 정비업무가 엄격히 시행되지 않은 예라고 할
수 있습니다. 어쩌면 항공기 추락 사고는 예견된 일이었는지도
모릅니다.

공군에서는 정비 부품을 구입할 예산을 부분적으로 다른 곳
에 전용轉用하곤 했답니다. 그러다 보니 정작 전투기를 정비할 때

---

20 순자荀子 의병議兵; 窳 게으르다, 楛 거칠다
21 중앙일보 2007.3.23
22 조선일보 2007.3.23

일부 부품은 예산 부족으로 구입하지 못하고 다른 비행기의 부품을 빼 사용한 뒤 그 비행기는 또 다른 비행기의 부품을 사용하는 행태를 반복해왔다고 합니다. KF-16, F-4, F-5 같은 전투기를 정비할 때 이런 경우가 2005년 한 해에만도 2,100회나 되었다고 보도하고 있습니다.[23] 국방부의 감사 결과에서도 항공기 가동률이 2000년 89%에서 2005년 77%로 떨어졌다고 나와 있습니다. 항공기마다 예비 엔진이 1개씩 있는데 이 역시 97%가 고장난 상태라고 합니다.[24] 군의 기강이 이토록 문란하니 국방을 우려하지 않을 수 없는 것입니다. 갑자기 전쟁 상황이라도 발생하면 예비 엔진이 거의 없는 셈이며, 전체 비행기 중 1/4 가까이는 뜰 수 없는 상태라는 이야기이기 때문입니다.

국방이 이런 지경인데도 대통령은 2006년 12월 7일 호주 동포간담회에서 "북한에 핵무기가 있어도 한국의 군사력은 충분한 균형을 이루고 있다. 우월적 균형이다" "북한은 한국과 전쟁에서, 설사 핵무기를 가지고 있어도, 치명적인 상처를 입힐 수 있을지는 모르지만 이기지는 못한다"고[25] 장담했습니다. 그 말대로라면 우리 민족은 승패 없는 전쟁에서 삶의 터전이 초토화되는 엄청난 상처만 입게 된다는 뜻이 됩니다.

23 조선일보 2007.3.30
24 조선일보 2007.3.30
25 조선일보 2006.12.08

작전통제권

임현물이 거사물의 의모물성 백지유희[26]

任賢勿貳 去邪勿疑 疑謀勿成 百志惟熙

"어진 이를 임명하는 데 뜻을 하나로 하고, 나쁜 이를 내치는 데 주저하지 말며, 의심스러운 계획을 이루지 아니하면 모든 뜻이 다 빛날 것입니다."

요순堯舜 시대에 익益이라는 신하가 순舜임금에게 건의하는 내용이다.

2006년 노 대통령은 전시 작전통제권을 주권 차원에서 미국으로부터 돌려받겠다고 나섰습니다. 주권을 회복하기 위해서라면 당연한 주장이지만, 명분과 현실 사이에서 실익實益을 충분히 고려해야 합니다. 일의 결정과 추진에는 적절한 시기가 있습니다. 현재로서는 자주 국방의 상징성 외에 실질적인 이득은 별로 없는 사안으로 보입니다. 오히려 전시 작전통제권 환수는 국방력의 약화를 초래할 수 있는 것이지요.

축구 경기를 보다 보면 실수로 자살골을 집어넣어 상대팀에게 승리를 안겨주는 경우를 볼 수 있는데, 전시 작전통제권 환수

---

26 서경書經 우서虞書; 貳 두 마음, 熙 빛나다

도 축구에서의 자살골과 같은 경우가 아닌지 염려스럽습니다. 자살골이 축구에서는 한 경기의 승패를 좌우하는 데 지나지 않지만, 국가 차원의 국방에서는 국가의 존립에 영향을 미치는 중차대한 사항이라고 할 수 있습니다. 자살골이 될지도 모를 의심스러운 계획이라면 전시 작전통제권 환수의 추진은 삼가야 할 것입니다.

무계지언 물청 불순지모 물용[27]

無稽之言 勿聽 不詢之謀 勿庸

순舜임금이 신하들에게 말하였다. "근거 없는 말은 듣지 말고, 상의하지 않은 계책은 쓰지 마라."

2006년 8월 10일 전 국방장관 14명 등이 "전시 작전통제권 단독 행사는 천문학적인 예산이[28] 소요되어 국민에게 엄청난 재정적 부담을 줄 뿐 아니라, 국민의 생존과 국가의 존망이 걸린 중대 안보 사안이므로 당연히 전 국민의 의사를 묻고 국회의 동의 절차를 거칠 것을 요구"했습니다.[29] 국민의 생존과 국가의 존망이 걸린 안보 사안이라면 국회에서 깊이 의견을 나누어 중지를 모으는 과정이 필요합니다. 충분히 상의하지 않은 정책은 쓰지 말라고 했지만, 대통령은 그들의 건의를 무시하고 말았습니다.

---

27 서경書經 우서虞書; 稽 조사하다, 詢 묻다, 상의하다
28 조선일보 2009.4.17. 김성만; 군 원로들의 걱정. 한국이 독자적으로 전쟁 억제력을 갖추려면 약 400조원이 든다고 한다.
29 조선일보 2006.8.11

노마지지[노마식도][30]

老馬之智[老馬識途]

"늙은 말의 지혜" "늙은 말이 길을 안다."

제齊나라의 왕인 환공桓公이 봄에 거병擧兵하여 고죽국孤竹國[31]을 정벌하고 겨울에 돌아올 때 길을 잃었는데, 신하인 관중管仲이 늙은 말을 풀어 그 말이 가는 데로 따라 갔더니 길을 찾았다고 한다.

경륜이 풍부한 사람의 식견을 귀 기울여 듣는 자세가 아쉽습니다. 국방 정책을 총괄하던 군사 전문가인 전직 국방장관들의 의견이 오히려 정확할 수 있습니다. 미군이 보유한 최고의 정보 능력을 우리가 공유하면 효율적이고 경제적임에도 불구하고, 그 것을 두고 독자적인 작전통제권을 행사하면 천문학적인 액수의 비용을 필요로 하는 정보 수집 능력을 갖추어야 할 뿐만 아니라 설사 그렇게 된다 하더라도 미군이 모으는 경우보다 실질적인 효과는 훨씬 떨어질 것입니다. 결국 돈은 돈대로 들고, 미군이 그나마 중요한 정보를 주지 않으면 정보 채집력은 감소하는 자가당착自家撞着에 빠질 우려가 높습니다.

---

30 한비자韓非子 세림說林

31 상商나라의 제후국으로 요서遼西 지방에 있었으며, 백이伯夷와 숙제叔齊는 고죽국의 왕자들이었다.

길 잃은 나의 조국

후종간즉성[32]

后從諫則聖

"임금은 간諫함을 따르면 성스러워집니다."

상商나라의 명 재상인 부열傳說이 무정武丁왕에게 한 말처럼 대통령이 군 원로들의 의견을 무시하지 말고 귀담아 들으면 훗날 추앙을 받을 것이다.

한국이 전시 작전통제권을 행사하는 사안에 대해 부시 대통령이 동의하는 입장을 보였습니다.[33] 그것은 미국에 가져다줄 이익이 막대하기 때문이지요. 중요한 이익의 첫째는 한미연합사韓美聯合司가 해체되면 미군의 전략적 유연성(strategic flexibility)이 확보되어 주한 미군을 타 지역으로 이동시킬 수 있다는 사실입니다. 예를 들어 미국과 중국 사이에 분쟁이 발생했을 때 한반도 기지에 주둔하고 있는 미군을 대對 중국 목적에 사용할 수 있다는 겁니다. 이는 우리가 전혀 의도하지 않았지만, 중국이 한국에 적대적인 생각을 갖게 될 수도 있는 매우 민감한 사안입니다. 두 번째는 한국이 자주 국방을 위해 미국으로부터 대량의 무기와 군사 장비를 수입하게 되므로 미국 군수 산업이 누릴 어마어마한 경제적 이득입니다. 이는 곧바로 우리 국가 예산의 엄청난 낭비를 의미하는 것이지요.

32 서경書經 상서商書; 后 임금, 諫 간하다
33 조선일보 2006.8.26

2006년 9월 14일 부시 대통령이 미국 워싱턴에서 열린 한미 정상회담에서 전시 작전통제권을 한국에 넘긴다고 표명했더니, 정부와 여당은 크게 환호했습니다.[34] 미국으로부터 자주自主하겠다는 위정자들이, 미국도 우리와 공감하고 있다면서 미국 대통령의 말을 마치 사대주의적으로 환영한 것입니다.

고지군자 과즉개지 금지군자 과즉순지 고지군자 기과야 여일월지식 민개견지
古之君子 過則改之 今之君子 過則順之 古之君子 其過也 如日月之食 民皆見之
급기경야 민개앙지 금지군자 기도순지 우종이위지사[35]
及其更也 民皆仰之 今之君子 豈徒順之 又從而爲之辭
"옛날의 군자는 과오를 범하면 그것을 고쳤는데, 오늘날의 왕은 과오를 범하고도 그것을 그대로 밀고 나간다. 옛날의 군자는 그들의 과오가 일식과 월식 같아서 백성들이 다 그것을 보았고, 그들이 과오를 고치면 백성들이 다 그들을 우러러보았다. 오늘날의 왕은 과오를 범하고도 그것을 그대로 밀고 나갈 뿐만 아니라, 과오로 인한 상황 악화에 대해 변명까지 한다."

대통령은 2006년 12월 21일 서울에서 열린 민주평화통일자문회의 상임위원회에서 전시 작전통제권 환수에 관해서 연설하

---

34 조선일보 2006.9.16
35 맹자孟子 공손추장구公孫丑章句; 皆 모두, 豈 어찌, 辭 말씀 핑계

면서 이런 말을 했습니다. "…그 위의 사람들은 뭐 했습니까. 작전통제권, 자기들 나라 자기 군대 작전 통제도 한 개도 제대로 할 수 없는 군대를 만들어 놔놓고 나 국방장관이오, 나 참모총장이오 그렇게 별들 달고 거들먹거리고 말았다는 얘깁니까? 그러고는 작통권 회수하면 안 된다고 줄줄이 몰려가서 성명 내고, 자기들이 직무유기 아닙니까? 부끄러운 줄 알아야지. 이렇게 수치스러운 일들을 하고… 왜 작전통제권만 못한다는 겁니까?"[36] 대통령은 자신의 의견은 합리화하면서, 군을 위해 일생을 바친 원로 군인에 대해서는 거침없이 폄하貶下했습니다. 맹자가 제齊나라 왕에게 한 말처럼, 대통령은 전시 작전통제권 환수를 밀어붙이면서도 그 과오를 큰 소리로 변명하며 오히려 과오를 지적한 원로 군인들을 비난하고 있습니다.

맺음말

국민들이 뭉쳐서 한 마음 한 뜻으로 나라를 지키면 어떠한 강대국도 우리나라를 침략할 수 없습니다. 그것은 이미 베트남 전쟁이 우리에게 가르쳐준 교훈이지요. 무엇보다도 국민의 정신

---

36 조선일보 2006.12.22

전력이 나라를 지키는 데 가장 중요한 것이며, 마음으로부터 우러나오는 애국심으로 나라에 충성할 때 군인의 사기는 드높아질 것입니다.

제 5 장

일
본

처음말

　일본은 임진왜란(1592년, 1597년)과 일제 강점기, 두 차례 우리나라를 대규모로 침략했습니다. 왜 일본은 우리에게 이렇게 호전적일까 궁금해하는 사람이 많을 것입니다. 혹시 가야와 백제 왕족의 후손이 일본의 지도층이 됐다는 사실과 관련이 있는 건 아닐까요?

　고구려의 광개토태왕은 서기 400년 신라의 요청으로 왜倭와 친교가 있던 가야를 정벌했습니다.[1] 그 후 660년 신라가 당唐나라에 의존해 자신보다 강성한 백제를 멸망시키고 663년 복신福信이 이끄는 백제 부흥군을 도우러 온 일본 구원군마저 백강白江에서 당나라 군사에게 패한 후, 수많은 가야와 백제인들이 일본으로 건너갔습니다. 이들 후예의 무의식의 근저根底에는 지금까지 약 1,500년간 신라에 대한 울분이 남아 있는 것은 아닌지 모르겠습니다.

---

1 이 책에서는 광개토대왕을 광개토태왕廣開土太王으로 적기로 한다. 가야왕은 규슈로 피난하여 임시망명정부를 구성하였으나 끝내 권토중래捲土重來하지 못하고 일본 지배세력이 되었다고 전해진다. 백제 멸망 후에는 수많은 백제 도래인이 일본에 합류하였다. 2001년 일본의 아키히토明仁 덴노는 자신이 백제 무령왕武寧王 (462~523)의 후손이라고 밝힌 바 있다.

상임이사국

필야사무송호[2]

必也使無訟乎

"반드시 사람들로 하여금 송사訟事함이 없도록 한다."

공자는 자신의 정치 방법 중 하나로서 이해 당사자 간에 서로 소송하는 일이 없도록 하는 것이 중요하다고 주장한다. 국제 관계에서의 갈등 또한 어떻게 조정하고 해결할 것인가는 당사자와 중재자 모두의 능력과 도량에 달린 문제이다.

2005년 4월 16일자 영국의 〈이코노미스트Economist〉지는 "일본의 참여 없는 유엔 안전보장이사회의 확대는 있을 수 없다"는 요지의 사설을 실었습니다.[3] 사설은 "일본의 상임이사국 진출에 가장 강력한 거부 태도를 보이는 중국에서 일본의 과거 범죄 행위에 대한 일본 정부의 사과가 없다는 이유로 반일反日 데모가 일어났는데, 중국 정부 당국은 이를 진압하지 않고 있다"고 보도했습니다. 이 데모대 역시 일본의 안전보장이사회 진출을 반대한다고 말했습니다. 이어 사설은 일본이 저지른 전쟁 범죄에 대해서는 피상적으로 언급하면서 넘어가고, 일본에 대한 좋은 평가

2 논어論語 안연顔淵
3 이코노미스트지 2005.4.16

는 강조했습니다. 즉, "부유한 민주주의 국가, 외국 원조를 많이 하는 나라, 유엔에 미국 다음으로 보조금을 많이 내는 나라, 국제평화유지군의 역할이 증대되고 있는 나라. 이러한 점들이 일본이 안전보장이사회 이사국이 되어야 하는 마땅한 이유들이다. 만약 일본을 안전보장이사회 상임이사국에서 제외한다면 일본인을 화나게 하는 모독일 뿐 아니라, 누가 보더라도 비상식적이다. 중국은 동아시아의 미래를 자신의 의도대로만 끌고 갈 수는 없다는 점을 이해해야 한다"라면서 일본을 드러내놓고 지지했습니다.

현대의 일본은 국제사회에서 선진국으로, 경제 강대국으로 인정받고 있으며, 앞으로 유엔 안전보장이사회의 상임이사국이 되려는 욕망을 가지고 있습니다. 그러나 중국은 일본의 상임이사국 진출을 공개적으로 반대하고 있습니다. 이 두 나라뿐 아니라 동아시아의 다른 중소국中小國들도 동아시아와 세계의 미래를 결정하는 데 적극적으로 기여할 수 있는 풍토가 된다면 상임이사국 확대를 둘러싼 갈등은 순리대로 해결될 것입니다.

자위대

필야정명호[4]

必也正名乎

"반드시 명분을 바로 잡는다."

공자의 제자 자로子路가 공자에게 위衛나라에서 정치를 한다면 무엇을 가장 먼저 하려고 하는지에 대해 물었다. 이때 공자는 명분名分의 중요성을 강조하였다.

이제까지 국제기구의 요청이 있을 때만 일본 자위대自衛隊의 해외 파병이 가능하나, 일본 자유민주당(자민당)은 국회에서 '분쟁 당사국의 요청이 있는 경우', '일본 정부가 국제 사회의 대처에 기여할 필요가 인정되는 사태'에 자위대를 파견할 수 있도록 해외파병법 개정을 추진하고 있다고 〈매일每日(마이니치)신문〉이 2006년 6월 14일 보도했습니다.[5] 국제 분쟁에 군사적으로 개입할 경우에는 정당한 명분이 무엇보다도 중요합니다. 일본의 우익 군국주의 세력이 추구하는 국수주의적 대국주의大國主義가 해외파병법 개정의 숨겨진 명분이라면 이는 떳떳치 못한 일입니다. 앞으로 이러한 방향으로 일본의 평화헌법이 개정된다면 동

---

4 논어論語 자로子路

5 조선일보 2006.6.15

아시아의 미래는 더욱 불안정해질 수 있습니다. 만약 북한 유사시에 미국이 일본에게 자위대의 한반도 파병을 요청하는 상황이 벌어진다면, 그때 가서 우리는 매우 난처한 처지에 빠지게 될 것입니다.

일본인 납치

2006-06-17

2006년 6월 15일 유럽의회는 북한 인권결의안을 의결하였습니다.[6] 이 결의안은 '강제적 실종 형태의 해결되지 않은 외국인 납치 문제'를 포함하고 있어, 일본도 연관되어 있습니다. 그동안 북한이 일본인을 북한으로 납치했기 때문에 납북된 일본인 문제를 해결한다는 구실로 나중에 일본이 북한 문제에 개입할 여지도 없지 않습니다.

2006년 4월 28일 한국 출신 납북자(남)와 결혼한 일본인 납북자(여)의 어머니와 탈북자가 백악관에서 미국 부시 대통령을 만났습니다. 이 자리에 일본 대사는 참석했는데 정작 가장 중요한 한국 대사는 참석하지 않았습니다.[7] 주로 우리의 일이므로 한

---

6 조선일보 2006.6.17
7 조선일보 2006.4.29

국 대사는 직무상 당연히 배석해야 함에도 배석치 않은 것은 북한의 눈치를 의식한 정부의 불참 지침이 있었던 것은 아닌지 모르겠습니다.

명부정 즉언불순 언불순 즉사불성[8]
名不正 則言不順 言不順 則事不成
"명분이 바르지 못하면 말이 순리에 어긋나고, 말이 순리에 어긋나면 일이 이루어지지 못한다."

한국 정부는 그동안 남북 회담에서 납북자 문제를 강력하게 제기하지 않았고, 위에서 언급한 한국 출신 납북자가 살아 있다는 이야기도 10년간 고향의 가족들에게 전혀 알려주지 않는 등[9] 이해하기 어려운 행동을 해왔습니다. 국제 외교가에서는 납북자 인권 문제에 관해서 한국 대사보다 일본 대사가 적극적으로 활동하고 있다고 오해할 수도 있는 일입니다.

2007년 1월 필리핀 세부Cebu에서 열린 제2차 동아시아정상회의에서 한국의 대통령과 외교부 장관은 일본이 북한에 대해 일본인 납치 문제를 제기하는 것을 원치 않았다고 합니다.[10] 가만히 있어도 되는 일을 우리가 먼저 나서서 북한의 대리자 같은 역할을 하는 게 우습습니다. 일본으로서는 자국민自國民이 북한으로

---

8 논어論語 자로子路
9 조선일보 2006.4.29
10 조선일보 2007.1.20

납치됐는데 한국이 도와주지는 못할망정 말조차 꺼내지 말라고 설득했다고 하니 섭섭한 심정을 가졌을 것이 분명합니다. 하지만 한국의 반대에도 불구하고 결국에는 일본의 희망대로 동아시아정상회의 의장 성명에 북한의 납치 문제가 명시되었습니다.[11]

무고한 사람을 납치하는 행위를 비난하는 것은 남북 관계와 전혀 결부할 필요가 없는 인류에 관한 사항입니다. 이러한 명분을 외면하면 언행이 순리를 벗어나고 국제 외교도 실패할 우려가 높아집니다. 북한도 우리에게 고마워하기는커녕 속으로 우리를 바보로 여길 것입니다.

11 제2차 동아시아정상회의 의장성명 Chairman's Statement of the Second East Asia Summit 2007.1.15 Denuclearization of the Korean Peninsula14. Reaffirming our views that the denuclearization of the Korean Peninsula in a peaceful and verifiable manner is a critical international objective, we expressed grave concern over the recent nuclear test conducted by the DPRK. We urged the DRPK to desist from conducting further tests, to take concrete and effective steps to fully implement the 19 September 2005 Joint Statement, and to rejoin, at an early date, the Nucelar Non-Proliferation Treaty. We also urged the DPRK to actively address the security and humanitarian concerns of the international community, including serious shortages of food, medical and other humanitarian services in North Korea, as well as the abduction issue.

동해

2006-11-18

천자무희언[12]

天子無戲言

주周나라 성成왕에게 신하인 사일史佚이 말하였다. "천자에게는
장난으로 하는 말이 없습니다."

2006년 11월 베트남에서 열린 아시아태평양 경제협력체
(Asia-Pacific Economic Cooperation = APEC) 회의 시 한일 정상회
담에서 우리 대통령이 일본 총리에게 '동해'를 '평화의 바다'로
개명하면 어떻겠냐는 뜬금없는 제의를 했다고 합니다. '동해'는

19세기에 일본에서 만든 지도에 '동해'가 본디 '조선해'로
표기돼 있다. 일본의 남동쪽 바다를 '대일본해'라고 한다.

12 사기史記 진세가晉世家, 사마천司馬遷; 戱 희롱하다

제5장 일본

113

원래 '조선해'로 불렸고 '일본해'는 일본 열도의 동쪽 바다를 지칭한 이름이었는데 일제 강점기에 일본이 독단적으로 '조선해'를 '일본해'로 바꾸어 불렀습니다.

노 대통령은 일본 총리에게 아이디어 차원에서 이야기했을 뿐이고, 일본 총리는 이를 즉석에서 거부했다고 합니다.[13] 대통령이라면 참모들이 충분히 검토한 건의를 신중하게 판단해서 말을 해야 하는데, 외국의 수상에게 한번 의중을 떠보는 식으로 말을 해 일국의 국가 원수가 상대국에게 실없는 사람이 되고 말았습니다. 대통령이라면 말을 삼갈 줄 알아야 합니다.

일본과 나토

2007-01-09

일본은 2007년 1월 9일 방위청防衛廳을 방위성防衛省으로 급을 올렸습니다. 이를 보더라도 일본의 군사력이 앞으로 더욱 강화되리라는 것을 예상할 수 있습니다. 일본의 2006년 국방비는 437억 달러로 일본군은 이미 전 세계에서 가장 강력한 군대 중 하나로 성장하였습니다. 일본은 유사有史 이래 문관文官보다 무사武士[사무

---

[13] 조선일보 2007.1.9

라이]를 중시해 왔습니다. 일본 지도층을 형성한 가야 및 백제계 후손들이 신라에게 당한 억울한 패배의 눈물을 씹으며 문보다 무를 숭상하는 문화를 자연스럽게 만들어나가지 않았을까 상상해봅니다.

유럽을 순방 중인 아베 신조(安倍晋三) 일본 수상은 영국 BBC 방송과의 인터뷰에서, 일본은 핵무장한 북한을 받아들일 수 없다고 말했습니다.[14] 일본 수상으로서는 최초로 나토 사령부를 방문하는 아베 수상은 나토 지도자들과 만나 일본과 나토 연합국의 긴밀한 협력에 관해 논의할 예정이라는데, 과연 일본과 나토는 무엇에 관한 협력을 추구할까요? 중국과 러시아와 북한을 가상한 협력이라면, 일본은 동북아시아에서 만약의 사태 진전을 대비해 미리 유럽에 포석을 두고 있다고 봐야겠습니다.

원교근공[15]
遠交近攻

"먼 나라와 친교를 맺고 가까운 나라를 공략한다."

전국시대에 진秦나라 소양왕昭襄王에게 위魏나라 범저范雎가 알려준 책략으로 예부터 중요하게 내려온 외교정책 중 하나이다. 그러나 오늘날에는 지구가 좁아지면서 중요성이 전보다 줄어들었다.

---

14 BBC 2007.1.9
15 사기史記 범저열전范雎列傳, 사마천司馬遷

2007년 1월 12일 아베 일본 수상은 나토 사령부의 북대서양 이사회(North Atlantic Council)에서 '일본과 나토: 한층 더한 협력을 향하여(Japan and NATO: Toward further collaboration)'라는 제목으로 다음과 같은 연설을 하였습니다.[16]

"…일본과 나토는 자유, 민주주의, 인권, 법치라는 기본적 가치를 공유하고 있다. 일본과 나토가 이러한 가치를 보호하고 증진하는 데 협력하는 것은 매우 당연한 일이다. 일본 정부는 위에 언급한 기본적 가치를 기초로 세계의 안정과 번영을 강화하고자 하는 결의를 가지고 있다. …일본과 나토는 전 세계적 과제의 해결을 위한 책임감을 공유하고 있다. 일본과 나토가 분쟁에 맞서 평화를 정착하기 위해 현재 함께 일하고 있는 것처럼, 일본과 나토는 우리의 능력을 합쳐서 발휘하는 데 있어, 이제까지보다 더, 함께 행동할 필요가 있다.

…북한 정권은 탄도 미사일을 발사하고, 핵실험을 감행했다고 선언하였다. 게다가 북한은 일본에서 다수의 무고한 사람을 납치했는데, 이 중에는 당시 13세의 중학생도 포함되어 있다. 북한의 핵실험은 일본의 평화와 안전뿐 아니라 동아시아와 국제 사회 전체에 대한 중대한 위협이 아닐 수 없다. 이것은 또한 핵확산 금지 체제에 대한 중대한 도전이며, 절대로 용인될 수 없다.

…우리는 급속한 국방비 증대와 투명성 결여 등 중국에 관해 몇 가지 불확실성이 있다는 점을 이해하여야 한다. 우리는 중국

---

16 http://www.nato.int/docu/speech/2007/s070112b.html

의 미래에 대하여 세밀한 주의를 기울일 필요가 있다. 그리고 중국은 증대된 책임감을 우리와 나눌 수 있으므로, 우리는 지역의 안전보장 환경을 개선하기 위해 중국 정부와 대화를 지속하여야 한다. 기본적 가치를 공유하는 동반자로서 우리(일본과 나토)는 이러한 목적을 위해 협력을 강화하여야 한다. 지금 일본과 나토는 협력의 새로운 단계로 이행하여야 한다고 생각한다. 일본 정부는 나토와의 관계를 금후今後 한층 더 강화하는 방향으로 이미 기초 작업을 시작하였다.

…일본 내각의 각료와 정부 관계자는 나토 상대방과 정기적 회담을 갖기를 기대하고 있다. 또한, 그들은 일본과 나토의 공통 관심 분야에 대한 나토의 관련 회합에 적극적으로 참가하기를 희망한다. 나는 3월 동경東京에서 열릴 예정인 다음 번 일본나토 고위급 협의가 금후의 협력 계획을 도출할 좋은 기회라고 믿는다. …"

2007년 3월 나토의 정무·안보 정책 담당 사무차장Assistant Secretary General for Political Affairs and Security Policy 마틴 에르트만Martin Erdmann 대사는 일본을 방문해 일본 측과 회담을 갖고 '전 세계적世界的 도전의 시대에 있어서 나토(NATO in the Age of Global Challenges)'라는 제목으로 도쿄에서 연설했습니다.[17]

"…일본과 나토는 안보상의 이해가 점점 비슷해지고 있으며, 공동의 목적을 효과적으로 달성하기 위해 함께 일할 것이다. 아시아 지역에서 나토와 가장 오래된 관계를 지속하고 있는 나라

17 http://www2.jiia.or.jp/pdf/kouenkai/070308-ASG_s_Speech_in_Japan.pdf

인 일본은 연합국의 진정 독특한 동반자이다. …나토는 일본을, 보다 안정된 국제 질서를 이루기 위해 우리가 기울이는 노력에 진심으로 공감하는 동반자로 보고 있다. 나토와 일본은 많은 공통 관심사를 가지고 있다. 이러한 공통 관심사에 관해 행동을 같이 하기 위한 우리의 노력은 계속되어야 하며, 나는 우리가 함께 이러한 목적을 달성하리라고 믿는다. …"

아베 일본 수상과 에르트만 나토 대사의 연설 내용을 종합해보면, 일본과 나토는 동아시아 지역 차원뿐 아니라 세계 전역에 걸쳐 군사적으로 점점 긴밀한 협력을 이루어 나아가고자 함을 알 수 있습니다. 이미 일본은 명치유신明治維新 이후 탈아입구론脫亞入歐論을[18] 내세우며 유럽의 문물을 배우고 유럽과 친밀하게 지내기 위해 많은 노력을 기울여왔습니다. 2007년 6월 11~15일 나토 사절단이 일본을 방문했을 때에도 나토 사절단은 일본 지도층이 나토 및 나토 회원국과 안보상 깊이 협력하기를 원하고 있다는 사실을 분명히 알 수 있었다고 합니다.[19] 일본은 소위 대동아전쟁大東亞戰爭 이후 대동아공영大東亞共榮이라는 아시아를 중시하는 정책을 주창하였으나 이는 자신의 제국주의적 야욕을 감추기 위한 명분에 지나지 않았습니다. 앞으로도 일본은 탈아입구 경향을 어느 정도는 계속 유지할 것으로 보이는데, 아시아에 대

---

18 후쿠자와 유키치(福澤諭吉)가 1885년 시사신보時事新報에 기고한 글에서 처음으로 탈아론脫亞論을 주장하였다. 그의 초상은 일본 일만 엔권 지폐에 그려져 있다.

19 NATO PA Delegation Visit to Japan, 11-15 June 2007, NATO Parliamentary Assembly press release 2007.6.18

해 진심 어린 마음을 갖지 않고서는 국제관계에서 어려움이 많을 것입니다. 최근 일본의 재再아시아화(re-asianisation)가 다시 이야기되고 있으니 기대를 가지고 지켜볼 필요가 있겠습니다.[20]

오키나와

2007-04-01

일본 정부는 1879년부터 일본 영토에 편입된 오키나와沖繩(이전 유구국琉球國)에 대해서도 역사 왜곡을 꾀하고 있습니다. 2차 대전 말 일본군은 오키나와 주민에게 미군에 잡히면 끔찍한 적대 행위를 당할 것이라고 선전하며 많은 오키나와 주민에게 [수류탄도 주면서] 집단 자살을 권유했습니다. 당시 많은 주민들이 사랑하는 가족을 서로 죽이며 자살했는데,[21] 2007년 3월 30일 일본 정부가 일본군이 집단 자살을 권하거나 강요했다는 내용을 빼고 교과서에 기술하도록 유도하고 있어 오키나와 주민들이 강력히 항의하였습니다.[22]

---

20 Kobayashi Y; Re-asianize Japan. New Perspectives Quarterly, Blackwell Publishers Ltd 1992
21 한겨레신문 2007.5.7
22 뉴욕 타임즈New York Times 2007.4.1

맺음말

기서호 기소불욕 물시어인[23]
其恕乎 己所不欲 勿施於人

제자 자공子貢이 공자에게 사람이 죽을 때까지 평생 실천할 만한 것 한 가지를 든다면 무엇입니까 물으니 공자께서는 "그것은 바로 (용)서恕이다. 자기가 바라지 않는 일은 남에게 행하지 마라"고 일깨운다.

누구나 잘못을 저지를 수 있으나, 그 잘못을 반성하고 앞으로 잘못을 범하지 않으면 모든 잘못은 용서받을 수 있습니다. 이제라도 일본은 가식假飾을 버리고 19세기 말부터 1945년 제2차 세계대전이 끝날 때까지 이웃 나라를 침략하면서 저지른 모든 잘못을 용서받고 이웃 나라 사람들과 진심으로 친하게 지내기를 바랍니다. 일본의 반성과 피해국의 용서는 동북아시아뿐 아니라 아시아인, 더 나아가 전 세계인 모두가 평화로운 세상으로 가는 좋은 출발점이 될 것입니다.

---

23 논어論語 위령공衛靈公; 恕 용서하다

길 잃은 나의 조국

제6장

외
교

처음말

덕불고 필유린[1]

德不孤 必有隣

"덕은 외롭지 아니하고 반드시 이웃이 있다."

국제 관계에서 우리의 입장을 지지해주는 우방이 많을수록 국익國益에 큰 도움이 됩니다. 평소에 우리 자신이 외국과 신의를 잘 지키고 예禮에 어긋나지 않게 행동한다면 친구 나라는 점점 더 늘어날 것입니다. 우방국은 서로 어려울 때 우리가 그들을 도와주듯이 우리를 도와줄 수 있습니다. 우리 모두가 외국과 외국 사람을 덕德으로 대하면 그들 또한 우리의 친구, 친구 나라가 돼 줄 터입니다. 그렇게 되면 우리와 이웃이 서로 상생相生하는 대동大同의 국제 사회로 갈 수 있는 바탕이 마련될 것입니다.

---

1 논어論語 이인里仁; 隣 이웃

전승기념식

2005-04-21

대통령이 러시아 전승 기념식에 참석한다고 합니다.[2] 구舊소련이 연합국의 한 나라로 제2차 세계대전에 참전해 독일과의 전쟁에서 승리한 것을 축하하는 모임입니다. 그러나 다른 나라의 전쟁 결과를 축하하는 기념식에 우리가 적극적으로 참석할 절실한 이유는 없습니다. 조용히 축하할 수도 있는 일에 패전국 국민의 심정을 헤아리지 않고 참석하면 한편으로는 득得보다 실失을 자초하게 됩니다. 모든 전승 기념식에 참석하지는 않을 텐데, 앞으로 다른 전승국에서 초청할 때 무슨 이유를 들면서 불참할는지… 생각이 깊어야겠습니다. 인류 역사에서 전쟁은 승리와 패배를 떠나 축하하거나 기념하기엔 너무나도 비극적인 폭력을 내포하고 있습니다.

친인선린 국지보야[3]

親仁善隣 國之寶也

"어진 사람과 친하고 이웃 나라와 사이좋게 지내는 것이 나라의 보배다."

---

2 조선일보 2005.4.21
3 좌전左傳 은공隱公, 좌구명左丘明

우리는 우리에게 적대 행위를 하지 않는 모든 나라와 친구로 지내기 위한 마음의 자세를 견지해야 합니다. 친구 나라가 잘못된 언행을 하는 경우가 생긴다면, 죄는 나빠도 사람을 미워해서는 안 되듯이, 그 나라 전체를 비난하기보다는 그들이 잘못한 사안에 국한하여 비판하는 침착하고도 냉정한 태도를 잃지 말아야 합니다. 그리하면 우리는 어떠한 경우에도 친구를 잃지 않을 것입니다.

외교

2005-06-13

본의무신[4]

本義務信

"의義를 근본으로 하고 신信을 힘쓰다."

인간관계뿐 아니라 나라 사이의 외교 관계에서도 신의信義는 가장 중요한 덕목德目 중의 하나입니다.

행담도는 충청남도 당진군 아산만에 있는 섬으로, 서해안고

---

4 순자荀子 강국彊國

속도로 위의 서해대교가 이곳을 지나갑니다. 여기를 관광지로 개발하려는 사업이 추진되면서 비리非理가 저질러졌고, 참여정부의 동북아시대위원회가 애꿎게 연루되자 정부의 입장이 난처해졌습니다. 하지만 주한 싱가포르 대사가 행담도의 개발을 권유하는 편지를 보내서 행담도 개발을 적극적으로 추진한 것처럼, 정부가 책임을 은근히 싱가포르 측에 떠넘기는 것은 선의의 이웃 나라를 매도하는 짓입니다. 실實인즉, 한국 측 인사가 주한 싱가포르 대사에게 행담도 개발을 권유하는 요지의 편지를 한국도로공사 등 앞으로 써달라고 부탁했다는 것입니다.[5]

국제 외교에서 한국은 점점 믿을 수 없는 나라, 거짓말 잘하는 나라로 오인돼가고 있는 것 같아 국민의 한 사람으로서 마음이 아픕니다. 평소 신의가 있는 나라로 알려져야 주요한 일이 있을 때 우리의 의견을 이해하고 존중해줄 터인데, 잘못된 언행으로 우방 국가와 하나 둘씩 멀어지고 있는 것이 현실입니다. 계속 이렇게 간다면 우리나라의 외교력은 필시 계속 떨어질 것입니다. 우방 국가에 대한 적절치 못한 행동이 훗날 우리에게 피해로 돌아오는 결과를 낳지 않을까 우려스럽습니다.

인지명재천 국지명재례[6]
人之命在天 國之命在禮
"사람의 명은 하늘에 있고, 나라의 명은 예에 있다."

5 조선일보 2005.6.13
6 순자荀子 강국彊國/천론天論

2005년 10월 10~13일 열릴 예정이었던 국제노동기구(Inter-national Labor Organization=ILO) 아시아태평양 지역총회가 한국노동조합총연맹(한국노총)과 전국민주노동조합총연맹(민주노총)의 반대로 개최 자체가 불투명해졌습니다. 2005년 4월부터 노총이 노동부 장관의 퇴진을 요구하면서, 노동부 장관을 퇴진시키려는 압력 수단의 하나로 8월 12일 애꿎은 ILO 부산 아시아태평양 지역총회 불참을 선언하면서 개최지 변경을 ILO에 요구한 것입니다. 노동부로서는 국제 사회에 약속한 ILO 지역총회를 성공적으로 개최하고 싶은 게 당연했지만, 노총은 개최지 변경을 요구하는 편지를 ILO 사무총장 앞으로 보내고 말았습니다. 결국 2006년으로 연기해 부산에서 8월 29일~9월 1일 개최하기로 됐는데 그 과정이 가관이 아닐 수 없습니다. 노총은 ILO 사무총장 앞으로 편지를 발송했을 뿐 아니라, 민주노총은 2005년 8월 21일 제네바 ILO 본부에, 한국노총은 8월 23일 방콕 ILO 아태 사무국에 각기 대표를 보내 한국 정부를 비난하고 개최지 변경을 직접 요구하였습니다. 그렇게 되자 노동부 장관이 8월 14일 제네바를 방문하고, 8월 25일에는 차관이 제네바를 방문해 ILO에 한국 개최를 설득했다고 합니다.[7] 노동부 장관 퇴진 요구는 요구이고, ILO 아시아태평양 지역총회는 그와는 별도로 진행되어야 하는 국제회의입니다. 국제회의를 볼모로 삼아 장관 퇴진 운동을 하다가 대외적으로 나라 망신을 자초하였습니다. 예의 없는 행동은 나라의 명예(名譽)에 해를 끼칩니다.

[7] 조선일보 2005.8.26

길 잃은 나의 조국

호치민 시를 비롯한 베트남의 여러 도시에서는 베트남 여성을 수십에서 수백 명까지 모아 놓고 한국 남성으로 하여금 상품을 고르듯 배우자를 고르도록 하는 국제결혼 중매업체들이 성행하고 있다고 합니다. 2006년 4월 이러한 사실을 보도하는 "베트남 처녀들 '희망의 땅, 코리아로'"라는 제목의 국제결혼 기사가 모某 일간지에 실렸는데,[8] 기사 제목은 물론 "한국 왕자님들, 우리를 데려가 주오" 등의 사진 설명을 포함하여 표현 방식이 베트남 여성을 비하하는 느낌을 지울 수 없었습니다.

이 같은 기사 내용에 많은 베트남인들이 분노를 나타내고, 베트남 여성연합회가 국무총리에게 항의 서한을 보냈으며, 외교 협의차 방한한 베트남 외교 차관은 외교통상부에 유감을 표시하였습니다. 같은 해 4월 25일에는 한국에 유학 중인 베트남 학생들이 신문사 앞에서 항의 규탄 시위를 벌이는 등, 베트남에서 한국에 대한 여론이 나빠지고 있다고 합니다. 결국 5월 11일 그 신문사가 뒤늦게나마 베트남 여성동맹 위원장에게 사과 서한을 보내 다행히 사태는 일단락됐습니다.[9]

외교는 외무 공무원만의 일이 아니므로 우리 국민 개개인, 각종 단체가 모두 민간외교를 한다는 마음으로 외국과 외국인을 대하여야 합니다. 이렇게 함으로써 국민 각자의 브랜드 가치(brand value)가 쌓여 국가의 대외적인 브랜드 파워(brand power)가 되는 것입니다.

8 조선일보 2006.4.21
9 한겨레신문 2006.5.2. 레호앙; 베트남에 반한감정 없다. 뉴시스 2006.5.14

소프트 파워

유약승강강[10]

柔弱勝剛强

"부드럽고 약한 것이 단단하고 강한 것을 이긴다."

백범 김구 선생은 '나의 소원'에서 우리나라가 문화 국가가 되기를 원했습니다.

"우리의 부력富力은 우리의 생활을 풍족히 할 만하고, 우리의 강력强力은 남의 침략을 막을 만하면 족하다. 오직 한없이 가지고 싶은 것은 높은 문화의 힘이다. 문화의 힘은 우리 자신을 행복되게 하고, 나아가서 남에게 행복을 주겠기 때문이다."

미래에는 문화에 의해 국가의 수준이 좌우됩니다. 자신의 문화를 잘 유지하고 계승 발전시키며 새로운 문화를 창조하여 문화의 질과 양을 높일 뿐만 아니라, 우리의 문화를 외부에 소개하고 다른 나라의 좋은 문화를 받아들이는 문화 교류에도 적극적으로 나서야 합니다. 외국들이 앞서서 자국自國의 문화원을 전 세계에 설립해 문화 교류에 나서는 이유가 바로 여기에 있습니다.

---

10 도덕경道德經 미명微明, 노자老子

한국 문화원의 현주소는 어디쯤일까요?

모스크바에 있는 한국문화(홍보)원은 운영에 여러 가지 문제가 있다는데, 그나마 휴관 상태일 때가 자주 있었다고 합니다. 장기 임대를 못해서 5년 동안 무려 세 번이나 이사했고, 건물을 임대할 때마다 내부를 단장하느라 문을 닫아야 했을 뿐 아니라 그에 따른 예산 낭비도 심하며, 잦은 이사 때문에 그곳 사람들이 위치도 잘 알지 못해 문화(홍보)원의 실효성이 떨어졌다고 합니다.[11] '자주 옮겨 심는 나무는 뿌리를 뻗지 못한다'는 일본 속담처럼 우리 문화(홍보)원이 현지 시민들 사이에서 사랑받고 뿌리를 내리기 위해 한곳에 터를 잘 잡기 바랍니다.

문화의 힘이 점점 중요해지는 시기입니다. 우리의 좋은 문화를 많이 소개하여 그곳 사람들에게 도움을 주고, 우리나라의 수준을 제대로 평가 받고 좋은 이미지를 심으면, 결과적으로 우리의 브랜드 파워가 세지고 더 많은 친구를 가질 수 있습니다. 하드 파워(hard power)의 시대는 소프트 파워(soft power)의 시대로 바뀌고 있습니다. 문화의 힘이 강한 나라가 소프트 파워가 센 나라이며, 소프트 파워가 세지면 자연스럽게 국제 외교 마당에서 유리해질 것입니다.[12]

---

11 조선일보 2006.8.29
12 조셉 나이Joseph S Nye Jr; 소프트 파워. 홍수원 역, 세종연구원, 서울, 한국. Soft power. PublicAffairs, Jackson, USA 2004

다원^{多元} 외교와 동맹

이강능약 이중폭과[13]

以强陵弱 以衆暴寡

"강자가 약자를 능멸하고 다수가 소수를 폭압한다."

유하계柳下季의 동생인 도적 두목 도척盜跖에게 충고하러 간 공자가 오히려 도척으로부터 훈계를 듣는 내용 중의 한 구절입니다. 세상은 예나 지금이나 힘이 센 자가 약한 자를 괴롭히는 걸 보니 사람 사는 건 크게 다르지 않은가 봅니다. 나라 사이에서도 약소국을 집어 삼키려는 제국주의적 강대국이 아직도 존재하고 있으니, 약소국들은 강자에게 능멸당하지 않고 생존하기 위한 전략을 마련하지 않으면 안 됩니다. 약소국들이 살아남기 위해서는 우방국이 많든지 아니면 커다란 안보 동맹에 가입하든지 하는 방법들이 있습니다. 자국의 안전을 꾀하기 위하여 미래에는 국제 관계가 점점 더 중요해질 것입니다. 옛적부터 강대국이 약소국을 탐했던 많은 역사적 사실을 우리는 잊어서는 안 됩니다.

묵자께서 국가의 환난患難에는 일곱 가지가 있다고 말씀하였습니다.[14]

---

13 장자莊子 도척盜跖; 寡 적다
14 묵자墨子; 溝 도랑, 溝池 성곽 주위로 깊고 넓은 도랑을 파서 물이 고여 있도록 한 방

성곽구지불가수 이치궁실 일환야

城郭溝池不可守 而治宮室 一患也

"첫째 환난은, 성곽과 구지溝池[해자]를 지키지 못하면서 궁궐을 크게 세우는 것이요."

변국지경 사린막구 이환야

邊國至境 四隣莫救 二患也

"둘째 환난은, 적국의 군사가 국경까지 이르렀는데도 사방의 이웃 나라들이 구원하지 않는 것이요."

선진민력무용지공 상사무능지인 민력진어무용 재보허어대객 삼환야

先盡民力無用之功 賞賜無能之人 民力盡於無用 財寶虛於待客 三患也

"셋째 환난은, 먼저 백성들의 힘을 필요하지 않은 일에 다 써버리고, 무능한 사람에게 상을 주고, 백성들의 힘을 쓸데없는 곳에 다 써버리고, 재물을 손님 대접하는 일에 허비하는 것이요."

사자대록 유자우반 군수법토신 섭이불감불 사환야

仕者待祿 遊者憂反 君脩法討臣 懾而不敢拂 四患也

어 시설, 賜 주다, 脩 말린 고기, 懾 두려워하다, 拂 거스르다, 彊 굳세다, 菽 콩, 粟 조, 誅 형벌

"넷째 환난은, 벼슬하는 사람은 단지 녹봉과 지위만을 유지하려 하고, 노는 사람들은 교제하며 패거리를 만들려 하고, 군주는 법을 만들고 고쳐 신하를 함부로 벌주어도 신하들이 두려워서 감히 간諫하지 못하는 것이요."

군자이위성지이불문사 자이위안강이무수비 사린모지부지계 오환야

君自以爲聖智而不問事 自以爲安彊而無守備 四隣謀之不知戒 五患也

"다섯째 환난은, 군주가 스스로 신성하고 총명하다고 여겨 일을 함에 있어 묻는 일이 없고, 스스로 안정되고 강하다고 여겨 방비를 하지 않으며, 사방의 이웃 나라들이 침략할 모의를 하고 있는데도 경계를 게을리 하는 것이요."

소신불충 소충불신 육환야

所信不忠 所忠不信 六患也

"여섯째 환난은, 신임하는 신하들은 충성스럽지 않고 충성스러운 신하들은 신임하지 않는 것이요."

축종숙속부족이식지 대신부족이사지 상사불능희 주벌불능위 칠환야

畜種菽粟不足以食之 大臣不足以事之 賞賜不能喜 誅罰不能威 七患也

"일곱째 환난은, 생산되는 축산물이나 농산물은 국민이 먹기

길 잃은 나의 조국

에 부족하고, 대신大臣들은 군주를 섬기기에 능력이 부족하며, (합당하게 상을 내리지 않아) 상을 내려서 기쁘게 할 수도 없고, (합당하지 않은 벌이기에) 처벌을 하고도 위엄을 보일 수 없는 것이다."

둘째 환난이 적국의 군사가 국경까지 이르렀는데도 사방의 이웃 나라들이 구원해주지 않는 것이라고 했습니다. 적국이 군사를 일으켰을 때 전 세계 우방 국가들이 나서서 도와준다면 힘센 나라도 감히 쳐들어오지 못합니다. 그러기 위해서 평소 우리는 신의를 가지고 다른 나라를 예의롭게 대해야 합니다. 다른 나라에 대하여 신의도 없고 예의도 없다면 우리나라가 곤경에 빠졌을 때 어떤 나라도 우리를 도우려 하지 않을 것입니다.

이력가인자 패 패필유대국 이덕행인자 왕 왕부대대[15]
以力假仁者 覇 覇必有大國 以德行仁者 王 王不待大
…자서자동 자남자북 무사불복
…自西自東 自南自北 無思不服
"힘으로 인을 가장하는 것은 패도覇道다. 패를 칭하려면 반드시 큰 나라이어야 한다. 덕으로 인을 행하는 것은 왕도王道다. 왕도를 펴는 데는 큰 나라이어야 할 것은 없다…(그렇게 하면)…서쪽으로부터 동쪽으로부터 남쪽으로부터 북쪽으로부터 복종하지 않는 사람이 없다."

15 맹자孟子 공손추장구公孫丑章句; 覇 두목

힘으로 강국이 되려면 나라가 커야 하지만, 우리나라는 작은 나라입니다. 작은 나라가 국제 사회에서 존경을 받으려면 덕으로 인을 행하는 정치를 펼쳐야 합니다. 그렇게 하면 지구상 대부분의 나라가 우리와 친교親交를 맺고자 할 것이며, 그들을 우리는 사해형제四海兄弟라고 부를 수 있습니다.[16]

국민의정부에서는 김대중 대통령이 '동북아 중심국가론'을 내세우고, 참여정부의 노무현 대통령은 '동북아 균형자론'을 내세웠습니다. 두 가지 말 다 듣기는 좋은 말입니다. 그러나 실질적으로 우리가 중심 국가, 균형자 노릇을 할 만한 실력과 수준에 도달해야 가능한 이야기들입니다.

화이부실, 허이무용[17]
華而不實, 虛而無用
"화려하나 실속이 없고, 공허하여 쓸모가 없다."

실력도 부족하면서 그런 역할을 맡겠다면 백 미터 정도 수영할 수 있는 사람이 대한해협을 헤엄쳐 건너겠다는 것과 다름없이 무모하고 공허하게 들립니다. 실력을 갖추었을 뿐만 아니라

---

16 논어論語 안연顔淵; 사해형제 [군자경이무실 여인공이유례 사해지내 개형제야] 四海兄弟 [君子敬而無失 與人恭而有禮 四海之內 皆兄弟也] "세상의 모든 사람이 형제와 같다." 공자의 제자인 사마우司馬牛가 홀로 형제가 없어 근심하자 자하子夏가 이렇게 말하였다. "군자가 경건한 마음을 가지면서 잃음(실수)이 없고, 남과 더불어 있을 때 공손해서 예의를 지키면, 세상의 모든 사람이 다 형제라고 한다." 皆 모두
17 한비자韓非子 난언難言

더 나아가 겸허해야 주변 국가들이 우리를 믿고 우리에게 그러한 역할을 맡겨주는 것입니다. 우리가 다른 나라 사람들을 사해형제로 여기고 예로서 대하면, 요구하지 않아도 주변 국가들이 나서서 한국에게 중심 국가, 균형자를 맡아달라고 요청할 것입니다. 그렇지 않다면 '동북아 중심국가론', '동북아 균형자론'은 한갓 실효성 없는 공허한 꿈에 지나지 않습니다.

PSI

2006-11-15

군자 탄탕탕 소인 장척척[18]

君子 坦蕩蕩 小人 長戚戚

"군자는 평탄하여 여유가 있고, 소인은 늘 걱정스러워 한다."
군자는 항상 옳은 일을 따르기 때문에 걱정스러운 일이 자연히 없어지게 되지만, 소인은 이익에 휩쓸리기 때문에 그로 인해 많은 문제가 발생하게 된다. 편안하게 여유가 있느냐, 불안하게 걱정하느냐는 결국 자신의 결정에 달린 것이다. 따라서 매사에 편안하고 여유를 찾기 위해서는 언제나 지혜로운 결정이 필요하다.

---

18 논어論語 술이述而; 坦 평탄하다, 蕩 넓고 크다, 戚 근심하다

대량살상무기 확산 방지구상(Proliferation Security Initiative = PSI)은 2003년 채택된 이래 미국, 영국 등 75개국이 참여하고 있습니다. 이에 참여할 것인지를 놓고, 열린우리당 의장과 의원 77명은 원치 않는 물리적 군사 충돌을 불러올 위험성을 주장하면서 PSI 불참 의사를 표시하고 있습니다. 결국 정부는 2006년 11월 13일 '대량살상무기 확산 방지구상'에는 북한과 무력 충돌의 가능성 때문에 불참하기로 했다고 발표하였습니다.[19] PSI가 북한을 잠재적 대상으로 삼기 때문에 정부의 입장이 매우 곤혹스러웠을 것입니다. 가입하자니 북한을 필요 이상으로 자극할 수 있고, 불참하자니 동맹국을 돕지 못하는 형국입니다. 그러다가 북한이 2009년 5월 25일 2차 핵실험을 강행하자 한국은 다음 날인 5월 26일 PSI 참여를 공식 선언하였습니다.

다원 외교

2007-01-11

경단급심 기소성대[단경 불가이급심 기소 불가이성대][20]
綆短汲深 器小盛大[短綆 不可以汲深 器小 不可以盛大]

---

19 조선일보 2006.11.15
20 장자莊子 지락至樂; 순자荀子 영욕榮辱; 회남자淮南子, 유안劉安; 관자管子의 말을 공자가 인용했다. 綆 두레박 줄, 汲 물을 길다

"줄이 짧은 두레박으로는 깊은 우물의 물을 길을 수 없고, 작은 그릇으로는 많은 것을 담을 수 없다."

2007년 1월 필리핀 세부에서 열리는 '아세안Asean + 3 정상회의'[아세안 10국＋한국, 중국, 일본]와 '제2차 동아시아정상회의'[아세안 10국＋한국, 중국, 일본, 호주, 뉴질랜드, 인도]에서 우리 대통령의 일정이 3박 4일에서 2박 3일로 단축되었습니다.[21] 이런 좋은 기회를 더 살려서 국익을 위한 정상급 다원 외교를 펼쳐야 하는데, 참여정부의 역량이 못 미치니 이렇게 스스로 위축해서 미리 철수할 수밖에 없는 것 같아 안타깝기 그지없습니다. 스스로 고립시켜 변두리 국외자局外者로 물러서는 외교 행위로밖에 생각되지 않습니다. 청와대 홍보수석비서관은 "여러 양자兩者 회담 중 일부가 성사되지 않았기 때문"이라고 변명하나, 다른 나라 정상이 한국 대통령을 만나보더라도 별 성과가 없다고 생각하기 때문일지 모릅니다. 대통령과 참모들의 그릇이 크면 정상급 다원 외교에서 많은 것을 담을 것이며, 그릇이 작으면 조금밖에 담지 못할 것입니다.

열린우리당이 2007년 3월 2일 여의도 63빌딩에서 미국, 중국, 러시아, 일본 대사와 오찬을 가졌습니다.[22] 이렇게 만나면 집권 여당이 대단한 외교 활동을 하는 걸로 국민들이 착각할지

21 조선일보 2007.1.11
22 조선일보 2007.3.3

모르겠지만, 수사修辭로 가득 찬 대화에서 생산적인 이야기가 나오거나 우의가 다져질 가능성은 적습니다. 이벤트성 전시展示에 지나지 않으며, 오히려 주변 강대국들에게 우리의 사대적이며 나약한 자세만 드러내 보일 뿐입니다. 강대국에게 처분만 잘 내려주기를 바라는 비열한 모습을 보이는 것 같아 강대국들이 우리를 존중하기보다 더 얕잡아 볼까 걱정입니다.

자반이축 수천만인 오왕의[23]
自反而縮 雖千萬人 吾往矣

"(공자께서 용기에 관하여 말씀하면서) '스스로 반성해서 의롭다면, 비록 천만 사람 앞이라도 나는 두려워하지 않고 갈 것이다'라고 했다."

우리의 입장이 올바르면 강대국 앞에서 겸허하면서도 의연하게 대할 수 있고, 우리가 옳지 않다면 약소국 앞에서도 겸연쩍고 부끄러울 따름입니다.

---

23 맹자孟子 공손추장구公孫丑章句; 縮 바르고 의로움

맺음말

신립이패[24]
信立而覇
"신의를 세워야 여러 나라 사이에서 중심이 될 수 있다."

국가의 외교는 힘과 예禮와 신의가 뒷받침되어야 합니다. 여기서 힘이란 무력이나 금력金力만을 가리키는 것이 아니라 문화의 힘 같은 소프트 파워를 포함합니다. 국력은 정부의 힘만을 가리키는 것이 아니라 국민 개개인의 힘을 다 합친 총합적인 의미를 지닙니다. 국가와 마찬가지로 국민 각자가 신의와 예로서 행동하면, 나라는 작지만 우리의 소프트 파워는 어느 나라 못지않게 훌륭하고 강해질 것입니다. 소프트 파워가 뒷받침되는 외교를 펼치면 아마도 지구상 모든 나라가 우리와 친교를 맺고자 할 것이며, 그리되면 설령 악한 나라가 있더라도 우리는 나라를 잘 보전할 수 있을 것입니다.

---

24 순자荀子 왕패王覇

제7장

지
도
자

처음말

**거천하지광거 입천하지정위 행천하지대도 득지여민유지 부득
지독행기도 부귀불능음 빈천불능이 위무불능굴 차지위대장부[1]
居天下之廣居 立天下之正位 行天下之大道 得志與民由之 不得
志獨行其道 富貴不能淫 貧賤不能移 威武不能屈 此之謂大丈夫**
맹자께서 말씀하였다. "천하라는 넓은 집에 살며, 천하의 바
른 위치를 세우고, 천하의 큰 도리를 실행하여, 뜻을 이루면
백성과 더불어 함께해 나가고, 뜻을 이루지 못하면 혼자서 자
신의 도를 실천하여, 부귀에도 방탕하지 않고, 가난에도 마
음이 변하지 않으며, 무력의 위협도 굴복시키지 못하는 그런
사람을 대장부라 한다."

오늘날에도 위와 같은 대장부라야 지도자가 될 수 있을 것입
니다. 진정한 지도자에게는 세상을 넓게 보고 미래를 내다보는
혜안慧眼이 있습니다. 그는 마땅히 올바른 가치관과 비전vision을
제시하고 사회의 목표를 이룰 수 있는 방향으로 국민을 이끌어
야 할 것입니다.

---

1 맹자孟子 등문공장구滕文公章句; 淫 음란하다, 移 변하다

덕유치 부덕란[2]

德惟治 否德亂

상商나라 탕湯왕의 명 재상 이윤伊尹이 왕위를 이어받은 태갑太甲[탕왕의 손자]에게 말하였다. "덕으로는 다스려지지만, 덕이 아니라면 어지러워집니다."

그러려면 지도자는 무엇보다도 먼저 덕이 있어야 합니다. 즉, 겸허하고 국민을 존중하고 이해하고 사랑하며, 사심私心 없이 국민 공동의 이익을 위하는 마음을 지녀야 합니다. 그래야 국민이 지도자를 믿을 수 있습니다.

민무신불립[3]

民無信不立

"백성들의 믿음이 없다면 나라는 설 수가 없다." 자공子貢이 공자에게 정치에서 무엇이 중요한지 물으니, 공자는 먹을 것(족식足食), 국방(족병足兵), 백성들의 믿음(민신民信) 세 가지를 들면서 이 중에서 백성들의 믿음이 가장 중요하다고 강조했다.

지도자는 능력과 열정을 가지고 국민과 더불어 일을 해나가야 합니다. 그는 '국민과 함께'라는 인식을 국민이 가질 수 있도록 생각하고 행동하여야 합니다. 그래서 민주적으로 합의를 이

---

2 서경書經 상서商書
3 논어論語 안연顔淵

끌어내는 과정이 중요한 것입니다. 그러면 국민이 이해하고 흔쾌히 따를 겁니다. 국민과 떨어져서는 천하의 위치를 바르게 세울 수도, 천하의 큰 도리를 실행할 수도 없는 법입니다.

황우석

2005-11-29

명주애일빈일소[4]

明主愛一嚬一笑

춘추春秋시대 진晉나라는 소후昭侯 시대에 더욱 강성하였다. 소후가 신하에게 이렇게 말하였다. "옛말에 '명철한 임금은 찡그림 한 번, 웃음 한 번도 아낀다'고 들었다. 그 표정을 보고 아랫사람들이 그릇된 판단을 할까 염려스럽기 때문이다."

황우석[5] 연구 논문에 관한 MBC 방송의 'PD 수첩' 방영에 대하여 대통령이 개인 의견을 인터넷에 올린 것을 두고 말이 많습니다.[6] 대통령의 견해 표명은 신중해야 하는데, 대통령이 생각나

---

4 한비자韓非子 내저설상內儲說上; 嚬 찡그림
5 황우석 박사는 전 서울대학교 수의학 교수로 동물 복제와 줄기세포 관련 연구에 조예가 깊으나 2005년 연구 논문을 조작한 사건으로 교수직을 박탈당하였다.
6 조선일보 2005.11.29

길 잃은 나의 조국

는 대로 자신의 의견을 공개적으로 밝힌다면 관계기관과 관계자의 판단 및 결정에 직간접적으로 영향을 줄 수 있습니다. 한 나라의 대통령이라면 개인적인 견해 표명조차도 늘 조심스러워야 할 것입니다.

황제 테니스

2006-03-21

여민동락[7]

與民同樂

[낙민지낙자 민역낙기낙 우민지우자 민역우기우 낙이천하 우이천하]

[樂民之樂者 民亦樂其樂 憂民之憂者 民亦憂其憂 樂以天下 憂以天下]

"백성들과 함께 즐겨야" 왕 노릇을 올바로 할 수 있다.

제齊나라 선宣왕에게 맹자가 한 말이다. "(왕이) 백성의 즐거움을 함께하면 백성 역시 그의 즐거움에 같이 즐거워하며, (왕이) 백성의 근심을 함께 근심하면 백성 역시 그의 근심을 같이 근심한다. 세상일을 백성과 함께 즐거워하고, 세상일을 백성과 함께 근심하면서 (왕 노릇을 하지 못했던 사람은 보지 못했다)."

---

7 맹자孟子 양혜왕장구梁惠王章句

서울 시장이 서울시 테니스협회에서 독점적으로 임대한 남산 테니스장에서 2003년 봄부터 2005년 말까지 2년 8개월간 주말에 51차례에 걸쳐 테니스를 쳤다고 합니다.[8] 서울 시장도 일과 후에 개인적으로 얼마든지 운동을 즐길 자유가 있습니다. 하지만 주말에 서울 시장이 운동하는 테니스 코트는 일반인의 사용은 막고, 남녀 국가대표 출신 선수나 코치, 감독을 상대로도 테니스를 쳤다고 합니다.[9] 일반인이라면 강습비를 꽤 받을 만한 연습 상대들이라고 할 수 있지요. 테니스장을 위탁 운영하는 한국체육진흥회가 2005년 말 서울시 테니스협회에 미납 사용료 2,800여 만원의 납부를 독촉하자 그제야 서울시 테니스협회는 말썽을 꺼려 처음으로 사용료를 지불했답니다. 이 무렵 서울 시장도 사비私費 600만원을 사용료로 지불했다고 합니다.[10] 이에 대하여 서울 시장은 2006년 3월 20일 가진 기자간담회에서 "(자세한 내용을) 알았든 몰랐든 공직자에게는 보다 엄격한 기준이 적용돼야 하고, 공직자로서 소홀한 부분이 있었다"라며 서울 시민에게 사과했습니다.[11]

공사公私를 구분하지 못하고, 자신의 지위를 특권적으로 활용하면서도 별 마음의 부담을 못 느꼈다면 일국一國의 지도자 같은 큰 인물은 못 될 것입니다. 백성과 함께 즐거워하고, 백성과 함

8 한겨레신문 2006.3.17
9 오마이뉴스 2006.3.17
10 세계일보 2006.3.18
11 조선일보 2006.3.21

께 근심하면서 살아가야 진정한 지도자가 될 수 있습니다.

말 말 말

2006-07-26

희언자연[12]

希言自然

"말을 아끼는 것이 자연의 도^道다."

유구기수[13]

惟口起羞

상^商나라 명 재상 부열^{傅說}이 무정^{武丁}왕에게 말하였다. "함부로 말을 하면 수치스러운 일이 생깁니다."

지도자들의 예의 없는 언사가 봇물 터지듯 나오고 있어 걱정 입니다. 어느 청와대 수석비서관은 "영어 유창한 사람이 친미 파", 통일부 장관은 "북한 미사일 대처에 제일 실패한 나라는 미 국", 국회 외교위원장(열린우리당)은 "북한의 미사일은 남한이 아

---

12 도덕경^{道德經} 허무^{虛無}/희언^{希言}, 노자^{老子}
13 서경^{書經} 상서^{商書}

니라 주한 미군을 겨냥한 것" 등[14] 위정자들 발언의 품위와 수준을 어떻게 생각해야 할지 매우 곤혹스럽습니다. 함부로 말을 하면 수치스러운 일이 생긴다고 했습니다. 말을 아끼는 것이 자연의 도임을 알았으면 하고 바랍니다.

2006년 8월 27일 대통령은 청와대에서 광주·전남 노사모(노무현을 사랑하는 사람들의 모임) 회원들과 만남의 행사를 가졌는데, 이 당시 비밀리에 불법 녹음한 '노사모 간담회' 녹취록이 그해 11월 22일 공개되었습니다. 노사모 대표가 몰래 녹음한 것을 노사모 회원이 노사모 홈페이지에 올렸다고 하니 참 황당한 나라입니다.

그 내용 중에는 "국방… 미국 눈치 보고, 미국 시장이 제일 크니까 미국의 무역 압력, 무역 보복, 예를 들면 슈퍼 301조 반덤핑법을 발동하면 굉장히 곤란한 지경에 빠지게 되니까 그래서 겁을 먹고 있었다" "수도 한복판에 미군이 연합사聯合司를 갖고 한국군까지 지휘하는 상태를 벗어나야 한국군이 심리적으로 홀로 설 수 있다" "(미군의) 전략적 유연성은 없다. …(설사) 있는 것으로 만들어놔도 그때 가서 한국 정부가 못한다 하면 못하는 것" "시간이 흐를수록 한미 관계에서 한국의 발언권과 지위는 강화되고 있다. 시간은 우리 편"과 같은 대화가 들어 있었습니다.[15]

---

14 조선일보 2006.7.26
15 조선일보 2006.11.23

길 잃은 나의 조국

풍자화출[16]

風自火出

"불은 바람을 따라 밖으로 번져 나간다."

집안에서 한 말이 다 밖으로 새어나간다는 의미로 군자로 하여금 집안에서 말을 함부로 하지 말고 삼가도록 경고한 말입니다. 청와대 안에서 한 이야기가 풍자화출처럼 밖으로 새어나가고 있습니다.

다언수궁 불여수중[17]

多言數窮 不如守中

"말이 많으면 자주 곤경에 빠지니, 내심을 지키고 있는 것만 못하다."

비록 사실이라 하더라도 허즉실虛則實로 나가야 하는 경우가 있으며 오히려 허세를 부리면 손해를 보는 경우도 있는 것입니다. 일반적으로 속을 너무 내보여주면 국가 외교에 득得보다 실失이 많지 않겠습니까?

---

16 주역周易 풍화가인風火家人 괘
17 도덕경道德經 허용虛用/불인不仁, 노자老子; 數 자주

맺음말

주신이의[18]

主信以義

"군주가 의로움으로써, 믿음이 있어야" 국난^{國難}을 이겨낼 수
있다.

나라 안팎으로 참으로 어지러운 때입니다. 난세^{亂世}에는 무엇
보다도 훌륭한 지도자가 절실합니다. 이집트에서 파라오^{Pharaoh}
의 핍박을 받던 히브루^{Hebrew} 노예를 이끌고 홍해를 건넌 모세
^{Moses}가 이스라엘 민족에게 있었다면,[19] 우리에게는 과연 누가 있
을까요. 훌륭한 지도자를 가지고 있는 민족은 아무리 어려운 국
난이라도 헤쳐 나갈 것이나, 소리배^{小利輩} 지도자를 가지고 있는
국민은 난세의 풍랑에 휩쓸려 내려갈 것입니다.

직이온 관이율 강이무학 간이무오[20]

直而溫 寬而栗 剛而無虐 簡而無傲

---

18 묵자墨子
19 구약성서Old Testament 출애굽기Exodus; 이스라엘 민중은 처음에는 여러 차례
    모세에게 불평불만을 토로하였으나, 신이 모세를 통하여 세 차례 기적을 이루어준
    다음에야 모세를 마음속으로부터 지도자로 따랐다.
20 서경書經 우서虞書; 栗 위엄 있다

순舜임금은 전악典樂을 맡은 신하에게 자제들을 "곧되 온화하며, 너그럽되 위엄이 있으며, 강하되 포학하지 않고, 간략하되 오만하지 않은" 인간으로 자라도록 가르치라고 지시했다.

늦었다고 생각했을 때가 제일 빠른 것입니다. 이제부터라도 올바른 지도자를 키우는 일에 모두가 애를 써야 할 것입니다.

제 8장

인
사

처음말

임관유현재[1]

任官惟賢才

상商나라의 명재상 이윤伊尹이 태갑太甲왕에게 말하였다. "관리를 임용할 때는 어질고 재능 있는 자만을 쓰십시오."

불신인현 즉국공허[2]

不信仁賢 則國空虛

"어질고 현명한 사람을 믿지 않으면 나라가 공허해진다."

나라가 잘되려면 위정자는 모름지기 어질고 현명한 인재를 써야 하며, 능력을 충분히 발휘할 수 있도록 그들이 사심 없이 만든 정책을 믿고 지지해주어야 합니다.

견현이불능거 거이불능선 명야 견불선이불능퇴 퇴이불능원 과야[3]

見賢而不能舉 舉而不能先 命也 見不善而不能退 退而不能遠 過也

---

1 서경書經 상서商書
2 맹자孟子 진심장구盡心章句
3 대학大學 치국평천하治國平天下; 舉 등용하다

"어진 이를 보고도 등용하지 못하며, 등용하되 먼저 하지 못하는 것은 태만함이다. 착하지 않은 이를 보고도 물리치지 못하고, 물리치되 멀리하지 못하는 것은 허물이다."

간신배의 아첨이나 음모에 넘어가 어진 이를 멀리하고, 소인배를 등용하여 나라 일을 맡기면, 위정자의 잘못으로 끝나지 않고 나라가 망하는 길로 접어들고 맙니다.

미자아인 사극풍침기 불각기손[4]
媚子阿人 似隙風侵肌 不覺其損
"아양 떨고 아첨하는 사람들은 틈새 바람이 살갗에 닿는 것과 같아서 그 해로움을 깨닫지 못한다."

소인지사위국가 재해병지[5]
小人之使爲國家 菑害並至
"소인으로 하여금 나라 일을 하게 하면 재해가 함께 이를 것이다."

간신배들이 하는 짓거리는 거짓과 달콤한 유혹으로 나쁜 해악을 감추고 둘러싸고 있어, 그들이 나랏일을 농단壟斷하더라도 군주나 백성들이 모르고 있는 사이 어느 틈엔가 나라에는 큰 재해가 오고야 맙니다.

---

4 채근담菜根譚, 홍자성洪自誠; 媚 아양 떨다, 阿 아첨하다, 隙 틈새, 肌 살갗
5 대학大學 치국평천하治國平天下; 菑 재앙, 並 아우르다

관불급사닐 유기능[6]

官不及私昵 惟其能

상商나라 명재상 부열傳說이 무정武丁왕에게 말하였다. "벼슬은 사사로이 친한 사람에게 주지 말고, 오직 능력에 따라 주십 시오."

국가보훈처 차관에 임명된 사람이 노 대통령의 후원자인 모某 회장의 사돈이라고 합니다.[7] 아직까지 우리나라에 음서蔭敍[8] 제도 가 남아 있는 것은 아닐 텐데, 그 회장의 셋째 딸도 청와대 비서 실에서 근무했다고 하니 어찌 된 일입니까.

나라의 인사가 권력자와의 사적인 관계에 의해 결정되는 일 이 자주 있으니 어떻게 나라의 기강이 올바로 서겠습니까. 열심 히 노력하는 성실하고 실력 있는 사람을 등용하는 합리적인 제 도가 우리에게 없단 말입니까? 물론 제도는 있습니다. 하지만 제도를 역이용하거나 왜곡하여 운용하는 게 문제겠지요. 사적인 관계가 있는 사람을 뽑기 위해 규정의 일부분을 확대 해석해 그

---

6 서경書經 상서商書; 昵 친근하다.

7 조선일보 2005.6.25

8 고려와 조선 시대에 아버지나 할아버지가 높은 벼슬을 하거나 나라에 공을 세웠을
  때 과거를 보지 않고 자손을 특별히 임용하는 제도

사람에게 유리하게 적용하고, 자리에 적합한 능력이 있지만 반대편에 있는 사람은 어떻게든 결격 사유를 찾아내어 탈락시키는 사례가 드물다고 할 수 없습니다. 그러니 숱한 궤변을 늘어놓아야 하고, 적임자를 뽑았다고 억지로 자기 합리화를 해야 합니다.

제갈량諸葛亮은 '사사로움에 치우쳐 안과 밖에서 법을 달리해서는 안 된다'라며 위정자에게 경고하고 있습니다.[9] 인사권이란 인사권을 가진 자가 자기 마음대로 사람을 뽑아도 되는 권한을 가리키는 것이 아닙니다. 인사권을 올바로 행사하도록 국민으로부터 위임을 받은 상태이므로 인사권자 임의로 부적합한 사람을 뽑으면 권한을 위임한 국민들은 그 인사권자를 마땅히 소환할 수 있어야 합니다. 나라의 융성한 발전을 위해 공정한 절차를 거쳐 훌륭한 인재를 등용해야 함은 동서고금東西古今 역사의 철칙입니다.

취모멱자[취모구자][10]
吹毛覓疵[吹毛(而)求(小)疵]
"머리카락을 입으로 불어가며 작은 흉터[하자瑕疵]를 찾아내려고 한다."

---

9 고문진보古文眞寶; 제갈량諸葛亮은 '전출사표前出師表'에서 '불의편사 사내외이법야 不宜偏私 使內外異法也'라며 왕위를 이어받은 유비劉備의 아들에게 계도啓導의 글을 올리고 있다.

10 한비자韓非子 대체大體; 한서漢書 중산정왕열전中山靖王列傳, 반고班固; 覓 찾다, 疵 흠

등용하고 싶지 않은 사람은 악착같이 약점을 찾아내어 조그만 꼬투리라도 잡히면 그걸 핑계 삼아 탈락시키는 것이 인사 원칙이 되어서는 곤란합니다. 털어서 먼지 안 나는 사람 없습니다. 이와 반대로 자기편 사람은 흠집이 많아도 일부러 외면하거나 오히려 감싸주며, 능력을 부풀려서 등용하고 싶은 유혹에 빠지기 일쑤입니다.

인항과연후능개[11]
人恒過然後能改
"사람은 늘 잘못을 저지른 후에 고칠 수 있다."

　　이 세상에 잘못을 저지르지 않는 사람은 없습니다. 그러나 잘못한 후 반성하고 고치면 그 사람을 선善하다고 할 수 있습니다. 정부는 외교통상부 북미국장은 음주 운전 경력으로 대기 발령하고, 국민연금을 13개월 미납한 보건복지부 장관과 교통법을 78건 위반한 사람은 장관에 임명하였습니다.[12] 그들이 잘못을 저지른 후 반성하고 고쳤다면 그 잘못을 이유로 지나친 불이익은 주지 말아야 관용의 정치라고 할 수 있습니다. 한 번 잘못한 것을 가지고 개과천선改過遷善의 여부도 알아보지 않고 영구히 불이익을 준다면 엄격을 빙자한 아집에 불과합니다.

---

11 맹자孟子 고자장구告子章句
12 조선일보 2006.2.11

신위상 위덕 위하 위민[13]

臣爲上 爲德 爲下 爲民

상商나라의 명재상 이윤伊尹이 태갑太甲왕에게 말하였다. "신하
가 윗사람을 위하게 하려면 (윗사람이) 덕을 쌓아야 하고, 신하
가 백성을 위하게 하려면 (윗사람이) 백성을 위해야 합니다."

검찰 간부 인사에서 청와대는 검사장 승진 대상자에 대하여
검증을 벌였다고 하는데 그 이유는 검사장이 차관급이기 때문이
라고 합니다.[14] 그렇다면 모든 차관급 인사는 청와대가 개입해야
한다는 논리입니다. 앞으로 검사장 승진 대상자에 대하여 청와
대에서 검증을 계속한다면 검사들은 청와대 눈치를 보면서 정권
의 입맛에 맞는 수사를 할 우려가 있습니다.

진정 검찰이 대통령을 위하여 일하게 하려면, 청와대가 인사
권으로 억박지를 게 아니라 대통령이 덕을 쌓으면 되는 것이고,
검찰이 국민을 위하는 자세로 일하게 만들려면 대통령이 국민을
위해 일하는 모습을 보여주면 될 것입니다. 검사장 승진 인사에

---

13 서경書經 상서商書
14 조선일보 2006.2.2

청와대가 영향력을 행사할 필요도 없고, 그렇게 하면 검찰이 국민보다 권력자를 위해 일하는 권력의 시녀로 떨어질 수 있습니다. 만약 검찰이 권력에 길들여진다면 정권이 바뀔 때마다 새로운 정권에 충성심을 발휘하게 될 것입니다.

지식인

2006-02-13

사군자 행열두각 복우온포 불사입호언행호사 수시재세백년 흡사미생일일[15]

士君子 幸列頭角 復遇溫飽 不思立好言行好事 雖是在世百年 恰似未生一日

"선비가 다행히 두각을 나타내어 따뜻하고 배부르게 살면서도 옳은 말을 하고 좋은 일을 할 생각이 없다면, 비록 이 세상에서 백 년을 살더라도 마치 하루도 살지 않은 것과 같다."

지식인이라면 마땅히 옳은 말을 하고 양심에 따라 행동함으로써 국민을 깨우치고 이끌어야 합니다. 학자들의 양심적 판단에 따른 전문적인 의견 개진이야말로 현대 사회의 발전에 필수

---

15 채근담菜根譚, 홍자성洪自誠; 遇 대접하다

길 잃은 나의 조국

적이기 때문입니다. 그러나 현실에서는 상당수의 지식인들이 자신의 입장에서 진실을 왜곡하고, 일신의 공명功名과 영달을 위하여 불의와 타협하는 일이 점점 흔해지니 통탄할 일이 아닐 수 없습니다. 초楚나라의 굴원屈原도 이런 간신들의 중상 모략으로 조정에서 쫓겨나면서 '이소離騷'라는 시를 지었는데, 시詩 속에서 '먹줄을 등지고 굽은 길을 좇으며, 다투어 남의 뜻에 맞추는 것을 법도로 삼네'라고 하며 곡학아세曲學阿世하는 자들을 비판하고 있군요.[16]

곡학아세[17]
曲學阿世
"학문을 굽혀 세상에 아첨한다."
제齊나라 원고생轅固生이 '무곡학이아세無曲學以阿世', 즉 올바른 학문을 왜곡해서 세상에 아부해서는 안 된다고 훈계하였지만, 현대에도 지식인 중에는 곡학아세하는 인간이 너무 많아 일일이 열거하기 힘들 지경이다.

위정자와 지식 권력자[선비, 지식인]들이 무지몽매한 백성들에게 지식을 차단했던 과거 봉건시대와는 달리,[18] 현대 정보사회에

16 고문진보古文眞寶; 굴원屈原 이소離騷 '배승묵이추곡혜 경주용이위도 背繩墨以追曲兮 競周容以爲度' 繩墨 먹줄/정도正道. 초楚나라의 현자賢者 굴원은 결국 멀리 귀양가 나라에 대한 비통한 마음으로 돌을 껴안고 멱라수 강물에 빠져 죽었다.
17 사기史記, 사마천司馬遷
18 논어論語 태백泰伯; 자왈 민가사유지 불가사지지 子曰 民可使由之 不可使知之 공자왈 "백성들은 따라오게 하면 되지, 알게 해서는 안 된다."

서는 지식과 정보가 모든 사람들에게 개방되어 있습니다. 그러므로 지식 권력자는 지식과 정보를 더 이상 독점할 수 없을 뿐 아니라 무수한 사람들이 자신들을 지켜보고 있다는 사실을 깨닫고 위선과 불의의 편에 서지 말기를 바랍니다. 그래야만 국민에게 존경받을 수 있고, 만약 그렇지 아니하면서 지식인 대접을 받으려 한다면 위선적인 모순이라고 감히 말하고 싶습니다.

지사 불망재구학 용사 불망상기원[19]
志士 不忘在溝壑 勇士 不忘喪其元
"지사는 시궁창에 버려질 것을 잊지 않고, 용사는 자기 목을 잃을 것을 잊지 않는다."

2006년 1월 조세연구원의 한 연구위원이 3개월 직위 해제와 1년간 대외 활동 금지라는 징계를 당하였습니다.[20] 조세연구원은 그가 사전 허락을 받지 않고 언론과 접촉했기 때문이라고 했지만, 참여정부의 부동산 대책을 비판한 것이 주된 이유라는 소문이 많습니다. 소문이 사실이라면 처벌을 무릅쓰고 소신을 밝힌 이 연구위원 같은 사람은 시궁창에 던져질 것을 두려워하지 않고 바른 말을 한 의인義人인 셈입니다. 전문가로서 양심에 따라 자신의 의견을 말했다고 처벌한다면, 어느 누가 올바른 이야기를 하겠습니까. 그리되면, 윗사람이 듣기 좋은 말이나 하면서 비위를 맞추는 간신들이 독버섯처럼 번식할 것입니다.

---

19 맹자孟子 등문공장구滕文公章句; 溝 도랑 壑 골짜기
20 조선일보 2006.2.13

2008년 5월 인터넷 포털 사이트 '다음'의 토론방 '아고라'에 한반도 물길 잇기 및 4대강 정비 계획의 실체는 운하 계획이라는 내용의 글을 올린 한국건설기술연구원의 한 연구위원에게 12월 23일 3개월 정직의 징계가 내려졌습니다.[21] 한국건설기술연구원 감사실장은 "…보안 사항을 유출했다고 할 수는 없지만, 직원으로서 내부 협의 절차 없이 개인 의견을 밝혔고 이로 인해 연구원의 위상을 훼손해 내부 취업 규칙과 인사관리 규정을 어긴 혐의"라고 말했습니다.

2009년 5월 하순 나주세무서의 모某 계장이 국세청 내부 통신망에 '나는 지난 여름에 국세청이 한 일을 알고 있다'라는 제목의 글을 올린 것에 대하여 해당 관청의 징계위원회는 명예 훼손과 공무원 품위유지 위반 등을 물어 그에게 파면 결정을 내렸다고 합니다. 그는 이 글에서 국세청의 태광실업 세무조사와 노무현 전 대통령의 자살과의 관련성에 의혹을 제기했었습니다.[22] 우리 사회가 자신의 의견을 조직 내부에서 자유롭게 표현할 수 없는 전체주의 독재 국가는 아닐 텐데, 자기 의견을 제시한 공무원에게 무리한 징벌을 가하는 사건이 또 발생했습니다. 정권이 바뀌어도 비슷한 유형의 사건이 계속 발생하는 까닭은 무엇일까요.[23]

---

21 한겨레신문 2008.12.24

22 한겨레신문 2009.6.13. 태광실업 박모某 회장은 노 대통령의 재정적 후원자중 한 사람이다.

23 문재인 정부의 부정비리 은폐 도모를 2018년 공익 신고했던 김태우 당시 청와대 민정수석실 특별감찰반원에게 대법원(박정화 대법관)은 2023년 5월 18일 징역 1년 집행유예 2년을 확정하였다.

유언역우여심 필구저도 유언손우여지 필구저비도[24]

有言逆于汝心 必求諸道 有言遜于汝志 必求諸非道

상商나라의 명재상 이윤伊尹이 태갑太甲왕에게 말하였다. "당신의 마음을 거스르는 말이 있거든 반드시 도에 맞는 말인가 알아보고, 당신의 뜻을 따르는 말이 있거든 도에 맞지 않는 말인가 반드시 알아보시오."

전문가의 의견이 권력자의 마음에 거슬리면, 그의 의견이 올바른지 먼저 알아보고 나서 처벌 여부는 그 다음에 결정해야 합니다. 그리고 간신배들이 감언이설甘言利說로 아첨을 하면 도道에 어긋나는 말인지를 먼저 따져보고 나서 판단해야 합니다.

청맥회

2006-03-17

불하유붕망 득상우중행[25]

不遐遺朋亡 得尙于中行

"먼 곳에 있는 인재를 버리지 않고 가깝고 친한 붕당朋黨을 없애면, 중도中道를 행하여 통합을 얻으리라."

---

24 서경書經 상서商書; 遜 겸손하다
25 주역周易 지천태地天泰 괘; 遐 멀다

'청맥회'는 노 대통령이 정권을 잡는 데 일익을 담당하고 정부 산하기관 간부가 된 사람들의 모임이라고 합니다. 2006년 3월 15일 이 모임 회장 출신이 환경부 장관 후보로 지명되었습니다.[26] 21세기에 아직 이런 종류의 모임이 존재한다니 놀랍기 그지없습니다. 1993년 문민정부가 출범하면서 해체된 육군사관학교 출신 장교들의 모임 '하나회'가 생각납니다.

외불피구 내불아친[27]
外不避仇 內不阿親
순舜임금은 "밖으로 원수도 피하지 않고 등용하였고, 안으로는 육친도 두둔하거나 편들지 않았다."

전문가 집단은 정권의 영향을 받지 않고 꾸준히 사회에 기여할 수 있어야 사회가 발전합니다. 전문가 집단이 나서서 정치적 성격을 띤 친목 단체를 만들기 시작하면, 정권과 친한 사람은 발탁되고 그렇지 않은 사람은 능력이 있어도 배척되는 현상이 벌어집니다. 정권이 다시 바뀌면 아직 임기가 남아 있어도 이전 정권과 친했던 사람은 또다시 밀려나고 새로 들어선 정권과 친한 사람이 발탁되는 악순환이 계속됩니다. 사회에 기여할 능력이 있어도 정권 실세와 가깝지 않으면 기회가 오지 않는 것입니다. 따라서 출세하고 싶은 전문가는 정치권과 친하게 지내려 하고 정치색을 띠게 되니, 순舜임금처럼 누군가가 이런 악순환의 고리

---

26 조선일보 2006.3.17
27 순자荀子 성상成相; 阿 두둔하다/편들다

를 끊고 중용中庸을 행하여 통합을 이루도록 해야 합니다. 전문가들이 정권을 초월하여 나라를 위해 봉사할 수 있는 풍토가 그립습니다.

배 째드리지요

2006-08-11

고지인 미상불욕사야 우악불유기도[28]
古之人 未嘗不欲仕也 又惡不由其道
"옛날 사람은 벼슬을 바라지 않은 바 아니지만, 또한 정당한 방도를 따르지 않는 것을 싫어했다."

옛날 선비들 또한 벼슬하기를 바랐으나, 자신의 능력이 부족한데도 청탁이나 편법으로 벼슬자리를 탐내지는 않았습니다. 그러나 오늘날에는 권력자나 권력기관에서는 자신들의 힘을 배경으로 중요한 자리에 사적인 관계가 있는 자를 앉히려 드는 모습을 흔히 봅니다.

문화부 차관에게 청와대에서 여러 차례 인사 청탁을 했는데,

---

28 맹자孟子 등문공장구滕文公章句; 嘗 맛보다

길 잃은 나의 조국

도저히 받아들일 수 없어 거절하였더니 무슨 이유에선지 결국 차관에 취임한 지 6개월 만인 2006년 8월 8일 경질되고 말았다고 합니다.[29] 아마도 권력기관의 요구를 무시했기 때문이라고 생각됩니다.

노 대통령은 8월 18일 국회 문화관광위원회와 운영위원회 소속 열린우리당 위원들과 청와대에서 만찬을 함께 하면서, 청와대가 아리랑 TV 부사장 인사에 압력을 행사한 것에 대하여, "추천과 부정 청탁은 구별해야 한다"는[30] 모호한 발언을 했습니다. 즉, 청와대에서 아무개 인사를 청탁한 것이 아니라 추천한 것이라는 말입니다. 추천과 부정 청탁의 구분은 코에 걸면 코걸이, 귀에 걸면 귀걸이 식의 말장난이라고 할 수 있습니다. 부탁 받은 사람의 입장에서 청탁이라고 생각하면 청탁으로 보는 게 옳을 것입니다. 청와대에서 좋은 사람을 추천하는 식으로 말을 해도 듣는 사람이 압력이나 부탁으로 느끼면 청탁이 되는 것입니다. 이번 사안은 정권을 잡은 권력 집단의 사(私)적 이익과 관련 있으므로, 대부분의 사람은 추천이 아니라 권력 집단의 청탁이라고 간주할 것입니다.

"아리랑 TV 운영도 예산을 따고 하는 면을 고려하면 정치적 능력이 있는 사람이 가는 것이 의미 있다"는 말은 청탁한 사람이 적어도 전문성은 부족하다는 것을 자인하는 말입니다. 청탁한 사람이 전문성이 부족해도 정치적으로 업무를 수행해나가면 되

29 조선일보 2006.8.11
30 조선일보 2006.8.19

지 않느냐는 억지 논리이며, 사적인 관계에 있는 사람에게 자리를 나눠 주기 위한 자기 합리화로 들립니다. 예산 배정은 부사장이 정치적 능력이 있느냐 없느냐에 좌우되는 게 아니라, 방송국을 운영하는 데 꼭 필요한 것이라면 그 예산은 당연히 배정되어야 하는 것입니다.

청와대는 아리랑 TV 부사장에 전 국무총리의 비서관(열린우리당)을 지낸 사람을 청탁하였는데, 이 사람이 소위 素位[31]를 안다면 스스로 사양함이 옳을 것입니다. 만약 청와대의 뜻대로 인사가 이루어졌다면 일종의 '코드code 인사' 내지 '낙하산 인사'에 해당합니다. 참여정부는 낙하산 인사를 개방형 인사라고 미화美化하는데, 개방형 인사는 그 전문 분야에 조예가 깊은 사람을 조직 밖에서 널리 구하는 것을 일컫는 말입니다.

최근에 앞에서 거론한 문화부 차관과 관련된 칼럼이 한 신문에 실렸습니다.[32]

"이미 없애기로 결정한 그 자리로 청와대가 특정인 명단을 하달했다. 권력자의 전직 비서였다. …'급'이 형편없이 낮았다. …이번에는 민정실에서 조사관이 파견되었다. 그동안 그 부처에서 단행했던 인사 관련 서류를 모두 챙겨 들고 있었다. 서슬 시퍼런 조사관이 조목조목 따져 물었다. 비리를 찾아내고야 말겠

---

31 예기禮記; 素位 자기의 분수를 알아 남의 지위를 넘보지 않는다.
32 중앙일보 2008.10.14. 송호근; 어느 퇴직 관료와의 취중 한담.

길 잃은 나의 조국

다는 전의戰意로 충만한 젊은 전사戰士였다.

　…사직서를 제출하면서 단서를 달았다. 더 미련이 없기에 조용하게 끝내자고. 그러나 답은 사납고 날카로웠다. '배 째드리지요!'였다. …"

소인자필삼이군자 종역불보기신[33]

小人者必芟夷君子 終亦不保其身

"소인은 반드시 군자를 없애버리지만, 마침내는 자신의 몸 또한 보전하지 못한다."

'배 째드리겠다'는 어느 청와대 비서관의 말대로 문화부 차관은 물러났지만, 그들 역시 자신들의 몸을 보전했다고는 듣지 못했습니다.

청와대 보좌관

2006-12-29

군자재야 소인재위[34]

君子在野 小人在位

---

[33] 조광조趙光祖 중종실록中宗實錄; 芟 (풀을) 베다
[34] 서경書經 우서虞書

순舜임금 시대 우禹가 묘苗족을 치면서 말하기를, "(그 나라엔) 군자는 초야에 있고 소인은 높은 자리에 있구나"라고 하였다.

황우석 사건으로 물러났던 전 청와대 과학기술 보좌관이[35] 대통령 자문 정책기획위원으로 복귀한다고 합니다.[36] 청와대가 국민을 무시하는 경향도 없지 않지만, 당사자도 웬만큼 염치가 있는 인간이라면 다시 시킨다고 또 맡겠다는 마음이 생길까요. 우리나라에 그 사람 말고는 적절한 인재가 그렇게 없는지, 청와대는 그 사람을 애써 자꾸 쓰려고 합니다.

맺음말

불휼국지장부 투합구용 이지지록양교이이이 국적야[37]
不卹國之臧否 偸合苟容 以之持祿養交而已耳 國賊也

---

35 2004년 사이언스Science지에 발표된 황우석 박사의 논문 공동저자의 한 사람으로, 연구 논문 참여도에 의혹이 제기된 후 황우석 사건으로 사퇴하였으며, 이 논문은 논문 조작의 혐의로 뒷날 철회됨.

36 조선일보 2006.12.29

37 순자荀子 신도臣道; 卹 돌보다, 臧 좋다, 偸合 비위를 맞추다

"나라가 잘되고 못 되고는 전혀 거들떠보지 않고, 구차스럽게 아첨하고 남의 비위를 맞춤으로써 (윗사람으로부터) 받아들여지고, 자기의 봉록俸祿을 유지해가며 나날이 사교의 범위를 넓힐 따름인 자를 나라의 적이라고 한다."

인사가 만사萬事라는 말이 있습니다. 초楚나라의 현자賢者 굴원屈原은 간신 소인배들의 중상 모략으로 귀양을 가면서 당시 조정에 대하여 '소인들이 붕당을 이루어 구차하게 놀고먹으니, (나라가 나아가야할) 길이 어두워 험하고 좁도다'라며 한탄하고 있습니다.[38] 이러한 국적國賊을 공직의 자리에서 내쫓고 그 자리에 어질고 현명한 인재를 찾아 등용하면 나라의 모든 어려움이 해결될 터입니다.

밀운불우[39]
密雲不雨
"구름은 빽빽한데 비가 내리지 않음"

요즈음같이 밀운불우의 답답한 시기에는 어질고 현명한 인재를 찾아내 일을 맡겨야, 가뭄 끝에 기다리던 단비가 오듯이 나라 일이 잘 풀리고 국민 모두가 기뻐할 것입니다.

---

38 고문진보古文眞寶; 굴원屈原 '이소離騷' '유당인지투락혜 노유매이험애 惟當人之偸樂兮 路幽昧以險隘' 偸 (구차하게) 훔치다
39 주역周易 뇌산소과雷山小過 괘

무휼친소 무편귀천 유성능지구[40]

無**岬**親疏 無偏貴賤 唯誠能之求

"가깝고 멀고에 끌리지 않고, 귀천貴賤에 기울지 않고, 오직 성의와 능력을 가진 사람을 구하라."

위정자는 모름지기 친소親疏, 귀천을 초월하여 오직 그 사람의 성의와 능력을 기준으로 인재를 등용해야 합니다.

---

40 순자荀子 왕패王覇; **岬** 돌보다, 疏 멀다

제 9 장

정치

처음말

용도치국 즉국부민창[1]

用道治國 則國富民昌

"도로써 나라를 다스리면 나라가 부유해지고 백성이 번창해진다."

덕화후 백성안[2]

德化厚 百姓安

"덕에 의한 교화가 두터우면 백성들이 편안하고 안정된다."

노자의 가르침에 따르면 정치는 도道와 덕德으로 하는 것이며, 그렇게 함으로써 나라가 부강해지고 백성이 편안해집니다. 그러나 현실에서는 동서고금을 막론하고 많은 위정자들이 자신의 탐욕을 위하여 백성들을 억압하고, 정보를 차단하거나 백성을 속이고, 백성에게 부역賦役을 지우고, 가혹하게 세금을 거두는 행위를 거리낌 없이 합니다.

인무어수감 당어민감[3]

---

1 도덕경道德經 하상공장구河上公章句 인덕仁德, 노자老子
2 도덕경道德經 하상공장구河上公章句 안민安民, 노자老子
3 서경書經 주서周書; 監 거울

人無於水監 當於民監

주周나라 주공周公이 강숙康叔을 위衛나라 왕으로 봉할 때 훈계하기를, "사람은 물을 거울로 삼을 것이 아니라, 백성을 거울로 삼아야 한다"고 옛 사람의 말을 인용하였다.

그러므로 옛 선인先人들은 백성을 거울로 삼아 민심民心을 살피고 백성들에게 이로운 정치를 하라 일렀으며, 이를 어기고 폭정을 하는 경우에는 결국 백성의 노여움으로 정권이 무너지고 마니 백성을 가장 두려워하라고 가르쳤습니다. 민심이 천심天心이고, 하늘은 백성을 통하여 보고 듣기 때문입니다.

천시자아민시 천청자아민청[4]
天視自我民視 天聽自我民聽

맹자孟子께서 서경書經의 태서泰誓에서 인용하여, "하늘이 보는 것은 우리 백성들을 통해서 보고, 하늘이 듣는 것은 우리 백성들을 통해서 듣는다"고 하였다.

군자주야 서인자수야 수즉재주 수즉복주[5]
君者舟也 庶人者水也 水則載舟 水則覆舟

예부터 전하기를, "군주는 배요 백성은 물이다. 물은 배를 띄우고 있지만 물은 배를 뒤집어엎기도 한다"고 하였다.

---

4 맹자孟子 만장장구萬章章句
5 순자荀子 왕제王制

백성은 나라와 군주를 지탱해주는 물과 같은 존재입니다. 하지만 나라의 위정자들이 자신들의 이익만을 탐하고 백성들을 착취하면 백성들은 더 이상 나라를 지탱해낼 수 없어 앙시앵레짐$^{ancient\ regime}$(구체제)은 붕괴하고 새로운 질서가 나타나는 것입니다. 그러므로 위정자는 모름지기 선정善政을 펼쳐 백성의 노여움을 가라앉히고, 나라가 태평하고 모든 사람이 인간답게 살 수 있는 사회를 만드는 데 정성을 다해야 합니다.

> 족식 족병 민신지의… 민무신불립[6]
> 足食 足兵 民信之矣… 民無信不立
> 공자께서 자공子貢이 정치를 묻자 이렇게 답하였다. "정치란 먹을 것이 풍족해야 하고 군사력이 충분해야 하며 백성들이 믿고 따라야 할 것이다. 그 중에서도 백성들이 믿고 따르는 것이 가장 근본이다. 백성들의 믿음이 없이 나라가 지탱한 적은 없었다."

공자는 좋은 정치를 펼치려면 구체적으로 먹는 것, 국방, 백성들의 믿음 이 세 가지가 만족되어야 한다고 가르쳤습니다. 그 중에서도 백성들의 믿음이 으뜸이며, 백성을 보전하려면 위정자들이 신의가 있어야 한다고 하였습니다.

6 논어論語 안연顏淵

　　　　　　　　　　　　　　　길 잃은 나의 조국

정당

2005-05-02

정지소흥 재순민심, 정지소폐 재역민심[7]
政之所興 在順民心, 政之所廢 在逆民心
"정치가 흥하는 것은 민심을 따르는 데 있고, 정치가 망하는
것은 민심을 거역하는 데 있다."

2005년 4월 30일 재보궐선거[국회의원 6명, 시장/군수/구청장
7명, 광역의원 10명]에서 여당인 열린우리당이 전패全敗했습니다.[8]
선거에서 집권 여당이 전패한 것은 대다수 국민의 지지를 받지
못하고 있는 당이라는 의미인데, 국민의 지지가 없는 여당이 정
권을 잡고 나라를 이끌어가고 있는 것이 우리나라의 상황이었습
니다. 자유 민주사회에서의 권력은 총부리에서 나오는 것이 아
니라 국민으로부터 나오는 것입니다. 국민의 지지가 지속적으로
유지돼야 정부는 국민의 지지를 바탕으로 정책을 펼쳐 나갈 수
있습니다. 국민의 지지 없이는 옳은 정책도 펼쳐나가기 어려운
데, 그 까닭은 정부가 콩으로 메주를 쑨다고 해도 국민은 정부를
불신할 것이기 때문입니다.

이와 같이 민심이 이반하고 국민과 괴리가 생겼음에도 불구
하고 집권 여당인 열린우리당은 당당하게 책임을 질 생각은커

---

7 관자管子 목민牧民
8 조선일보 2005.5.2

녕, 당을 해체하고 정당 이름을 바꿔 새로운 정당으로 둔갑시키는 변칙적인 행동을 했습니다. 마치 손님이 줄어드니까 주인은 그대로이면서 가게 간판만 바꾸는 격이 아니고 무엇입니까?

국민의정부로부터 참여정부까지 상당 부분 그 사람이 그 사람이면서, 새정치국민회의 김대중 후보는 1997년 말 대통령에 당선된 후 2000년 1월 20일 새천년민주당을 만들었고, 새천년민주당은 노무현 대통령 취임 첫 해인 2003년 11월 창당한 열린우리당에게 자리를 내주고 왜소화됐습니다. [새천년민주당은 여당으로서 3년 10개월간 존속하였습니다] 참여정부 마지막 해인 2007년 2월 14일 집권 여당인 열린우리당마저 또다시 해체를 결의하니, 3년 4개월 만에 간판이 내려지는 셈입니다.[9] 그런데 황당하게도 2007년 2월 6일 국회의원 등 23명이 열린우리당을 집단으로 탈당하면서 남아 있는 열린우리당 의장과 사이에 대통합하자는 대화가 있었다고 합니다. 통합할 것이면서 탈당은 왜 하는 것인지 국민들 보기에 정치 코미디가 아닐 수 없습니다. 국정 실패에 대한 책임을 지고 반성을 하는 게 아니라, 집권당을 탈당해버리면 책임이 없어지는 것처럼 행동하고 있습니다. 현대 민주사회가 정당정치를 표방하는 가장 중요한 이유 중 하나가 책임 정치 구현인데 여당이 국민의 지지가 없다고 해체하면 국정 실패는 누가 책임을 진다는 것인지 알 수 없습니다.

9 조선일보 2007.2.8

길 잃은 나의 조국

2007년 2월부터 8월 사이 반년간 대한민국은 집권 여당 없이 굴러갔습니다. 국정을 책임지겠으니 선거 때 국민들에게 표를 달라고 애걸하다가, 정권을 잡고 나서 실정失政에 대해서는 무책임하게 여당을 해체해 6개월을 보내다니 이게 무슨 책임 정치입니까? 그래서 소위 '위장탈당' '위장이혼' '짜고 치는 탈당'이란 이야기가 나오는 것입니다. 그 후 열린우리당은 2007년 8월 대통합민주신당이라는 새로운 간판을 걸고 대통령 선거에 임했지만 다시 패배했고, 2008년 2월 통합민주당으로 또 다른 간판을 내걸고 국회의원 선거에 나섰습니다. 국민의정부와 참여정부의 주도 세력이 몸담았던 집권 여당은 지난 10여 년간 새정치국민회의(1995년 9월)에서 새천년민주당(2000년 1월)으로, 다시 열린우리당(2003년 11월)으로, 대통합민주신당(2007년 8월)으로, 그리고 통합민주당(2008년 2월부터는 야당)으로 변천變遷했습니다.

도청盜聽

2005-08-11

자조이불망 익불석숙[10]

子釣而不網 弋不射宿

[10] 논어論語 술이述而; 弋 화살

"공자께서 낚시질은 하되 큰 그물질은 안 했으며, 주살질은 하되 잠자는 새를 쏘아 잡지는 않았다."

우리나라에는 통신 비밀의 자유가 있습니다. 어느 누구도 정당한 이유 없이 이를 제한할 수 없으며, 이를 어길 수 없습니다. 국가 정보기관에서 비밀 도청盜聽 조직인 '미림팀'을 구성해서 조직적으로 불법 도청해온 사건은 그 자체가 헌법을 위반한 것입니다. 불법 도청한 녹음 테이프가 274개 압수되었으나 도청으로 알게 된 내용은 불법으로 입수한 것이므로 증거의 효력도 없을 뿐 아니라[11] 공개할 수도 없습니다. 오히려 도청당한 사람이 피해자이므로 도청당한 내용을 공개해서는 안 됩니다. 잠자는 새를 쏘아 잡지 않듯이, 몰래 도청한 내용으로 피해자를 옭아맬 수는 없는 노릇입니다. 그런데도 열린우리당은 국회에 도청 내용을 공개토록 하는 특별법을 제출했다니,[12] 입법부 의원이 국회에서 위헌 법률을 만들겠다는 모순에 빠지고 있습니다. 도청 내용은 실제 행위로 옮겨진 것에 관한 단서로서 수사 당국에서 다룰 성질의 것에 지나지 않으며, 증거로서의 효력은 없는 것입니다.

---

11 독수독과毒樹毒果 (fruit of poisonous tree) 이론
12 조선일보 2005.8.11

길 잃은 나의 조국

지방 의회

2005-10-21

위방불입 난방불거 천하유도즉현 무도즉은

危邦不入 亂邦不居 天下有道則見 無道則隱

방유도 빈차천언 치야 방무도 부차귀언 치야[13]

邦有道 貧且賤焉 恥也 邦無道 富且貴焉 恥也

"위태로운 나라에는 들어가지 않고, 어지러운 나라에는 살지 않으며, 천하에 도道가 있으면 나타나 벼슬하고, 도道가 없으면 숨어야 한다. 나라에 도道가 있을 때에 가난하고 천한 것이 부끄러운 일이며, 나라에 도道가 없을 때에 부하고 귀한 것이 부끄러운 일이다."

2005년 6월 30일 국회에서 통과시킨 지방의회 기초의원 선거법에는 기초의원도 정당에서 공천하는 것으로 되어 있습니다. 정당 정치 구현이라는 미명 아래, 지역 국회의원이 기초의원 후보 공천에 막강한 영향력을 행사할 수 있어 이에 따른 부작용이 만만치 않을 것으로 보입니다. 지방자치가 중앙 정당에 예속되어 지방자치 발전을 저해할 수 있고, 지역에 필요한 사람보다 공천에 영향력을 가지고 있는 국회의원과 친분이 있거나 돈을 낸 사람이 후보가 될 수 있으니 말입니다. 결과적으로, 공천을 얻으

---

13 논어論語 태백泰伯

려고 중앙 정당에 돈을 내거나 권력자와 친한 관계를 맺는 등 부정부패가 횡행하겠지요.

지방의회 기초의원 선거법은 중앙 정당과 국회의원들의 파워와 이권을 확대하는 결과를 가져올 소인배적인 입법이라고 아니할 수 없습니다. 지역의 발전과 중앙당의 정책이 모순되는 경우에는 지역의 발전이 뒷전이 될 수 있고, 지방의회의 다수당이 지방자치단체장과 같은 정당인 경우 지방자치단체의 행정 효율성이 높아지는 반면 의회의 견제 기능은 약해질 것입니다. 이러한 이유로 전국시군 자치구의회 의장협의회는 기초의원 정당 공천제에 반대키로 했다고 합니다.[14]

아니나 다를까, 2006년 5월 31일 지방선거의 공천을 앞두고 한나라당 내에 잡음이 많았습니다. 국회의원에게 고문 변호사비를 주거나 거액을 후원한 사람이 시구의원에 추천되고, 자기 편 사람을 심거나 돈을 받고 밀어줬다는 의혹도 나오고 있습니다.[15] 우려한 대로 기초의원 후보를 추천하는 국회의원과 정당이 누구를 선호選好하는가가 공천 여부를 결정하고, 추천을 받기 위해 국회의원과 보좌관에게 로비를 하는 등[16] 비리와 부정부패가 싹틀 수밖에 없는 체제입니다. 공자는 나라에 도道가 사라지면 벼슬에서 물러나 숨어 살라고 했습니다. 적어도 기초의회 의원은 정당

14 조선일보 2005.10.21
15 조선일보 2006.3.17
16 한겨레신문 2006.4.15

길 잃은 나의 조국

추천이 없어져야 도道가 다시 살아나고 지역이 제대로 발전할 것입니다.

　기초의원은 지방을 위한, 정당을 초월한 무소속 후보가 바람직한데, 중앙의 정치 논리에 따라 움직여야 다음 공천에 유리하므로 이를 의식해서 정당의 입맛에 맞게 움직일 가능성이 커진 것입니다. 또 기초의원 고유의 업무가 아닌데도 지역 국회의원의 공사公私 활동에 기초의원이 동원될 수도 있습니다. 그러므로 정당과 국회의원의 외풍外風에서 벗어나 기초의원이 자기 지역 사회를 위해 일할 수 있는 체제를 만들어주어야 합니다. 기초의원의 정당 추천제를 없애고 무소속으로 출마하도록 하여, 기초의원이 자신의 이익을 위해서가 아니라 지역 사회와의 의義를 위하여 일할 수 있도록 해야 할 것입니다.

총장 선거

2005-07-18

하근대법망밀야[17]
何近代法網密邪

---

[17] 십팔사략十八史略 송태조宋太祖, 증선지曾先之/진은陳殷

송宋나라 태조太祖가 한탄하기를, "어찌 요즘에는 법망이 이리 세밀한가"라 했다. 자질구레한 법률이 자꾸 늘어만 가는 것은 현대에도 마찬가지다.

국립대학교 총장을 선출하기 위해 중앙선거관리위원회가 총장 직선제 선거를 행정적으로 관리한다는 법에 대하여 교수회가 헌법소원을 내기로 했습니다.[18] 학교 행사에 쓸데없이 국가 권력이 행정적으로 개입하겠다는 법이 국민의 대의기관인 국회에서 통과되고 있으니, 국회의원이 대학 자율성에 대하여 가지고 있는 개념이 잘못돼 있을 뿐 아니라 매우 낮은 수준임을 짐작케 합니다. 학교에서 반장 선거도 아이들이 민주적으로 할 수 있는 터에, 대학에서 교수가 총장을 뽑는 선거를 대학 자율적으로 할 수 없다면 누구나 기이하다는 생각이 들 것입니다. 개입하지 않아도 대학이 순리대로 운영되도록 정부의 역할은 단순해질수록 좋습니다.

서울대학교가 2006년 5월에 치른 총장 선거를 선거관리위원회에 맡겼다 합니다. 2006년 선거관리위원회가 선거를 위탁 관리하는 국공립대학교는 모두 13곳에 이릅니다.[19] 세금 낭비, 시간 낭비, 국가기관 공무원 인력의 낭비가 아닐 수 없습니다.

18 조선일보 2005.7.18
19 조선일보 2006.2.13

길 잃은 나의 조국

국가 유공자

2004년 3월 5일 제정된 '동학농민혁명 참여자 등의 명예회복에 관한 특별법'에 따라 정부에서 동학농민혁명 참여자 및 그 유족 명단을 만들고 있는데, 2005년 12월 27일 '동학농민혁명 참여자 명예회복 심의위원회(위원장 국무총리)'에서 참여자 50명, 유족 150명을 확정했다고 합니다.[20] 1894년에 일어난 동학농민혁명에는 100만여 명이 참여하였고 30만여 명이 희생된 것으로 알려졌습니다. 이 중에서 수백 명을 추려 명단을 만드는 것이 과연 명예를 회복하는 것인지 아리송합니다.

어리석기가 그지없습니다. 수많은 이름 없는 동학농민군 중에서 어떻게 수 백 명의 이름을 추려낼 수 있을까요. 역사가 무엇인지 전혀 모르고 하는 짓입니다. 동학농민혁명 참여자의 명예를 회복시키겠다는 취지라니 우리 국민은 동학농민혁명의 역사적 의미를 잘 알고 있고, 학교에서 제대로 교육해왔습니다. 국민들이 동학농민혁명 참여자를 경멸이라도 했단 말입니까, 명예회복이라니요? 참여자를 국민들이 명예롭게 여기고 있는데, 무슨 회복이라는 것인지 알 수 없는 노릇입니다. 100년도 더 지난 시대에 모든 참여자의 유족을 옳게 찾아낼 수도 없거니와, 또 그것이 무슨 추가적인 의미가 있는지 의심스럽습니다. 후대에서

---

20 조선일보 2005.12.28

그 역사적 가치를 제대로 평가하는 것으로 충분합니다. 그렇게 졸속으로 진행하다 보니 최시형, 손병희 선생의 이름이 빠지는[21] 웃지 못할 해프닝도 벌어졌습니다. 고손^{高孫} 자녀까지 유족으로 등록 신청 접수를 받는다니, 아예 '임진왜란 참여자 등의 명예회복에 관한 특별법'을 만들어 의병으로 활약했던 조상의 이름과 그 유족을 찾아 등록 신청 접수는 왜 아니 받는가 묻고 싶습니다. 혈세 낭비도 이런 낭비가 있을까요.

국가인권정책

2006-01-11

수능출불유호 하막유사도야[22]
誰能出不由戶 何莫由斯道也

"누구인들 밖으로 나갈 적에 문^門을 경유^{經由}하지 않고 나갈 수 있겠는가? 그런데 어찌하여 이 도^道를 따르는 이가 없는가?" 공자는 모든 행동을 도에 따르면 아무 무리가 없다고 강조한다.

국가인권위원회가 2006년 1월 9일 공무원과 교사의 정치활

---

21 조선일보 2005.12.29
22 논어論語 옹야雍也

길 잃은 나의 조국

동 허용, 철도/수도/전기/통신의 공익사업장 파업에 대한 직권 중재제도의 폐지 혹은 축소를 권고하는 '국가인권정책 기본계획'을 확정했습니다. 집회와 시위에서 장소와 시간 제한의 폐지도 권고했습니다.[23]

공무원의 정치 활동을 허용한다면 자기가 지지하지 않은 정당이 정권을 잡으면 국가 일을 태만히 할 우려가 있습니다. 실제로, 2006년 5월 지방선거에서 공무원 선거중립의 원칙을 어기고 민주노동당을 지원한 전국공무원노동조합은 2006년 8월 17일부터 시작된 을지포커스렌즈Focus Lens 연습을 폐지하라는 성명聲明을 냈습니다.[24] 이 성명서 발표는 국가에게는 유사시를 대비해야 할 국방의 책무가 있다는 당위성을 부정하는 행동입니다. 교사도 마찬가지로 자신이 지지하는 정당의 이념을 학생들에게 교육시킬 우려가 있습니다.

집회와 시위의 자유를 최대한 보장하는 것은 자유민주주의 사회에서 매우 중요합니다. 그러나 일반 시민들이 피해를 입지 않도록 최소한의 장치를 마련해놓아야 합니다. 무관한 시민의 권리 또한 보호받아야 하며, 무한정한 방임은 진정한 의미의 자유와는 다르기 때문입니다. 남에게 피해를 입히지 않으면서 자신의 주장을 표현하는 것이 예禮에 합당할 것입니다. 반대로 남에게 피해를 줄 수 있다는 이유로 무조건 집회와 시위의 자유를

23 조선일보 2006.1.11
24 조선일보 2006.8.21

억압하는 것은 국민의 언로言路를 막는 독재의 한 형태입니다. 무고한 시민이 피해를 입지 않으면서 집회와 시위의 자유가 최대한 보장되는 중용의 도道를 찾는 건 그렇게 어려운 일이 아닐 겁니다.

철도/수도/전기/통신 등 공익사업이 파업으로 마비되면 노동자 개개인의 이익을 위해 전체 국민의 국익이 손실을 입을 수 있습니다. 따라서 파업을 무조건 억제하거나 지나치게 허용하는 것 모두 중용을 벗어난 일입니다. 바람직한 일은 파업을 미연에 예방하는 것입니다. 즉 공기업은 경영을 개선하고 노동자의 권익과 복지를 배려하는 자세를 늘 견지하여 노사勞使간의 갈등을 미리 방지한다면 노사 모두 상생하고 공기업과 국민 모두가 이익을 잃지 않을 것입니다.

제주국제자유도시

2006-05-18

인무원려 필유근우[25]

人無遠慮 必有近憂

[25] 논어論語 위령공衛靈公

길 잃은 나의 조국

"사람이 멀리 헤아리지 아니하면 반드시 근심이 가까운 데 온다."

제주특별자치도의 산하기관인 제주국제자유도시개발센터 (Jeju Free International City Development Center＝JDC)가 'Excuse Me Mr. Singapore'라는 문구로 이코노미스트지에 전면 광고를 낸 바 있는데 표현이 조금 낯간지럽습니다.[26]
"싱가포르 씨 미안해요. 왜냐하면, 제주가 아시아의 다음 번 국제도시가 되려고 도약할 목표를 갖고 있거든요. 한국의 가장 아름다운 섬 중 하나인 제주는 미래의 도시이자, 동북아시아의

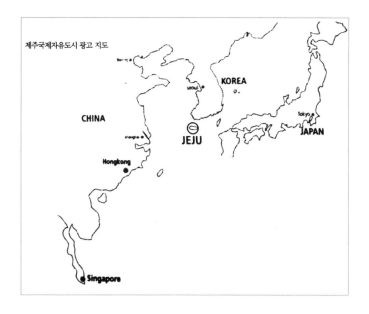

제주국제자유도시 광고 지도

KOREA
seoul
CHINA
JEJU
Tokyo
JAPAN
Hongkong
Singapore

---

26 이코노미스트지 2006.5.8 광고

중심이지요. 제주국제자유도시는 모든 방문자의 요구를 들어주기 위하여 관광, 레저, 물류物流, 기술 자원을 갖춘 미래의 도시로서, 이 지역을 이끌어나갈 거예요. 세계의 이목이 제주에 집중되어 있으며, 투자할 기회라는 게 확실해요."

함께 실린 아시아 지도는 세련되지 못해 말레이 반도는 괴발개발 그리고, Beijing, shanghai, Hongkong, Singapore, seoul, Tokyo 등 고유명사 표기에 통일된 대소문자 규칙도 없습니다. 심지어 대만 보다 제주도가 더 크게 보입니다.

무릇 일이나 물건은 다음의 세 가지를 만족시켜야 완성되는 것입니다. 그 세 가지란 기능, 견고성, 아름다움입니다. 첫째로 기능을 제대로 갖추어야 합니다. 자동차는 잘 굴러가야 하고 광고는 알리고자 하는 것을 제대로 전해야 하는 것이지요. 둘째로 튼튼해야 합니다. 새로 산 자동차가 한 달도 못 가 망가졌다면 그 자동차는 더는 팔리지 않을 것이며, 광고 문안의 글씨가 제멋대로라면 눈살이 찌푸려질 것입니다. 마지막으로 디자인이 아름다워야 합니다. 자동차가 멋있고, 휴대폰이 멋지고, 광고의 그림이나 사진 영상이 예뻐야 눈길을 끌 수 있는 것이지요.

옛사람들은 위 세 가지를 문질文質 두 가지로 축약해서 일을 수행했습니다. 문文이란 아름다움을 뜻합니다. 현대적으로 풀이하면 디자인이 문文에 해당한다고 할 수 있습니다. 질質은 품질을 뜻하는 말이니 위에서 언급한 기능과 튼튼함이 합쳐진 의미로 받아들이면 과히 틀리지 않을 것입니다. 그래서 문과 질이 함께 잘 갖춰진 물건을 높이 쳐주었습니다.

제주가 싱가포르가 될 수 없는 가장 큰 이유 중 하나는 무엇보다도 배후 기지가 빈약하다는 점입니다. 지리적으로 먼 배후 기지로 가려면 배나 항공기를 재차 이용해야 합니다. 중계무역을 위해 제주를 중간 기착지로 이용할 때도 이득을 볼 다른 도시가 한국, 중국, 일본 모두 별로 없습니다. 제주를 중간 기착지로 할 필요 없이 직접 물건을 주고받으면 오히려 쉽기 때문입니다. 제주도는 관광을 위해 자연환경을 보호해야 하므로, 배후 기지나 중계 무역을 위한 가공 공장 따위를 세우기가 곤란합니다. 물론, 환경친화적 기업이나 3차 산업을 유치하면 도움이 되겠으나, 얼마나 성공적으로 발전할지는 예측하기 어렵습니다. 제주 국제자유도시를 제안한 사람이 멀리 헤아리지 못한다면 가까운 시일 안에 근심 걱정이 닥쳐올 수 있습니다.

걸견폐요[걸지견가폐요 척지객사사자유]²⁷
桀犬吠堯[桀之犬可吠堯 跖之客司使刺由]
"걸왕의 개는 요임금 같은 성인을 보고도 짖는다."
"걸왕의 개는 능히 요임금을 보고 짖을 수 있고, 도척盜跖(대도
적)의 부하라면 허유許由(요堯임금이 왕위를 선양禪讓하려던 성인聖人)
를 찌를 수 있다." 하夏나라 마지막 왕인 걸桀은 폭군으로, 상
商나라를 세운 탕湯왕이 멸滅한다. 걸과 같이 주인이 좋지 않으
면 그의 개도 주인을 따라 심성心性이 나빠진다는 뜻이다.

SBS 방송이 1998년 10월 방영했던 국군포로 장모某 씨 북한
탈출기를 재방송했습니다.²⁸ 그 내용 중에는 장씨가 "국군포로
인데 좀 도와줄 수 없는가 해서…"라고 전화했더니, 주중 대사관
직원이 "없어요"라고 답하는 대화가 들어 있습니다. 그 여직원
은 업무 보조 직원이었다는데, 평소에 대사관이 외교 업무를 수
행하는 과정에서 윗사람부터 따뜻한 마음을 가지고 국민을 대하

---

27 사기史記 회음후전淮陰侯傳, 사마천司馬遷; 吠 짖다 한漢나라 추양鄒陽이라는 사
람이 간사한 무리들의 중상모략으로 아무 죄 없이 감옥에 갇혔다. 옥중에서 자신
의 억울함을 편지로 호소하였는데 그 내용 속에서 간사한 무리를 걸왕의 개와 도
척의 부하로 묘사했다.

28 SBS 2006.11.23

길 잃은 나의 조국

는 모습을 보였다면, 말단 보조 직원이라도 이런 행태를 보이지
는 않았을 것입니다.

성매매

2006-12-26

천질귀문[29]
賤質貴文
"실질을 천시하고 겉꾸밈을 귀하게 여긴다."

문부족이화민[30]
文不足以化民
"겉꾸밈은 백성을 교화시키기에 부족하다."

여성가족부가 2006년 연말 송년회에서 성매매를 하지 않겠
다는 약속을 한 성인 남성들에게 세금으로 마련한 현금과 상품
권을 회식비로 주는 송년 이벤트 행사를 기획했습니다. 12월
6~26일 인터넷에서 '성매매 예방 다짐 이벤트-건전한 회식문화
를 약속해줘' 이벤트를 찾을 수 있는데, 온라인 서명을 많이 한

---

29 도덕경道德經 하상공장구河上公章句 속박俗薄, 노자老子
30 도덕경道德經 하상공장구河上公章句 환순還淳, 노자老子

참가팀에게 1등 100만원, 2등 2팀 각 50만원, 총 360만원의 상금 내지 상품권을 준다고 합니다.[31] 성매매를 하는 송년회가 얼마나 있는지 모르지만 극히 드물 터인데, 우리나라 남성 전체가 윤리적으로 모독당한 듯해 언짢습니다. 이 같은 황당한 발상으로 혈세를 가지고 선심을 쓰려다가 반대 여론에 부딪쳤습니다. 이런 이벤트성 행사야말로 전시 행정의 표본이라 하겠습니다. 겉꾸밈으로는 국민을 교화敎化시키는 효과를 거둘 수 없는 법이지요.

국정 홍보

나라의 지도자가 무슨 일을 하려고 할 때 국민이 믿고 따라주어야 그 일을 성공시킬 수 있습니다. 국민이 믿지 않아 따르지 않으면 아무리 좋은 정책도 실천할 수 없는 게 당연하지요. 그러므로 지도자는 국민에게 신의가 있어야 합니다. 신의가 없으면서 믿어달라고 하면 국민이 어떻게 믿을 수 있겠으며, 국민에게 따라오라고 한다고 어떻게 따라가겠습니까.

---

31 조선일보 2006.12.26

지도자가 국민을 따라오게 하려면 다음의 세 가지를 만족하여야 할 것입니다. 첫째 신의가 있어야 하고, 둘째 올바른 일이어야 하며, 셋째 지도자가 덕이 있어야 합니다. 이 세 가지가 다 만족돼야 일이 이루어집니다. 덕이 없는 지도자는 강압적으로 밀어붙이면서 일을 진행하려 합니다. 신의가 없으면 옳은 일도 국민이 믿지 않습니다. 그릇된 일을 국민에게 시키려면 국민을 속여야 하는 것이고요. 그러나 국민은 한 번 속지 두 번 속지 않는 법입니다. 위의 세 가지를 만족시키지 못하면서, 국민에게 선전 홍보를 한다고 일이 이루어질 거라고 생각한다면 오산誤算입니다. 위의 세 가지를 만족시키면서 홍보를 해야 제대로 이루어집니다.

국정홍보처

2006-04-07

　　국정홍보처는 2006년 1월부터 e-PR 시스템을 가동해 공기업이 내는 광고까지 보고토록 하고 있습니다.[32] 어느 언론 매체에 얼마나 광고를 내는지 파악하려는 의도입니다. 광고가 언론사의 주요 수입원이므로 만약 광고비를 가지고 언론사에 영향을

---

32 조선일보 2007.3.22

미치려 한다면 유치한 발상이라고 할 수 있습니다. 아니면 할 일이 없어서 괜한 일을 만들어서 하는 것은 아닌지요.

고알지풍불가장[33]

告訐之風不可長

송宋나라 철종哲宗이 말하기를, "고발하는 풍조는 기르지 말라" 하였다.

민주 사회가 발전하고 성숙하려면 건전한 비판과 생산적인 고발은 꼭 필요한 일이다. 그러나 남을 헐뜯고 중상하는 고발이 만연해지면 인정이 메마르고 사람 사이의 화합이 깨지며 사회 발전 동력이 아깝게 낭비된다.

국정홍보처는 2006년 2월, 3월 두 차례 모든 부처에 "댓글 달기를 점검해 부처 평가에 반영할 예정이라고" 공문을 보냈다 합니다.[34] 그리고 같은 해 4월 국정홍보처는 정부부처에 '부처 의견달기 표준안' 공문을 보내 언론 보도에 댓글을 다는 식으로 적극적인 대응을 하도록 했습니다. 그해 8월에는 '정책기사 점검시스템'을 데이터베이스database화했고, 여기에는 언론 보도에 관하여 어떻게 대응했는지 '정정 신청', '정정 소송', '반론 신청', '반론 소송', '손해 배상' 등으로 분류하도록 되어 있다고 합니다.[35] '2006 정책 홍보 관리 평가 매뉴얼'에는 '정책기사 점검시스템'에

---

33 송명신언행록宋名臣言行錄 소송蘇頌, 주희朱熹; 訐 들추어내다
34 조선일보 2006.4.7
35 조선일보 2006.9.28

부당하다고 생각되는 언론 보도를 신고하면 점수를 주는 점수제를 실시한다고 쓰여 있습니다.

쓸데없는 일을 만들어서 하는 것을 보니 국정홍보처에는 잉여 공무원 인력이 많은 것 같습니다. 필요 없는 공무원은 월급을 받기 미안해서 불필요한 일을 만들어내는 경향이 있지요. 국정홍보처는 2008년 2월 정권이 바뀌면서 문화체육관광부로 흡수되어 사라졌습니다.

개헌

민력진어무용…환야[36]

民力盡於無用…患也

"백성들의 힘을 쓸데없는 곳에 다 소진消盡해버리면…국가에 환난患難이 온다."

2007년 1월 10일 청와대 홍보수석비서관은 브리핑에서 "대통령이 4년 연임제 개헌안을 발의하게 될 것"이라고 말했습니

[36] 묵자墨子

다.[37] 시기적으로 뜬금없는 개헌 발의가 아닐 수 없습니다. 민정수석비서관은 라디오에서 "진정성이 밝혀지면 국회와 국민이 지지하리라"고 말했습니다. 개헌안 내용이 맞더라도 모든 일에는 시기라는 것이 있는 것인데, 여론조사 결과 현행 헌법을 손질할 필요가 있다는 국민은 꽤 되지만, 지금 당장 노 대통령 임기 내에 하자는 것에 관해서는 국민의 2/3가 반대했습니다. 괜한 시점에서 쓸데없는 논의에 국민을 휩싸이게 해 시간과 국력을 낭비하는 건 아닌가 싶습니다.

국정홍보처는 2007년 3월 7일 홍보 문안 샘플과 함께 협조요청 공문을 문화재청에까지도 보내 느닷없이 개헌 홍보 이메일 '개헌, 더 나은 미래를 위한 선택입니다'를 정책 고객(일반 국민)에게 보내도록 요구했다고 합니다.[38] 이렇게 정부 전 부처를 동원해 국민에게 개헌 홍보 이메일을 발송한 양이 총 341만 건에 달했답니다.[39] 국정홍보처는 또한 홍보물 제작과 배달에 세금 2억 2000만 원을 들여 개헌 홍보물 85만 부를 신문에 끼워 가정에 배달하고 인터넷 포털 사이트에 배너 광고를 내고 개헌 전용 홍보 사이트도 개설했습니다.

정부 관계부처 합동 헌법개정추진지원단은 2007년 3월 26~

37 조선일보 2007.1.11
38 조선일보 2007.3.21
39 국세청 141만여, 농촌진흥청 11만여, 병무청 10만여, 해양수산부 10만여, 보건복지부 10만여, 문화재청 9만여, 정보통신부 8만여, 행정자치부 8만여, 국정홍보처 8만여, 여성가족부 8만여 건.

길 잃은 나의 조국

29일 강원도부터 시작해서 전국 12개 지역별 토론회를 개최하는데 3월 15일 개헌토론회에는 참석자가 부족해 공무원까지 동원되었습니다.[40] 국민 2/3가 개헌을 하려면 다음 정권에서 하는 게 낫다고 생각하고 있고 국가 채무는 느는데 국민의 힘을 쓸데없는 곳에 소진시키고 혈세를 불필요한 곳에 낭비하고 있습니다.

공복 公僕

배녹이향의[41]

倍祿而鄕義

"녹祿을 배반하고 의義를 따름"

묵자가 그의 제자 고석자高石子를 위衛나라 관직에 추천했더니 위왕은 고석자에게 후한 녹과 높은 벼슬을 주었습니다. 고석자가 위나라를 위하여 성심성의껏 여러 차례 충언을 올렸지만 위왕이 그의 진언進言을 받아들이지 않자 고석자는 할 수 없이 벼슬에서 물러나 묵자에게로 돌아왔습니다. 고석자는 자신의 능력을 위나라를 위하여 쓸 수 없자 많은 녹만 받아먹고 지내는 것이 옳

---

40 조선일보 2007.3.26
41 묵자墨子

지 않다고 생각해 사직한 것입니다. 묵자는 그의 제자에게 후한 녹을 마다하고 의를 따랐다고 치하했습니다. 그러나 세상에는 예나 지금이나 그 반대로 소신^{所信}과 의를 죽이고 돈을 좇는 벼슬아치가 훨씬 많은 것 같습니다.

군자지사야 위의불위리[42]
君子之仕也 爲義不爲利

장유^{張維}가 여주 목사^{牧使}로 나가는 오숙우^{吳肅羽}를 위하여, "군자가 벼슬을 하는 것은, 의를 위한 것이지 이익을 위한 것이 아니다"라며 송별해주었다.

요즈음 공직자들은 높은 자리에 임명되면 스스로 고관대작^{高官大爵}에 올랐다고 어깨와 목에 힘을 잔뜩 주고 행세를 하려 듭니다. 당^唐나라 때 양분^{楊賁}은 그의 시 '시흥^{時興}'에서 '귀한 이들 옛날 귀해지기 전에는 모두 다 빈한한 사람들을 돌보겠다고 원했었지. 자신이 높은 자리에 오르게 되고서는 어찌 일찍이 평민들을 돌보았으리'라고 읊고 있습니다.[43] 고위 공직자들도 공직에 처음 들어섰을 때에는 가난하고 미천한 국민들을 돌보겠다고 마음속으로 다짐했을 것입니다. 그렇지만 높은 자리에 오르고 나면 서민들 돌보는 마음이 식어버리는 걸까요.

---

42 계곡집谿谷集, 장유張維; 仕 벼슬

43 고문진보古文眞寶; 양분楊賁 '시흥時興' '귀인석미귀 함원고한미 급자등추요 하증문포의 貴人昔未貴 咸願顧寒微 及自登樞要 何曾問布衣' 寒微 가난하고 미천한 사람, 樞要 높은 벼슬자리, 布衣 평민이 입는 옷

　　　　　　　　　　　　　　길 잃은 나의 조국

공무원은 위나 아래나 모두 법치法治와 국민에 복종하는 공복[44]임을 한시라도 잊지 말아야 합니다. 특히, 공무公務를 수행하는 과정에 사사로운 인적私的 네트워크network의 이권利權을 도모하는 일을 해서는 안 됩니다. 사익私益을 멀리하고 의義를 따르는 정신 자세로 근무해야 하는 직분이 바로 공무원입니다.

유공즉생명 유염즉생위[45]
惟公則生明 惟廉則生威
"오직 공정하면 밝은 지혜가 생기고, 오직 청렴하면 위엄이 생긴다."

공인公人이 부정 부패로 오염되면 마음이 탁해져 명철한 판단이 어려워 지고, 청렴하면 오히려 마음이 떳떳하고 자신이 있어 남이 함부로 하지 못할 위엄이 저절로 드러나는 것이지요.

이이옥위보 아이불수자옥위보[46]
爾以玉爲寶 我以不受子玉爲寶
"너는 옥을 보배로 여기지만, 나는 네게서 옥을 안 받는 것을 보배로 여긴다."

---

44 고문진보古文眞寶; 당唐나라 문학가 유종원柳宗元[당송8대가 중 한 사람]이 다른 곳으로 전근을 가는 설존의薛存義에게 준 '송설존의서送薛存義序' 라는 글에서는 공무원의 직분을 '백성의 일꾼' (민지역民之役) 이라고 표현하고 있다.

45 채근담菜根譚, 홍자성洪自誠

46 한비자韓非子 유로喻老

춘추전국시대에 송末나라의 어떤 사람이 옥玉을 얻자 이를 송나라의 재상인 자한子쭈에게 갖다 바쳤습니다. 자한은 이를 물리치면서 옥을 안 받는 것이 자신에게는 보배라고 말했습니다. 우리나라의 고위 공직자를 비롯한 공무원들이 자한의 말에 대하여 어떻게 생각할지 몹시 궁금합니다.

2008년 국제투명성기구(Transparency International)에서 발표한 부패지수(corruption perceptions index=CPI)는 한국이 10점 만점에 5.6점을 기록해 부패지수를 기준으로 한 국가별 청렴도 순위에서 180개 조사 국가 중 40위를 차지했습니다.[47] 동방예의지국東方禮義之國이라는 우리나라로서 부끄러운 일입니다. 뇌물을 거절하는 것을 자신의 보배로 삼는 사람이 많을수록 건강한 사회라고 할 수 있을 것입니다.

아서앤더슨

2006-04-01

견득사의[공자왈, 군자유구사 시사명 청사총 색사온 모사공 언사충
見得思義[孔子曰, 君子有九思 視思明 聽思聰 色思溫 貌思恭 言思忠
사사경 의사문 분사난 견득사의][48]

---

47 http://www.transparency.org/news_room/in_focus/2008/cpi2008/cpi_2008_table
48 논어論語 계씨季氏; 聽 똑똑하다, 貌 모습, 恭 화나다

事思敬 疑思問 忿思難 見得思義]

군자의 9가지 마음가짐인 구사九思의 하나로서, "뭔가를 얻게 될 때는 의로운가를 생각해야 한다"는 말이 있다. 공자께서 말씀하였다. "군자는 명심해야 할 바가 아홉 가지 있는데, 눈으로 볼 때에는 밝아야 할 것이고, 듣는 데는 똑똑히 들어야 할 것이고, 안색은 온화할 것을 생각하고, 용모는 공손할 것이고, 말할 때는 진실됨을 생각하고, 일을 할 때에는 공경스러움을 생각하고, 의심이 나는 것은 물어볼 것이고, 성이 날 때는 화를 낸 다음에 처할 어려움을 생각하고, 뭔가를 얻게 될 때는 의로운가를 생각해야 한다."

아서앤더슨Arthur Anderson 코리아 측이 2000년 시드니올림픽 때 전 재정경제부장관 등 전직 고위 경제 관료와 모某 투자증권 사장을 부부 동반으로 초청해 경비 전액을 부담하며 올림픽 참관을 주선했다고 합니다.[49] 세계적인 회계 컨설팅 업체인 미국 아서앤더슨 본사가 올림픽을 후원하면서 마련한 전 세계 고객을 초청하는 행사에 포함하여 한 것이라고 합니다.

가이취 가이무취 취상렴[50]

可以取 可以無取 取傷廉

"받아도 되고 안 받아도 될 때, 받으면 청렴을 해치게 된다."

---

49 조선일보 2006.4.1
50 맹자孟子 이루장구離婁章句

공정거래위원장

내기선악우민 내봉기동 여회신하급[51]

乃旣先惡于民 乃奉其恫 汝悔身何及

상商나라 왕 반경盤庚이 신하들에게 훈계하기를, "그대들이 이
미 백성들에 앞서 악을 행하여, 백성들을 상심케 하고 있으
니, 그대들이 후회한들 어찌 하리오"라 하였다.

SK텔레콤 회사가 기업결합 심사를 선처해달라고 공정거래위
원장에게 청탁하자, 그는 2002년 9월 SK텔레콤 회사로 하여금
자신이 다니는 절에 10억 원을 시주토록 했다고 합니다. 2006년
6월 15일 대법원은 '특정 범죄 가중 처벌 등에 관한 법률'상 뇌물
혐의로 전 공정거래위원장에게 징역 2년 6월, 집행유예 3년을
선고한 원심을 확정했습니다.[52] 그야말로 공정해야 할 공정거래
위원장이란 사람이 국민에 앞서서 부정을 저지르니, 국민은 상
심하고 자신은 유죄 판결을 받고 뒤늦게 과오를 후회한들 무슨
소용이 있겠습니까.

---

51 서경書經 상서商書; 恫 상심하다
52 조선일보 2006.6.16

길 잃은 나의 조국

대법원장

2007-01-05

인지과야 각어기당 관과 사지인의[53]
人之過也 各於其黨 觀過 斯知仁矣
"사람의 과실過失은 각기 그 종류대로 하는 것이니, 그 사람의
과실을 보면 인仁을 알 수 있다."

변호사 시절 세금 2,700만 원을 탈루脫漏한 대법원장이 탈세
가 아니라 세무사 과오에 의한 신고 누락이라고 하였답니다.[54]
대법원장은 "세금 다 내고 남으면 교회에 십일조를 냈으며 그 나
머지를 내 돈이라고 생각했다" "신앙인으로서, 예수를 믿는 사
람으로서 돈을 어떻게 관리해왔는지 이해해 달라. 속인 일이 없
다"고 했다는데, 신앙을 내세워 남들로 하여금 자신을 믿도록 하
는 수사修辭입니다.

가인街人 김병로 초대 대법원장은 법관 기본 자세의 첫째로 세
상 사람으로부터 의심을 받아서는 안 된다는 점을 강조하였습니
다. 법의 심판을 내리는 법관은 공적으로나 개인적으로 한 점의
의혹도 없어야 국민들이 판결을 전적으로 믿고 마음으로부터 승
복할 것이기 때문입니다.

---

53 논어論語 이인里仁
54 조선일보 2007.1.5

그는 대법관에서 퇴임한 후 변호사로 5년간 약 60억 원에 달하는 변호사 수입이 있었다고 하니,[55] 서민들이 볼 때에는 대단한 고소득이 아닐 수 없습니다. 2006년 2월 말 고위 법관 재산 공개에서도 그는 38억532만 원을 신고해 사법부 내에서 2위에 올랐습니다.[56] 2006년 9월 21일에는 대한변호사협회에서 그의 '즉각 자진 사퇴'를 요구하는 성명서를 발표한 바 있습니다.[57]

---

55 조선일보 2007.1.11

56 문화일보 2006.2.28

57 대한변협 성명서 2006.9.21 'ooo 대법원장은 즉각 자진 사퇴하라' "법조비리사건으로 법조계 모두가 책임을 공감하고 자정해야 할 때 사법부의 수장인 대법원장이 법원과 검찰, 변호사의 역할을 무시하고 법조삼륜이 유지해온 사법질서를 근본적으로 부인하는 발언을 한 것은 매우 유감이 아닐 수 없다. 법원과 검찰은 국민의 기본적 인권을 옹호하고 사회정의를 실현하는 데 노력해왔으며, 변호사 단체는 인권단체로서 우리나라 민주주의 발전을 위해 기여해왔다. 그럼에도 대법원장이 법원은 정권유지의 수단에 불과했고, 검찰의 수사기록을 던져버려야 한다고 하며, 변호사들이 만든 서류는 사람을 속여 먹으려고 말로 장난치는 것이 대부분이라는 일련의 발언을 한 것은 우리나라 법조 전체의 질서를 파괴하는 것이므로 사법부의 수장으로서 사법부를 책임지고 이끌 자격과 능력에 대해 의구심을 갖지 않을 수 없다. 이에 우리는 ooo 대법원장이 취임 이래 계속되어온 부적절한 발언으로 사법 전체의 불신을 초래해온 데 대해 책임을 지고 즉각 자진 사퇴할 것을 촉구한다."

철도

2007-01-23

법불아귀 승불요곡[58]

法不阿貴 繩不撓曲

"법은 귀함에 아부하지 않고, 나무가 굽었다고 먹줄을 구부려 긋지 않는다." 목수가 먹줄을 그을 때, 나무가 굽었다고 해서 구부려 긋지 아니하듯이 권력이나 금력을 가지고 있는 자에게 법을 왜곡해서 적용해서는 안 된다.

2010년 이후 완공 예정인 '부산 신항만 배후 철도 및 경전선 복선화 사업'에서 삼랑진역에서 출발하는 경전선 부산 신항만 배후 철도가 본래의 직선 코스[한림정역-진례역]에서 노 대통령의 고향인 봉하마을 부근을 거쳐서 돌아가는 노선[진영역 신설]으로 변경된다고 합니다.[59] 현재 진영역에는 KTX(고속철도) 열차도 정차하고 있습니다. KTX가 운행하려면 구불구불한 철로도 펴야하는 판인데 직선 노선을 구불구불하게 만드는 욕심은 어디서 나온 걸까요. 일찍이 훌륭한 왕은 자신의 고향 마을 옆으로 기찻길이 지나가도록 철로를 구부리고 역을 짓자는 간신배들의 아첨을 물리쳤을 것입니다. 눈에 보이지 않게 과잉 충성하는 관료나 철도공사의 힘으로 기차 노선이 휘어지는 경우가 현 시대에 버

---

58 한비자韓非子 유도有度; 繩 먹줄 撓 구부러지다
59 조선일보 2007.1.19.

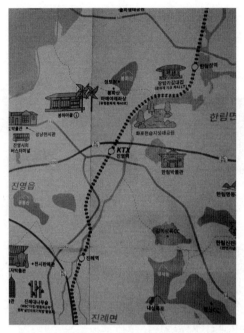

한림정역과 진례역 구간 철도가 굴곡져있고 진영역 좌편으로 봉하마을이 보인다.

자료; 김해 가이드맵

젓이 일어나고 있군요.

한국철도공사의 부채는 2005년 5조7,995억 원에서 2007년 5조9,485억 원으로 늘어났습니다. KTX 건설 때문에 생긴 부채와 이자, 매년 철도를 운영하면서 생기는 부채, 여기에 앞으로 KTX 2단계 공사비가 추가되면서 발생할 부채까지 포함해 2020년에는 30조 원이 되리라고 추정하고 있습니다.[60] 적자는 2005년

60 조선일보 2006.1.26

길 잃은 나의 조국

6,061억 원, 2006년 5,259억 원, 2007년 2,404억 원(경영 적자)으로 아직 경영상 흑자를 내지 못하고 있습니다.[61] 만약에 훗날 최악의 경우 철도공사가 파산할 지경에라도 이르면 일부 나뉘어 사영화私營化[62] 혹은 외국 자본에 팔릴지도 모르겠습니다.

맺음말

위정자는 사私를 버리고 의義를 따라야 합니다. 그런데 겉으로는 사리私利를 멀리하는 척하지만 속으로는 사리를 취하는 위선僞善을 행하며 오히려 큰소리를 치는 고관대작들이 세상에는 참으로 흔합니다. 그렇게 교활한 사람들이 지도층에 올라앉아 있으면 사회가 오염이 되고 혼탁해져 백성들도 물들어가기 시작합니다. 정치를 깨끗하게 만드는 것이 그래서 중요한 것입니다.

문지불약견지 견지불약지지 지지불약행지[63]
聞之不若見之 見之不若知之 知之不若行之

---

61 문화일보 2008.10.15
62 공기업에 대對하는 말이 사기업이듯이 'privatization'을 여기서는 '민영화'보다는 '사영화'로 번역한다.
63 순자荀子 유효儒效

"듣는 것은 보는 것만 못하고, 보는 것은 아는 것만 못하고, 아는 것은 행하는 것만 못하다."

그렇다면 썩은 당사자들에게 세상을 깨끗하게 만들어달라고 요구해야 옳은 일일까요? 자정自淨 능력이 없는 위선자들에게 정화 작업을 맡기는 것은 도둑에게 흙 묻은 보석을 씻어달라고 맡기는 것과 다르지 않을 겁니다. 아는 것은 행하는 것만 못하다고 했으니 지행합일知行合一의 정신으로 아는 것을 행동에 옮겨야 할 것입니다.[64] 썩은 사회를 정화시키려면 국민이 행동해야 합니다. 국민들이 직접 보석을 씻어야 하는 것입니다. 정화 작업을 위선자들에게 맡겨서는 영원히 깨끗해질 수 없습니다. 국민이 나서서 직접 정치를 깨끗이 씻어야 사회가 다시 맑게 환원되는 것입니다.

---

[64] 송宋나라 주자朱子에 의해 성립된 성리학性理學에 대응하여 명明나라 왕양명王陽明이 세운 유학철학인 양명학陽明學에서는 지행합일을 가르치고 있다.

길 잃은 나의 조국

제10장

언론

처음말

광언로이집선책[1]

廣言路以集善策

"언로言路를 넓혀서 좋은 계책을 모으다."

창언[시이고지성왕 혹배창언 혹상간신 이차권지 유함묵불언 여한
선자][2]

昌言[是以古之聖王 或拜昌言 或賞諫臣 以此勸之 有含默不言 如寒
蟬者]

"이치에 맞는 말"

홍문관弘文館 이창신이 성종 임금에게 언로를 막아서는 안 된다
고 말하면서, "그러므로 옛 성왕聖王은 창언昌言을 해준 사람에
게 절을 하기도 하고 (충언을 해준) 간신諫臣에게 상을 주기도
했던 것입니다. 이렇게 볼 때, (그 반대로) 가을철에 울지 않는
매미처럼 입을 다물고 말하지 않는 자도 있다는 것입니다."

예전에는 훌륭한 신하들로부터 좋은 의견을 많이 들어서 정
치를 해야 올바른 정치를 할 수 있었으므로, 옛 성왕들은 충언忠

---

1 율곡전서栗谷全書, 이이李珥
2 조선왕조실록朝鮮王朝實錄 성종실록成宗實錄; 諫 간하다, 蟬 매미

길 잃은 나의 조국

른을 해주는 신하를 대단히 존중했습니다. 이렇게 하려면 언로言
路가 활짝 열려 있어야 합니다. 현대에는 수많은 인재에게 좋은
의견을 직접 다 들을 수 없으므로, 간접적으로 언론을 통하여 의
견을 수렴하는 것이 매우 중요해졌습니다.

언론은 새로운 소식과 정보를 제공하며, 여론을 알리는 언로
의 구실을 합니다. 또한 사회의 다양한 권력, 특히 정치와 돈의
권력을 견제하고, 대중을 계도啓導하는 기능도 담당합니다. 이러
한 역할을 하다 보니 언론의 힘이 점점 막강해져 민주 사회에서
는 언론을 행정부, 입법부, 사법부 다음의 제4부라고 부르기도
합니다.[3]

상하불교이천하무방야[4]
上下不交而天下无邦也
"상하가 사귀지 못하면 천하에 나라가 없어진다."

언로가 막혀 상하가 통하지 않거나, 위정자가 오만해 국민의
소리에 귀를 기울이지 않고, 금권자金權者가 교만하여 서민을 업
신여기면 상하上下가 멀어져 세상에서 나라가 없어지고 맙니다.
이렇게 어지러운 세상에서는 실권實權을 소인배가 잡고 있으며

---

3 고문진보古文眞寶; 두보杜甫는 '취가행醉歌行' 시詩에서 '글의 근원은 삼협三峽의
  물을 거꾸로 흐르게 하고, 붓의 진영은 홀로 천 명의 군대를 쓸어버린다'(사원도류
  삽협수 필진독소천인군 詞源倒流三峽水 筆陣獨掃千人軍) 고 하여 글의 위력을 읊고
  있다.
4 주역周易 천지비天地否 괘; 无 없다

군자는 밖으로 밀려나 있습니다.[5]

상하교이기지동야[6]
上下交而其志同也
"상하가 사귀면 뜻이 같아진다." 즉 상하가 가까워지면 인군
人君과 백성 사이에 뜻이 같아진다.

상하 사이에 언로가 열려 있어 소통이 원만한 세상에서는 백
성의 뜻이 위로 잘 올라가고 위의 뜻이 백성에게 잘 전달됩니다.
이렇듯 상하가 서로 사귀면 함께 추구하는 뜻이 같아질 수밖에
없으니 모든 일이 형통하고 태평한 세상이 될 것입니다. 이런 세
상에서는 군자가 실권을 잡고 있어 소인배는 자연히 밖으로 사
라집니다.

언론의 순順기능은 바람직하지만 이에 못지않게 역逆기능 또
한 만만치 않습니다. 여론 조작이나 사실 왜곡, 오도誤導 같은 역
기능은 언론 스스로 행하는 경우도 있고, 언론을 악용하려는 세
력에 의해 조종되기도 합니다. 언론의 역기능으로 말미암아 상

---

5 고문진보古文眞寶; 한漢나라 가의賈誼가 귀양을 가면서 초楚나라 굴원屈原이 귀양
길에 스스로 빠져죽은 멱라수에 이르러 굴원을 애도하며 '조굴원부弔屈原賦' 라는
시를 지었다. 그 시에서 '난새와 봉황은 엎드려 숨어있고 솔개와 올빼미는 드높이
날개치네' (난봉복찬혜 치효고상 鸞鳳伏竄兮 鴟鴞翺翔) 라고 읊으며 간악한 소인배
들이 날치니 현인은 숨어 지낸다고 비유하고 있다. 鸞鳳 난새와 봉황, 竄 숨다, 鴟
鴞 솔개와 올빼미, 翺 날다, 翔 날면서 돌다
6 주역周易 지천태地天泰 괘

길 잃은 나의 조국

하가 소통되지 아니하면 사회는 분열이 조장되고 망국亡國의 길
은 가까이 옵니다.

언론 지원

2005-06-14

속혹어변의[7]

俗惑於辯矣

"세속은 변론에 미혹된다."

세속의 사람들은 변론을 쉽게 믿는 경향이 있다. 특히나 언론에
난 기사는 더욱 그러하다. 그렇기 때문에 위정자들은 언론이
자기 구미에 맞는 말을 하도록 길들이고 싶어 하는지 모른다.

신문유통원이라는 조직을 만들기 위해 6개 일간신문이[8]
2008년까지 4년간 1,651억 원의 투자 및 운영 자금을 정부에 요
청했습니다.[9] 신문유통원 설립 준비 예산은 1,178억 원쯤 든다
고 하는데, 국고에서 2009년까지 930억 원을 지원한다고 합니
다.[10] 언론기관이 자신의 신문을 독자들에게 배포하기 위해 연합

---

7 장자莊子 거협胠篋

8 경향신문, 국민일보, 문화일보, 서울신문, 세계일보, 한겨레신문

9 조선일보 2005.6.14

10 조선일보 2005.8.31

하여 유통 조직을 만든다면 그에 필요한 돈은 의당 해당 신문사들이 부담하여야 하나, 정부에게 국민의 세금으로 도와 달라고 하는 것이 과연 옳은지 의문입니다.

문화부는 2005년 11월 산하기관으로 신문유통원을 설립하고, 여기서 2006년부터 신문공동배달센터를 세금으로 운영하기 시작했습니다. 친여 성향을 보이는 신문의 배달을 국가 세금으로 지원한다는 것은 국민을 친 정권적인 여론에 가까이하게 하려는 의도라고 볼 수 있습니다. 언론 사업을 선교의 의도도 가지고 운영하는 신문사의 경우에 정부가 도와주면 국민의 세금을 종교 활동에 쓰는 셈이 되어 정교政敎 분리를 명시한 헌법 정신과 어긋난다고 할 수 있습니다.

정부가 언론기관을 국민의 세금으로 도와줄 수 있는 '신문 등의 자유와 기능 보장에 관한 법률(신문법)'이 2005년 1월 참여정부의 주도로 만들어졌습니다. 언론의 기본 사명 중의 하나가 권력을 감시하고 비판하는 것일진대, 권력으로부터 재정 지원을 받으면 권력이 옳지 않은 짓을 할 때 날카롭게 비판하기가 힘들어질 가능성이 있습니다. 현대 정치에서는 여론의 중요성이 날로 높아져 언론의 권력이 막강한데, 언론이 정부의 비위를 맞추어 여론을 호도한다면 언론은 존립 자체의 이유가 줄어듭니다.

2006년 7월 4일 신문발전위원회는 전국 일간신문 2개사(한겨레신문, 경향신문)와 지역 일간신문 6개사(강원일보, 경기일보, 경남도민일보, 무등일보, 새전북신문사, 새충청일보), 인터넷신문 3개사

(이슈아이, 오마이뉴스, 프레시안), 잡지 1개사(민족 21) 등 12개 언론사를 '2006년 우선 지원 대상 사업자'로 선정하였습니다. 2008년도 지원 대상에는 헌금 수입이 많은 모某 대형 교회가 중심이 되어 설립한 것으로 알려져 있는 한 일간신문이 포함돼 있습니다.[11] 정치는 종교를 떠나야 하는데 종교단체와 특수한 관계에 있는 신문사에 왜 국민의 세금이 사용돼야 하는지 이유가 모호합니다.

언론사도 다른 기업과 마찬가지로 경영이 어려우면 구조조정이나 인수 합병, 통폐합 등을 고려하거나,[12] 경영을 호전시키기 위한 자구自救 노력을 기울여야 합니다. 국민의 세금으로 일부 적자를 메우기 위해 정부의 지원을 받는다고 해서 해당 언론 매체

11 2007년도 지원 대상 언론사; 일간신문 26개 (경향/경기/서울/한겨레/강원/경남도민/경남/경북매일/경상/광주/국제/대구/무등/부산/새전북/새충청/스포츠서울/인천/전남/전민/전북도민/제민/중부매일/중부/충북/한라), 주간신문 군포, 잡지 퍼스트데일리, 인터넷신문 15개 (뉴데일리/데일리서프라이즈/민중언론참세상/민중의소리/이데일리/이슈아이/인천뉴스/제주의소리/청주기별/충북넷/투데이코리아/파이미디어/폴리뉴스/프레시안/한국재경) 2008년도 지원 대상 언론사; 일간신문 24개 (경향/국민/서울/한국/한겨레/강원/경남도민/경남/경북매일/경상/광주매일/국제/기호/무등/새전북/인천/전남/전북도민/제민/중부매일/중부/충북/충청타임즈/한라), 인터넷신문 18개 (뉴데일리/데일리서프라이즈/데일리안/디트뉴스24/미디어제주/민중언론참세상/민중의소리/오마이뉴스/이데일리/인천뉴스/제주의소리/충북넷/코메디닷컴/파이미디어/폴리뉴스/프레시안/한국재경/헬로우디디)

12 언론사의 인수 합병이나 통폐합은 비슷한 논조를 띠는 회사 사이에 이루어지는 게 바람직하다고 할 수 있다. 예를 들어 우파적인 언론사가 좌파적인 언론사를 흡수 합병하면 다양한 여론을 반영하지 못할 우려가 높기 때문이다. 반대의 경우도 성립하지만, 원론적으로 다양한 여론 특히 소수의 의견, 서민의 의견이 개진될 수 있는 방향으로 인수 합병이나 통폐합이 이루어져야 할 것이다.

가 흑자로 돌아설 가능성은 희박해 보이는데 매년 그 지원을 어떻게 감당하겠다는 것인지 이해하기 어렵습니다. 더 나아가 재정 지원을 받은 언론사는 정권에 유리하도록 기사를 쓸 가능성이 있는데, 이는 참여정부가 언론 매체를 이용해 여론을 자신들에게 유리한 방향으로 이끌고 가기 위하여 노린 바라고 할 수 있습니다. 건전한 언론을 육성하기 위해서는 정부가 국민의 세금으로 경제적인 지원을 하는 것보다 국민들로부터 언론기관에 대한 재정적 후원을 이끌어내는 것이 바람직합니다.

언론과 정치

2005-09-23

십목소시 십수소지 기엄호[13]
十目所視 十手所指 其嚴乎

증자蘗子가 말하였다. "열 개의 눈이 보는 바이며, 열 손가락이 가리키는 바이니, 그것이 두려워할 만하다."

인간의 모든 행동은 하늘이 보고 땅이 보고 수많은 사람이 보고 있다. 따라서 군자는 자신의 큰 행동이거나 작은 행동이거나 모든 행동에 늘 성의를 다하는 것이다.

---

13 대학大學 성의誠意

2005년 5월 제2 창간을 내건 모某 신문사 제2창간위원에 청와대 정무특별보좌관, 청와대비서관, 해양수산부장관, 중소기업청장, 경찰청차장, 홍보처 홍보기획단장 등이 참가하고 있다고 합니다.[14] 불편부당不偏不黨해야 할 공무원이 특정 언론사를 지원하는 행위로 오해를 살 만합니다. 고위 공직자들은 이러한 행동을 국민들이 지켜보고 있다는 것을 기억해야 합니다. 그들은 사인私人으로서 행동할 수는 있어도, 공인公人의 직함을 가지고 이렇게 개인적으로 행동해서는 안 됩니다. 공사公私를 구분할 수 있는 사람이 공직자가 되어야 하는데, 오히려 공직자임을 당당하게 밝히고 특정 언론사를 지원하는 행위라면 곤란합니다. 공인으로서의 행위에는 마땅한 명분이 있어야 하는데 별것 아닌 걸로 생각하고 경솔히 행동한 것 같습니다. 지원을 받은 언론사가 참여정부의 정책 방향으로 기울어진 보도를 하지나 않을까 걱정입니다. 언론이 여론을 오도하면 정책 판단이 그릇될 가능성이 높아지기 때문입니다.

참여정부는 2004년 1월부터 2006년 7월까지 무료 신문 6곳에 1,688건, 52억2,373만 원의 광고를 냈다고 합니다.[15] 하루 평균 두 개의 신문에 건당 300여만 원의 광고를 한 것입니다. 광고야 얼마든지 낼 수는 있겠으나, 무료 신문이 광고비 수입 때문에

14 조선일보 2005.9.23
15 조선일보 2006.9.13. 2004년 631건 22억9,359만 원, 2005년 733건 19억5,237만 원, 2006년 324건 9억7,776만 원: 메트로 약 13억 원, 메트로 부산 7,795만 원, 더 데일리 포커스 16억5,625만 원, AM-7 11억2,968만 원, 스포츠한국 6억2,203만 원, 데일리줌 4억4,685만 원

정부에 비판적인 내용의 기사를 덜 싣는다면, 언론의 본디 사명이 훼손될 수 있습니다. 만약 정부도 이런 부수적인 목적을 노리고 광고를 의뢰했다면 더욱 심각한 문제입니다.

공정거래위원회가 총 25개 기관, 단체와 함께 2006년 9월부터 4년간 '신문 경품 및 공짜 신문 안 주고 안 받기 캠페인'을 한다고 합니다. 이 캠페인 중에는 100만인 서명 운동, 신문 구독 관련 불편 사례 수기 공모, 홍보물 제작 배포, 경품 및 공짜 신문 신고포상금 제도가 들어 있습니다.[16] 바쁜 공정거래위원회가 어떻게 이런 캠페인까지 하게 됐는지 이유가 자못 궁금합니다. 이 캠페인과 관련해서 저자가 찾아보기로는 2006년 12월 21일, 2007년 3월 23일, 2007년 8월 22일, 마지막으로 2007년 9월 10일에 발표된 자료가 끝이며 그 이후에는 활동이 유명무실했습니다.[17]

---

16 조선일보 2006.8.11
17 www.ftc.go.kr '광주지방공정거래사무소는 공정거래위원회 의결을 거쳐 과도한 경품류 등을 제공하여 불공정한 방법으로 신문구독자를 모집한 5개 신문지국에 시정명령을 하였음' 광주하도급과, 등록일 2007.9.10

겸청즉명

겸청즉명 편신즉암[18]
兼聽則明 偏信則暗

당태종唐太宗이 신하 위징魏徵에게 "짐이 어떻게 하면 현명해지
고 어떻게 하면 아둔해지는가?" 물으니 위징이 "두루두루 의
견을 들으면 현명해지고, 일방一方의 치우친 의견을 듣고 믿으
면 아둔해집니다"라고 답하였다.

대통령은 2006년 8월 13일 청와대에서 친여 성향을 보이는
신문인 경향신문, 서울신문, 한겨레신문, 한국일보 논설위원과
오찬을 함께 했습니다.[19] 주요 신문사 논설위원을 고루 초대해야
전체 의견을 공정하게 들을 수 있는데, 소위 친여 성향 신문사만
초대하면 편향된 여론을 주로 듣게 됩니다. 대통령이 두루두루
의견을 들으면 현명해지겠지만 한쪽으로 치우친 의견을 듣고 믿
으면 아둔해질 것입니다.

청와대는 참여정부에 비판적인 문화일보 구독을 2006년 11월
2일자부터 끊겠다고 결정했는데, 그 이유로 댄 것이 "연재소설

---

18 신당서新唐書 위징전魏徵傳
19 조선일보 2006.8.19

이 선정적이어서"라고 했습니다.[20] 비판적인 기사를 보지 않으려 끊는 것이라면 그야말로 듣기 싫은 이야기를 안 들으려고 귀를 막는 행위와 같습니다.

방송통신위원회

2006-12-29

인막지기자지악[21]

人莫知其子之惡

"사람은 그 자식의 악함을 알지 못한다."

사람들은 사적私的인 정에 끌려 자기의 것을 과대평가하는 경우가 흔하다. 자기 자식이 못났다고 생각하는 사람은 드물 것이다. 못났어도 남의 자식보다 대견스럽게 느낀다.

2006년 12월 28일 국무조정실에서 발표한 '방송통신위원회' 구성 방안에는, 위원 5명 중 2명을 시민단체에서 추천한다고 되어 있었습니다.[22] 국민이 위임하지도 않았는데 시민단체가 어떤 대표성을 갖고 위원을 추천할 권한이 있는 것인지 불분명하니

20 조선일보 2006.11.7
21 대학大學 수신제가修身齊家
22 조선일보 2006.12.29

길 잃은 나의 조국

다. 정권이 자기편 사람을 되도록 많이 위원으로 뽑아 방송에 영향을 미치려고 하는 의도라 여겨집니다. 사람들은 자기편을 과대평가하는 경향이 있지만 자기 사람이라고 능력이 더 출중한 것은 아닙니다. 우리가 공적인 일을 할 때에는 좀 더 객관적이고 공정할 필요가 있습니다. 처음에는 5명 모두 대통령이 임명한다고 했다가 비난이 일자 눈 가리고 아웅 하듯이 위와 같이 하겠다고 했지만, 결국 2008년 2월 29일 대통령이 2인(위원장 포함), 국회가 3인(여당 1인, 야당 2인)을 추천하기로 타결됐습니다. 시민단체 추천 위원이라고 해서 대표성, 전문성과 공정성에 흠이 없으리라고 전단專斷해서는 안 됩니다.

건강 기사

2005-02-16

법어지언 능무종호 개지위귀[23]

法語之言 能無從乎 改之爲貴

공자께서 말씀하였다. "법어法語를 따르지 않을 수 있겠는가? 그러나 고치는 것이 귀하다."

예외 없는 원칙은 없다. 법에도 융통성이 있는 것이다. 그러므

---

23 논어論語 자한子罕

로 상황에 따라 유연하게 적용하고 대처해야 한다. 예외적인 상황에서는 유연하게 고쳐서 적용할 줄 안다면 귀하다 하겠다.

언론은 국민을 계도하는 역할이 있습니다. 그러나 본의 아니게 엉뚱한 방향으로 이끈다면 국민에게 오히려 피해를 끼칠 수도 있습니다. 국민들은 언론에 실린 내용도 어떤 것은 맞지 않을 수 있다는 점을 잊어선 안 됩니다. 언론에 실렸다고 맹목적으로 믿어서는 틀린 것을 따를 수도 있다는 말입니다. 원칙에도 예외가 있고 법에도 융통성이 있는데 하물며 언론에 실린 내용을 곧이곧대로 따른다면 오히려 피해를 입을 때가 있습니다.

한 신문에 난, 기분을 좋게 하는 음식에 관한 기사에 '슬플 땐 아이스크림을 먹자' '두려울 땐 콜라를 먹자'라는 내용이 있었습니다.[24] 알다시피 아이스크림은 칼로리가 높고 동물성 지방이 들어 있어 많이 먹으면 비만과 당뇨가 늘고, 동맥경화증에 해롭습니다. 콜라와 같은 탄산음료에는 인산염이 들어 있어 칼슘을 감소시켜 뼈를 약하게 만들므로 어린이 성장에 특히 나쁩니다. 더욱이 정신을 산만하게 하고 난폭하게 만든다는 일부 보고도 있습니다. 따라서 이런 기사는 독자를 그릇된 방향으로 이끌어 국민의 체질을 나쁘게 만들어 갈 수 있습니다. 국민의 체력과 정신력이 쇠약해진다면, 피해는 개인뿐 아니라 우리 사회와 나라의 미래에까지도 미치게 될 것입니다.

[24] 조선일보 2005.2.16

국민 건강을 해치는 주요 원인 중 하나인 동맥경화증을 초래하는 콜레스테롤을 떨어뜨리기 위해 음식과 운동 같은 자연 요법과 약물 요법이 사용되고 있습니다. 무엇보다도 콜레스테롤을 높이는 음식을 피하는 것이 가장 중요하므로, 음식을 개선하면 콜레스테롤은 상당 부분 저절로 떨어집니다. 그러나 자연 요법만으로 충분히 떨어지지 않는 환자에게는 보완적으로 콜레스테롤 약물 요법을 병행합니다. 그럼에도 불구하고 다국적 제약회사의 마케팅 전략처럼 약 위주로 치료한다면, 필요 이상의 약을 복용하게 되고 이에 따르는 약 부작용도 감수해야 합니다. 언론에서 약물 복용을 은근히 부추기는 기사를 내보낸다면,[25] 본의 아니게 제약회사의 전략에 이용될 수 있습니다. 약 기사인지 약 광고인지 혼돈을 줄 수도 있는 기사는 신중히 실어야 할 것입니다.

디지털 방송

2006-01-14

거직조저왕 능사왕자직[26]

擧直錯諸枉 能使枉者直

---

25 조선일보 2005.7.20
26 논어論語 안연顔淵; 錯 두다, 枉 굽다

공자께서 말씀하였다. "곧은 사람을 비뚤어진 사람 위에 놓으면, 비뚤어진 사람도 곧게 될 수 있는 것이다." 윗사람이 정직하면 설사 아랫사람이 비뚤어진 사람일지라도 시간이 지나면서 차차 올곧은 사람이 돼가는 게 사람의 이치다.

사심이 없고 미래를 보는 혜안을 지닌 사람이 위에 있으면 그렇지 않은 아랫사람도 방향을 제대로 따라가게 됩니다. 신문, 방송, 인터넷, 컴퓨터, 휴대전화 등 정보통신 분야가 하루가 다르게 발전하는 시대에 살면서, 언론의 미래가 어떻게 전개될지 예견하는 것은 어렵지만 매우 중대한 일입니다. 새로운 미디어의 방향을 예측할 수 있는 그룹이 미리 착실히 준비한다면 우리는 뒤떨어지지 않겠지만, 그 반대의 경우라면 다른 나라에 비하여 뒤처질 가능성이 높아집니다.

인터넷으로 방송을 보는 시대에 돌입했다고 합니다. TV망뿐 아니라 인터넷으로도 방송을 한다는 것입니다. 미국에서는 마이크로소프트Microsoft와 인텔Intel이 협력하여 방송, 인터넷, 전화를 묶은 트리플 플레이 서비스(triple play services = TPS)를 하겠다고 했습니다. 영국에서는 이미 홈초이스Homechoice(런던)가 240만 명의 가입자를 확보하고, 위성 스카이Sky 방송은 인터넷 회사 '이지넷Easynet'을 흡수했으며, 영국통신 BT(British telecom)도 여기에 진출하였습니다. 구글Google은 '구글 비디오video' 서비스를 통해 TV 프로그램을 시작했고, 애플Apple도 온라인으로 영상, 음악을 선보이고, 야후Yahoo는 '야후 고go'에서 휴대전화, TV, 컴퓨터

를 묶고 있습니다.[27]

한국에서는 통신업체의 방송 진출을 방송위원회가 막았기 때문에 IT 강국이면서 TPS에서는 뒤처질 가능성이 높아졌습니다. 이는 방송의 기득권을 지켜주려는 당시 정권의 이익이 작용했기 때문이라는 생각이 듭니다. 방송위원회는 2006년에 상용화될 예정이었던 초고속 휴대인터넷[와이브로WiBro = Wireless Broadband]과 차세대이동통신[HSDPA = High-Speed Downlink Packet Access]이 TV 방송을 내보낼 수 있으므로 규제하겠다고 했습니다.[28] 2006년 전 세계 200여 통신업체가 초고속 인터넷과 TV가 연결된 인터넷 멀티미디어 방송(internet protocol television = IP TV)을 실시하고 있었는데 우리는 2008년에서야 방송통신위원회가 IP TV를 승인하였습니다.[29] 최근 보도 발표에 따르면 우리나라의 IT 산업 경쟁력은 2007년도 세계 3위에서 2008년도에는 8위로 떨어졌습니다.[30]

헌법재판소는 2006년 6월 29일 신문법에 관한 헌법소원 재판에서, 15조 신문 방송 겸영 금지에 대해서는 합헌으로 판결했

---

27 조선일보 2006.1.14
28 조선일보 2006.1.14
29 방송통신위원회는 2008년 9월 4일 인터넷 멀티미디어 방송(IP TV)을 실시할 계획이라고 발표하였다.
30 이코노미스트지 2008.9.20 IT industry competitiveness index 2008. Economist intelligence unit, 2008.9.18

습니다.[31] 헌법재판소는 참여정부의 언론 정책에 유리한 결정을 내린 셈입니다. 여론에 파급력이 센 방송은 정권과 친밀하게 유지하고, 참여정부에 비판적인 소위 조·중·동(조선일보, 동아일보, 중앙일보) 등 신문사는 방송국을 운영할 수 없게 되었습니다. 미래의 방송, 신문, 인터넷, 통신 등 미디어의 융합과 같은 흐름과는 다른 결정이었습니다. 언론의 소유 자체보다 소유자와 경영자가 언론의 본질과 사명을 훼손시키지 않도록 제도적 장치를 완벽하게 갖추는 데 모든 노력을 경주해야 합니다.

맺음말

언론이 존재하지 않는 사회란 이젠 상상할 수조차 없게 되었습니다. 신문, 방송, 인터넷, 통신 등 엄청난 진화를 거듭하고 있는 언론은 본연의 언로로서의 역할은 말할 것도 없고, 정보 제공과 커뮤니케이션 기능은 우리의 일상생활에 지대한 영향을 미치고 있습니다. 하지만 힘이 막강해질수록 이러한 힘을 사적인 이익과 탐욕을 위해서 사용하려는 악惡 또한 여기저기 뿌리를 내리고 있습니다. 언론의 순기능을 무한히 자유롭게 두어야 하듯

---

[31] 조선일보 2006.6.30

이 언론의 역기능이 나타나지 않도록 예방하는 노력도 게을리 하지 말아야 합니다. 불은 인간이 살아가는 데 필수적인 것이지 만 이를 잘못 쓰면 불에 타 사람이 죽을 수도 있습니다.

제11장

분열

처음말

월만즉휴 물성즉쇠[1]

月滿則虧 物盛則衰

"달은 차면 이지러지고, 사물이 극성하면 쇠퇴하게 된다."

모든 문화가 종국終局에 멸망의 길로 접어드는 기전機轉(mechanism)은 사치가 극에 달하기 때문입니다. 문명의 초기처럼 검소하다면 문명을 유지하는 비용이 적게 들지만, 사치에 이르게 되면 고高비용을 지속적으로 댈 수 없는 까닭에 망하게 되는 것입니다.[2]

반어토궤 음어토형[3]

飯於土簋 飮於土鉶

"(요堯임금은) 흙으로 빚은 그릇으로 밥을 먹고 흙으로 빚은 그릇에 국을 담았다."

서융西戎의 현명한 신하인 유여由余가 진秦나라에 사신으로 갔

---

1 도덕경道德經 하상공장구河上公章句 운이運夷, 노자老子; 虧 이지러지다

2 이븐 할둔Ibn Khaldun(1332~1406); 역사 서설 al-Muqaddimah (An introduction to history) 김호동 역, 까치글방, 서울, 한국 2003

3 한비자韓非子 십과十過; 簋 밥을 담는 질그릇, 鉶 국을 담는 질그릇

을 때, 진나라 목공穆公이 옛 임금들은 나라를 어떻게 얻고 어떻게 잃었는지 묻자 유여는 "근검절약하여 나라를 얻고 사치와 방탕으로 나라를 잃었다"고 답하면서 요堯임금을 예로 들었습니다. 요임금은 궤형簋鉶이라는 흙 그릇으로 식사를 할 정도로 검소했기에 나라가 태평하고 융성하였다는 것입니다.

주위상저…기자견상저이지천하지화[4]
紂爲象箸…箕子見象箸以知天下之禍

"(상商나라의 마지막 왕) 주紂는 상아로 만든 젓가락을 썼는데…(태사太師인) 기자箕子[5]가 상아 젓가락을 보고 천하에 큰 재앙을 오리라는 것을 알았다."

상商나라의 마지막 왕 주紂는 상아로 만든 젓가락을 썼는데 결국 사치와 방탕이 극에 달해 주周나라 무武왕에게 멸망하고 맙니다. 중세 이슬람제국 압바스Abbasid 왕조의 칼리프caliph 알 마문al Ma'mun의 시대[6] 때 바그다드Baghdad에는 무려 6만5,000곳의 공중 목욕탕이 있었다고 하팁Khatib은 그의 저서에서 밝혔습니다.[7] 이렇듯 동서양 모두 문명이 고도로 발달하면 사치가 극에 달함을

---

4 한비자韓非子 유로喩老
5 기자는 주왕에 의하여 옥에 갇혀 있다가 상나라가 멸망하자 주나라 무왕으로부터 천하를 다스리는 것을 도와달라는 제의를 받는다. 하지만 기자는 '신하로서 두 나라를 섬기지 않는다'고 하면서 이를 정중히 사양한다. 다만 무왕에게 홍범구주洪範九疇를 가르치고, 같은 동이족의 나라 조선으로 떠나 조선의 왕이 된다.
6 제7대 칼리프로 813~833년간 재위
7 하팁Khatib(1002~1071); 바그다드 역사 Ta'rikh Baghdad

알 수 있습니다. 결국 인간의 문명에서 사치가 너무 지나치면 고비용을 대기 위해 세금을 가혹하게 거둬 백성을 착취하거나, 약소국을 침략해 재물을 빼앗아야 사회를 유지할 수 있게 됩니다. 종국에는 일반 백성이 고비용을 지탱해낼 수 없게 되든지, 아니면 이웃 나라 간에 전쟁이 일어나 그 문명사회는 역사 속으로 사라지거나 아주 약화됩니다.

천시지리인화[천지불여지리 지리불여인화][8]
天時地利人和[天時不如地利 地利不如人和]
"하늘이 주는 때는 지리적인 이로움만 못하고, 지리적인 이로움도 사람 사이의 화합만 못하다."

국가의 멸망 또한 이와 다를 바 없으나, 문명사文明史적 진행 과정 외에도 그 사회가 내부적으로 붕괴하면 국가는 멸망할 수 있습니다. 내부적 붕괴의 여러 원인 중 하나가 치명적인 분열입니다. 우리 역사에서 보면 고구려는 연개소문의 아들 사이의 분열로, 백제는 간신 임자가 충신 성충을 모함하여 쫓아냄으로써 결국 나라가 망했습니다. 백제부흥군 역시 간신배들이 복신을 죽이고 흑치상지가 배신함으로써 패배하고 백제는 역사에서 사라집니다. 당시 고구려와 백제는 신라에 비해 훨씬 강성했지만 나라가 분열됨으로써 당唐과 신라의 연합군에게 멸망하고 말았습니다.

8 맹자孟子 공손추장구公孫丑章句

인필자모 연후인모지 가필자훼이후 인훼지 국필자벌이후 인
벌지[9]

人必自侮 然後人侮之 家必自毀而後 人毀之 國必自伐而後 人
伐之

"사람은 반드시 스스로를 모욕한 연후에 남이 그를 모욕하
며, 가문은 반드시 스스로를 훼손한 후에야 남이 그 가문을
훼손하며, 나라는 반드시 스스로를 친 후에야 남이 그 나라를
친다."

한 국가의 멸망은 패권을 추구하는 강대국의 침략에 인뜀할
수 있습니다. 그러나 역사는 강력한 나라의 침략을 받았어도 국
민이 굳게 단결되어 있으면 나라를 능히 방어해낼 수 있다는 것
을 가르쳐줍니다. 곧 침공 받은 국가가 내부적으로 취약할 때 강
대국의 침략이 그 나라를 패망시킬 수 있는 것입니다.

인유팔자… 비기사이사지 위지총

人有八疵… 非其事而事之 謂之摠

막지고이진지 위지녕

莫之顧而進之 謂之佞

희의도언 위지첨

希意道言 謂之諂

불택시비이언 위지유

---

9 맹자孟子 이루장구離婁章句; 侮 업신여기다, 毀 훼손하다, 伐 정벌하다

不擇是非而言 謂之諛

호언인지악 위지참

好言人之惡 謂之讒

석교이친 위지적

析交離親 謂之賊

칭예사위 이패악인 위지특

稱譽詐僞 以敗惡人 謂之慝

불택선부 양용협적 투발기소욕 위지험[10]

不擇善否 兩容頰適 偸拔其所欲 謂之險

공자가 어부 노인장에게서 받은 가르침이다.

"사람에게는 여덟 가지 흠이 있는데…

자기 일도 아닌데 자기 일처럼 나서서 모두 다 총괄하는 주제넘음,

돌이켜 생각해보지도 않고 끼어드는 망령,

남의 뜻을 받들고 추종하여 말하는 아첨,

시비를 가리지 않고 떠들어대는 알랑거림,

남의 잘못을 말하기 좋아하는 참소,

친교親交를 쪼개고 갈라놓는 이간질,

거짓으로 칭찬하여 남을 악에 빠뜨리는 사특邪慝함,

선악을 가리지 않는 두 얼굴로 욕심을 채우는 음험함이 그것이다."

---

10 장자莊子 어부漁夫; 摠 모두 다, 顧 돌아보다, 佞 아첨하다, 諂 아첨하다, 諛 아첨하다, 讒 헐뜯다, 析 가르다, 賊 사악한, 慝 사특한, 頰 뺨, 偸 훔치다, 拔 빼내다, 險 음흉하다

길 잃은 나의 조국

현재 우리나라는 너무 사분오열四分五裂되어 있습니다. 남북으로 갈라져 있고, 지역감정으로 갈라져 있고, 이념으로 갈라져 있고, 재화의 불균형으로 갈라져 있고, 또 종교로 갈라져 있습니다. 이 다섯 가지는 하나하나가 다 치명적인 분열일 수 있는 너무나도 중대한 사안입니다. 그러나 슬픈 사실은 이 다섯 가지 모두 정치 세력을 포함한 일부 세력이 자신들의 이익을 위하여 조장하고 국민들을 이간시킨 결과라는 점입니다. 장자莊子에 의하면 사람에게는 여덟 가지 흠이 있는데 친교親交를 해치는 석교이친析交離親, 즉 이간질을 그 중 하나로 꼽고 있습니다.

피민유상성 직이의 경이식 시위동덕 일이불당 명왈천방[11]
彼民有常性 織而衣 耕而食 是謂同德 一而不黨 名曰天放
"저 백성들에게는 자연의 변하지 않는 성품이 있다. 베를 짜서 입고, 밭을 갈아 먹으니 이를 대동사회大同社會의 덕이라고 말한다. 하나같이 지내며 당파黨派가 없으니 이름하여 '자연의 해방'이라고 한다."

본디 백성은 하나같이 당파가 없이 대동사회를 이루며 살고 있었습니다. 그러나 개인이 사리사욕을 추구하면서 사회가 분열되기 시작하였고, 나중에는 자신의 끝없는 탐욕을 채우기 위하여 고의적으로 분열을 조장하게 되었습니다. 이렇게 국민들 사이에서 이간질하고 대동사회를 분열시킨 자들이야말로 훗날 망국의 원흉元兇으로 역사의 심판을 피할 수 없을 것입니다.

---

11 장자莊子 마제馬蹄

이념의 분열

당동벌이[12]

黨同伐異

"같은 편과는 당을 만들고, 다른 편은 공격한다."

군자화이부동 소인동이불화[13]

君子和而不同 小人同而不和

"군자는 화합하되 뇌동雷同하지 않고, 소인은 뇌동하나 화합하지 않는다."

어떤 상황이 벌어졌을 때 그에 대한 대처 방안은 우파와 좌파가 서로 다를 수 있으나, 우리가 늘 옳은 방안을 선택하면 실패하지 않을 것입니다. 당동벌이처럼 옳고 그른 것을 따지지 않고 같은 편이면 무조건 지지하고, 다른 편이면 무조건 배척하는 행태는 버려야 합니다. 내가 우파라서 우파의 의견을 따르고, 내가 좌파라서 좌파의 의견을 무조건 좇는 것이 아니라 좌우에 상관없이 옳은 의견을 따르는 것이 당연합니다. 어떤 경우에는 두 의견을 보완한 절충안이나 그도 저도 아닌 제3안이 옳을 때도 있

---

12 후한서後漢書 당동전黨同傳, 범엽范曄
13 논어論語 자로子路; 雷同 아무 주견 없이 덮어놓고 남의 의견을 좇아 함께 어울림.

습니다. 미국의 클린턴^{Clinton} 대통령은 1996년 선거 전략으로 '삼각화(triangulation)'[14]라는 방법을 써서 재선되었는데, 이는 상대방 공약일지라도 좋은 내용이면 취하여 자신의 정책으로 삼는 것입니다.

> 좌지좌지 군자의지 우지우지 군자유지[15]
> 左之左之 君子宜之 右之右之 君子有之
> "왼쪽이면 왼쪽으로 군자는 알맞게 행동하고, 오른쪽이면 오른쪽으로 군자는 올바름을 지킨다."

군자는 왼쪽이 옳으면 왼쪽으로 행동하고 오른쪽이 옳으면 오른쪽으로 행동함으로써 중용을 지켜 나갑니다. 그런데 요즈음 세상에서는 이상하게도 이러한 군자에게 박쥐니, 기회주의자니, 회색분자니 하면서 중상모략을 쏟아 붓습니다. 오히려 어느 한 쪽으로 완전히 치우쳐 강경하게 행동해야 선명하다, 독실하다고 스스로 자기 최면을 걸듯이 떠받들고 있습니다. 역사에서도 온건파는 과격파에 의해 밀려나고, 강경해야 충성도가 높은 것처럼 여기고 경쟁적으로 투쟁하는 경우를 흔히 봅니다. 1917년 러시아 혁명에서도 온건파인 멘셰비키^{Mensheviki}의 백군^{白軍}이 강경파인 볼셰비키^{Bolsheviki}의 적군^{赤軍}에게 패하고 레닌^{Lenin}에 의해 공산 독재국가 소련이 탄생한 좋은 예가 있습니다.

---

14 용어는 클린턴 대통령의 정치 참모인 딕 모리스^{Dick Morris}의 발상
15 시경詩經 소아小雅 상상자화裳裳者華

좌든 우든 편을 갈라 세울 것이 아니라 사안별로 옳은 의견을 선택하면 되는 것인데, 이를 악용해 국민들을 패로 갈라 세워 자신에게 유리한 편을 지지 세력으로 끌어들여 자신의 정치적 힘을 강화하려는 정치 지도자들이 많습니다. 현대 사회는 대의代議민주주의를 기본으로 하므로 선거에서 더 많은 유권자의 표를 얻고자 모든 정치 세력이 혈안이 되어 있습니다. 선거는 보통·평등선거이므로 서민층의 표가 유산有産층의 수효보다 상대적으로 많습니다. 국민의정부와 참여정부는 서민층의 표를 획득하기 위하여 좌파적 정책을 세우고 국민을 좌우로 갈라 표 대결을 유도하려는 유혹에 끌렸습니다. 표의 다소多少로 승패를 정해 정권을 쟁취하니, 대통령을 비롯한 집권 세력은 좌우로, 또 반미와 친미로 전 국민을 편 가르고 의도적으로 분열시켰습니다.

나라 내부적으로 국민 사이에 분열이 일어나면 나라는 점차 약해질 수밖에 없습니다. 국가가 취약해지면 분쟁이 발생했을 때 다른 강국이 시비를 걸어오더라도 단합된 대응을 하지 못해 강대국의 이권 추구나 개입을 막지 못하는 일이 자주 생깁니다.

평화 재향군인회

2005-06-29

예비역 군 단체도 재향군인회와 다른 평화 재향군인회가 생겼습니다.[16] 이제는 뜻이 다르면 다른 단체를 만드는 일이 유행인가 봅니다. 같은 학교를 나온 사람들끼리 동창회가 하나면 되지, 자기 뜻과 다르다고 새로이 동창회를 따로 만들겠다고 하는 꼴입니다. 생각이 다르면 그 조직 내에서 자신의 다른 의견을 주창하면서 조직 활동을 해야지, 생각이 다르다고 몸담았던 조직을 뛰쳐나와 별도의 단체를 만든다면 세상은 자꾸 분열되어 갈 것입니다. 이러다가 생각이 다르다고 정부를 한반도 내에 따로 만들겠다는 무리가 나올지도 모를 일입니다.

남북 통일 축구

2005-08-13

2005년 8월 14일 열리는 광복 60주년 기념 남북 통일 축구에

---

16 조선일보 2005.6.29

서는 대부분의 입장권을 시민단체에게 무료로 배포했습니다. 대한축구협회를 통하여 일부인 7,000장만 경기 당일 일반인에게 판매하였습니다.[17] 주로 시민단체와 관련된 사람들이 경기장에 들어갈 수 있다니 우리나라가 자유민주주의 국가가 맞는지 의심스럽습니다.

게다가 '대한민국!'을 외치거나 태극기를 휘날릴 수도 없다고 했습니다. 태극기를 남한의 상징으로만 생각하는 모양입니다. 태극기는 일제 강점기 독립운동에서 나라를 상징하는 국기였습니다. 좌우 어느 누구 가릴 것 없이 태극기를 흔들었고 김일성도 조국의 상징으로 태극기를 사용했습니다.(사진) 너무나도 지당한 일 아닙니까. 태극기는 주역周易을 바탕으로 만들어진 우주 철학

북한의 조선인민군 창군 기념식에서 김일성 사진 양옆에 태극기가 휘날리고 있다.
_1948년 2월 8일 평양

17 조선일보 2005.8.13

적인 국기이며 일제 강점기와 남북한 모두에게 우리나라의 상징인 것입니다.

부산 동의대 사건

2005-10-28

1989년 5월 2일 시위 도중 부산 동의대東義大 학생들은 시위를 해산시키려는 일부 전경을 학교 도서관 안에 감금했습니다. 다음 날 이들을 구하려는 경찰의 구출 작전이 전개되자 시위 농성 학생들이 시너와 화염병을 던져 경찰관 7명이 숨지는 일이 발생했습니다. 법원은 이 사건에 가담한 31명의 학생에게 방화, 치사 등으로 실형을 선고하였습니다.

2002년 4월 '민주화운동관련자 명예회복 보상심의위원회'는[18] 동의대 시위 가담자 46명을 민주화운동 '관련자(?)'로 인정하였습니다. 이 결정이 위헌이라고 생각한 사망 경찰관들의 유가족이 낸 헌법소원은 2005년 10월 27일 헌법재판소에서 5:4로 각하되었습니다.[19] 헌법재판소의 다수 의견으로 '유족들의 명예를 직접 훼손한다고 할 수 없으므로, 기본권 침해의 자기 관련성이

---

18 '관련자'가 '유공자'를 지칭하는 것인지 용어 정의가 모호하다.
19 조선일보 2005.10.28

인정되지 않는다'고 다소 법률 기교技巧적으로 생각되는 사유를 들어 각하하였습니다.

이 사건은 자유민주주의와 법치주의를 파괴하는 폭력 행위이며, 자기의 주장이 옳다고 하여도 폭력을 사용해서는 안 된다는 원칙을 짓밟았습니다. 우리 사회에 법치와 민주가 상치相馳하는 이해하기 어려운 일이 벌어지고 있어 머리가 혼란스럽습니다. 설사 옳은 주장을 관철하기 위해서라도 사람을 죽이면서 한 사람들을 어떻게 민주화운동 유공자라고 할 수 있습니까? 이 사건에 대한 1990년 6월 22일 대법원 상고심에서 '폭력적인 수단을 사용하여 자기의 주장을 관철하려는 사고방식이 우리 사회에서 용납되어서는 안 된다'는 요지의 판결이 더 정확했습니다.

연화공원

2005-12-01

자왈 명부정 즉언불순 언불순 즉사불성 사불성 즉예악불흥
子曰 名不正 則言不順 言不順 則事不成 事不成 則禮樂不興
예악불흥 즉형벌부중 형벌부중 즉민무소조수족[20]

20 논어論語 자로子路; 措 두다

길 잃은 나의 조국

禮樂不興 則刑罰不中 刑罰不中 則民無所措手足

공자께서 말씀하였다. "명분이 바르지 못하면 말이 순리에 어긋나고, 말이 순리에 어긋나면 일이 이루어지지 못하고, 일이 이루어지지 못하면 예악이 일어나지 못하고, 예악이 일어나지 못하면 형벌이 알맞지 못하고, 형벌이 알맞지 못하면 백성들이 손발을 둘 곳이 없어진다."

2005년 5월 '실천불교전국승가僧伽회'가 경기도 파주시 보광사 내에 조성한 '불굴의 통일 애국투사묘역 연화공원'에는 빨치산과 남파간첩 비전향 장기수 6명이 안치되어 있었습니다. '비전향장기수 송환추진위원회'[21]가 제작에 관여한 비석에는 '마지막

---

21 실천불교전국승가회, 천주교장기수가족후원회, 한국기독교교회협의회 인권위원회로 구성

빨치산 영원한 여성 전사' '전향을 하지 않고 당신의 지조를 지키며 빛나는 생을 마치다' '민족자주 조국통일의 한길에 평생을 바치신 선생님 우리 민족사에 영원히 빛나리라' '애국통일열사 아무개 선생, 조국 통일을 위해 투쟁하시다가 비전향으로 옥중에서 생을 마친 열사'라는 비문碑文이 적혀 있었습니다.[22] 이름이 바르고 말이 순조로워야 일이 이루어진다고 하였습니다. 빨치산과 남파간첩 비전향 장기수에 대한 평가가 한쪽으로 치우치면 역사의 공명共鳴과 국민의 호응을 얻지 못할 것입니다.

학생회법

2005-12-28

국장망 필다제[23]

國將亡 必多制

"나라가 망하려 할 때에는 반드시 법령과 제도가 많아진다."

여당인 열린우리당에서 '학생회'를 법제화하려고 했습니다.[24]

---

22 조선일보 2005.12.1. 보도 이후 12월 2일 보광사는 묘역 안내석을 제거하였으며, 파주시가 12월 20일까지 묘역을 이전하라고 지시하여 모두 이장되었다고 한다.

23 좌전左傳 소공昭公, 좌구명左丘明

24 조선일보 2005.12.28

학교 사회는 나름대로 자율적으로 움직이는 조그만 단위 사회입니다. 이 안에 민주적으로 움직이는 학생회가 있는 것은 당연하고 자연스러운 일입니다. 이런 것은 학칙을 통하여 체계를 갖추는 것이 상식이며 순리입니다. 그런데 국회에서 '학생회법'을 만들어 자꾸 더 많은 것을 국가가 나서서 규정하려 드는 것은 자율성을 억누르고 학교를 타율적으로 관리하는 일이 됩니다. 이는 국민의 문화 수준을 낮게 보거나, 학교에서 자율적으로 할 능력이 부족하다고 여기든지, 아니면 입법 동기가 비상식적이기 때문일 것입니다. 이러한 법을 국회에서 논의한다는 것은 국회의 시간과 입법 기능의 낭비라 할 수 있습니다.

학생회법이 현실화되면 고등학교에도 '한총련'같이 이념화된 학생회 단체가 생겨날 가능성이 있습니다. 열린우리당은 이러한 의도를 가지고 '학생회법'을 추진하는지 모르겠으나, 어린 학생 때부터 편파적인 이념을 추종한다면 좌파의 이념이 더 광범위하게 퍼질 것입니다. 과거 중화인민공화국에서도 나이 어린 철없는 홍위병으로 하여금 문화혁명이라는 극좌 운동을 주도하게 한 전례가 있습니다.[25] 문화혁명이 중국의 문화를 얼마나 파괴하고 후퇴시켰는지, 진시황의 분서갱유焚書坑儒[26]보다 더하지 않을까 하

---

25 김춘명金春明, 석선席宣; 문화대혁명사. 이정남, 하도형, 주장환 역. 나무와 숲, 서울, 한국 2000

26 고문진보古文眞寶; 한漢나라 가의賈誼는 '과진론過秦論'(진나라의 과오를 논함)이라는 글에서 '선왕先王의 도를 없애고 제자백가諸子百家의 서적을 불태워 백성들을 어리석게 하였다'(폐선왕지도 분백가지언 이우검수 廢先王之道 焚百家之言 以愚黔首)라고 분서갱유를 비판했으며, 도연명陶淵明은 도연명집陶淵明集에 실린

는 후대 역사의 평가도 기다리고 있습니다. 더군다나 학생회를 전국교직원노동조합(전교조)이 뒤에서 사주 조종이라도 한다면, 학교가 정치투쟁의 장으로 악용될 우려마저 있습니다. 이러한 논의가 나오게 된 토양을 면밀히 검토하여 학생회 법제화의 필요성이 없도록, 무엇보다도 모든 학교에서 학생회가 합리적이고도 민주적, 자율적으로 활동할 수 있어야 합니다.

다큐멘터리 리더십

2006-01-01

　MBC는 2006년 신년기획 4부작 다큐멘터리 '리더십' 1, 3부에서 등소평鄧小平과 호지명胡志明을 다루고 2, 4부에서는 루스벨트Roosevelt, 케네디Kennedy, 레이건Reagan과 잭 웰치Jack Welch를 다룬다고 하였습니다.[27] 공산주의와 자본주의 지도자의 방영 시간을 공평하게 배분하고 양兩 진영 지도자를 대비시켜 부각하려는 의도가 무엇인지 궁금합니다.

　'음주飲酒' 시詩에서 '시경과 서경은 또 무슨 죄를 지었기에 하루 아침에 재가 되고 말았는가' (시서역하죄 일조성회진 詩書亦何罪 一朝成灰塵) 라고 한탄하고 있다. 黔 검다, 黔首 관을 쓰지않아 검은 머리가 드러나 있는 평민, 塵 티끌

27 조선일보 2005.12.28. 덩샤오핑 작은 거인을 깨우다, 꿈의 지휘자 Mr 프레지던트, 호치민 코끼리를 이긴 호랑이, CEO의 황제 잭 웰치

이상적 공산주의는 현실에 바탕을 두고 있지 않고, 현실의 공산주의는 자유민주주의를 거부하고 프롤레타리아 독재로 포장한 공산 권력 엘리트의 독재입니다. 베트남은 애국愛國민족주의가 방법상 공산주의를 이용한 예 중의 하나라고 할 수 있습니다. 나머지 네 사람도 모두 미국 사람인데 이들 말고는 지구상 인류 사회에 훌륭한 지도자가 없었던 것은 아닐 것입니다. 더군다나 잭 웰치는 기업의 사회적 책임보다 주주株主 가치의 극대화를 주장한 경영자로서 주가株價와 주주 배당을 높이기 위해서 구조조정이라는 명목으로 수많은 노동자를 무자비하게 해고하는 것도 주저하지 않던 사람인데 'CEO의 황제 잭 웰치'라는 제목으로 소개되었습니다.

남북 대학생 회의
2006-05-10

2006년 5월 10, 11일 양일간 금강산에서 '남북대학생 대표자 회의'가 열렸습니다. 한총련(한국대학총학생회연합)이 주축이 되어 남쪽 대학생 357명과 북쪽 대학생 120여 명이 모인다고 했습니다.[28] 남북한 대학생 교류는 분명 장려해야 하는 일입니다. 그러

---

[28] 조선일보 2006.5.10

나 교류가 내실內實 있고 의연하게 진행되어야지 무턱대고 감상적으로 상대방의 기분을 상하지 않게 맞춰주는 교류는 별로 도움이 되지 않을 뿐 아니라 북한의 남남南南 갈등 조장에 이용될 따름입니다.

전교조

2006-07-26

독음불생 독양불생[29]

獨陰不生 獨陽不生

"음陰만으로는 생기지 않고, 양陽만으로도 생기지 않는다."

세상의 삼라만상森羅萬象이 음과 양이 합해져야 생겨나듯이 세상사가 좌左만으로 우右만으로 이루어지지는 않는다. 좌의 옳은 점, 우의 옳은 점이 합쳐져야 비로소 온이 되는 일이 많다.

전국교직원노동조합(전교조) 부산지부는 북한 사회과학원 역사연구소에서 1983년 발행한 〈현대조선역사〉를 참고하여 2005년 교사 교육용 통일 교재 〈통일학교〉를 제작했다고 합니다. 이 통일 교재에서는 6·25 전쟁을 '조국해방전쟁'으로, 항일무장투쟁

---

29 곡량전穀梁傳 장공莊公, 곡량숙穀梁俶

의 의의에 관하여 "주체사상을 지도적 지침으로 해 전개된 근로 인민대중의 자주성 실현을 위한 혁명투쟁"이며 "1945년 김일성 주도로 최후 진공進攻 작전을 전개해 광복을 맞았다"고 기술하고 있습니다. 1998년 미사일 위기는 "눈물 어린 환희"로, 2004년 핵 위기에서는 "조선의 본때를 보여준 가슴 후련한 해"라고 기술하고 있습니다.[30] 또한 부산지부는 2005년 10월 18일부터 11월 1일까지 매주 화요일 3차례 교사 30명을 대상으로 통일학교를 열어 이 교재로 교육했다고 합니다.[31]

2005년 5월 28, 29일 전북 순창에서는 전교조 교사인 전북 임실 모某 중학교 도덕 교사(전교조 전북지부 통일위원장)가 중학생 180여 명을 데리고 비전향 장기수들의 모임인 '통일광장'이 주최한 빨치산 추모제 '남녘 통일애국열사 추모제'(회문산)에 참가했으며, 학생들은 통일에 기여한 공로로 '통일광장'의 표창장을 받았다고 합니다.[32] 한 중학생은 감상문에서 "남한이 북한에 부끄러워하고 배워야 한다" "우리는 미국의 속국屬國이다. 부시가 괴질이나 걸렸으면 좋겠다" "장기수 선생님들의 역사 설명을 듣고 감격했다"고 쓰고 있습니다.[33]

---

30 조선일보 2006.7.26

31 동아일보 2006.7.26. 주도 교사들은 2009년 2월 13일 법원에서 징역 10개월, 집행유예 2년을 선고받았다.

32 조선일보 2006.12.6

33 조선일보 2007.1.23

전교조 서울지부(통일위원회)는 2006년 3월 12일 홈페이지에 "학급 게시물에 통일란을 권장하는 학교가 많은데 통일란 게시에 참고할 사진을 올린다"면서 각급 학교의 환경 미화 게시물 예로 북한의 선군 정치先軍政治 포스터를 제시하였습니다.[34]

경찰 발표에 따르면, 전교조 서울지부 전前 통일위원장인 중학교 도덕 교사가 중학생 교육 자료로 쓰고 있는 '30문 30답'에는 다음과 같은 설명도 들어 있었다고 합니다.[35]

"북한은 왜 핵무기를 만들려고 하나요. → 미국이 핵 선제 공격 협박을 하는 상황에서 자위적인 핵 억지력을 보유하는 것은 정당한 권리다."

"김정일은 자신을 지지하고 존경하도록 북한 주민들을 세뇌한 것 아닌가요. → 한국도 자본주의, 자유민주주의가 공산주의, 사회주의보다 우월하고, 미국은 우월한 존재고 주한 미군 주둔은 당연한 것이라고 세뇌 교육 시켜왔다. 북한 교육만 세뇌라고 폄하할 수 없다."

"선군정치가 뭔가요. → 혁명적 지도자와 당이 혁명군대를 앞세워 전체 인민을 혁명화하는 새로운 사회주의 정치 방식으로 해석되어야 한다. 선군정치는 전쟁을 하자는 게 아니라 전쟁을 막자는 것이다."

34 조선일보 2006.8.1
35 조선일보 2007.1.22

길 잃은 나의 조국

"남북한의 역사를 비교해주세요. → 북한은 김일성 등 항일 빨치산들의 항일민족해방투쟁으로 건설되었다."

"북한은 부자 세습 체제라면서요. → 북한을 봉건 왕조에 비유하는 것은 북한을 경멸하고 모욕하는 적대적 언동이다."

"창고에 가득한 재고 쌀을 일부 지원하는 데 무슨 조건이 필요한가요. → 군량미로 전용한다고 비판하는데 군인은 굶어 죽어도 좋다는 말인가."

이러한 교육 현실에서 민주평화통일자문회의는 2005년 5월 개최한 제4회 청소년 통일만화공모전에서 대상 작품으로 반미反美 성향이 풍기는 작품을 선정하였습니다.[36] 청소년에게 동맹국인 미국이 남북한의 통일을 방해하는 듯한 인상을 가지도록 은

제4회 청소년 통일만화공모전 대상 작품, 민주평화통일자문회의

36 조선일보 2005.9.23

근히 중상 모략하는 효과가 있어 보이는 작품입니다. 미국에 대하여 불필요한 오해를 불러일으키고 자극함으로써 우리에게 도움이 될 것은 없습니다. 국제관계가 복잡하게 얽혀 있는 현대에서 나라와 나라 사이를 이간시키면 오히려 우리가 국제사회에서 불리해질 수 있습니다.

간첩

2006-11-09

범유고죄 내망항획[37]

凡有辜罪 乃罔恒獲

"무릇 죄를 지어도, 늘 안 잡는다." 상商나라가 멸망하기 전 주紂왕의 형인 미자微子가 나라의 상황을 걱정하며 상나라의 태사太師 기자箕子와 소사少師 비간比干에게 상의하는 내용 중의 하나이다. 고금古今을 통하여 무법적 상황을 그대로 두면 법치가 부정되고 법치의 근간이 무너지곤 한다.

10여 년 전부터 북한을 위하여 일해오던 재미 동포 간첩이

---

37 서경書經 상서商書; 辜 허물, 罔 말다, 獲 잡다, 태사太師 나라(임금)의 스승. 비간은 주紂왕에게 죽임을 당하고, 주周 무왕에게 상나라가 망한 후 기자는 조선으로 떠나 왕이 되었다.

2006년 10월 24일 국가정보원에 체포되었습니다.[38] 그러나, 이 상하게도 이 간첩 사건에 대하여 집권 열린우리당 의장은 그들이 임명한 국가정보원장에게 오히려 '엄중 공개 경보'하는 일까지 벌어져, 국민들이 볼 때는 '열린우리당이 간첩 편을 드는 건 아닐 텐데 왜 그런가' 하며 혼란스러워하고 있습니다. 그는 민주노동당의 아무개 전前 중앙위원과 사무부총장 등에 접근하여 간첩 행위를 했다고 합니다.[39]

2006년 12월 21일 열린 이 사건 첫 공판에서 많은 방청객이 피고인에게 "힘내라" 등 소리를 지르며 소란을 부려 재판장이 방청객 한 명을 감치監置 명령하자, 방청석에서 "5공 파쇼 재판이냐" "×새끼 미제美帝 앞잡이야!" 하는 야유와 욕설까지 나왔다고 합니다.[40] 검사에게는 "개×끼 두고 보자. 민중의 피를 빨아먹는 쓰레기 같은 자식들"이라고 욕을 했는데, 상당수의 방청객은 모某 정당의 당원이라고 합니다. 법원은 어떠한 방청객에게도 '법정모욕죄'를 적용하지 않았습니다.

---

38 조선일보 2006.11.9
39 조선일보 2006.12.4. 2007년 8월 법원은 항소심에서 간첩에게는 징역 7년, 민주노동당 전前 중앙위원과 사무부총장에게는 각각 징역 3년, 징역 3년 6월을 선고하였다.
40 조선일보 2006.12.23

6·25 전쟁

2006-11-22

필야정명호[41]

必也正名乎

"반드시 이름을 바로잡겠다."

공자의 제자 자로가 "위衛나라에서 정치를 하신다면, 무엇을 가장 먼저 하시겠습니까?"라고 묻자 공자가 대답한 말이다. 이름이 바로 서지 않으면 저절로 혼란해지는 법이다.

노 대통령은 캄보디아를 방문하던 중 2006년 11월 20일 프놈펜 호텔에서 가진 동포간담회에서 6·25전쟁을 내전內戰이라고 표현하였습니다.[42] 6·25전쟁을 내전이라고 평하는 것은 북한과 일부 좌파 학자들입니다. 내전이라고 하면 마치 전쟁 책임이 양쪽에 동등하게 있는 듯한 의미를 띱니다. 6·25전쟁은 전적全的으로 북한의 남침으로 도발된 것입니다. 동국대 강정구 교수도[43] "6·25는 내전으로 북한이 시도한 통일 전쟁"이라고 표현합니다. 6·25전쟁에 관하여 역사적으로 적합한 용어를 쓰지 않고 여러 관점에서 본 용어를 분별없이 사용하면 큰 혼란이 올 수

---

41 논어論語 자로子路

42 중앙일보 2006.11.22. 북한은 6·25 전쟁을 '조선민족해방전쟁'이라고 함

43 국가보안법 위반으로 2007년 11월 13일 법원에서 징역 2년, 집행유예 3년, 자격정지 2년을 선고받음

길 잃은 나의 조국

있습니다.[44]

통일은 중요하지만 그에 못지않게 어떠한 통일인지도 중요합니다. 전쟁 폭력으로 동포를 죽이는 통일이어서는 안 됩니다. 통일이 단계적으로 진행될지언정 통일의 방향은 평화 자유 문화 민주의 가치를 지향하는 통일이기를 바랍니다.

국가관

2006-11-30

거직조저왕 능사왕자직[45]

擧直錯諸枉 能使枉者直

제자 번지樊遲가 지智에 대해 묻자 공자께서 이렇게 말씀하였다. "정직한 사람을 들어 쓰고 모든 부정한 사람을 버리면 부정한 자로 하여금 곧게 할 수 있는 것이다."

2006년 11월 21~23일 실시한 사법시험 2차 합격자를 대상으로 한 면접에서, "우리나라의 주적主敵은 미국" "북한 핵은 우

---

44 일부에서는 미중전쟁이라고까지 비약한다. 1950 미중전쟁. KBS 다큐 인사이트 〈1950 미중전쟁〉 제작팀 저. 책과함께, 서울, 한국 2022

45 논어論語 안연顔淵; 錯 두다, 枉 굽다

리나라에 위협이 되지 않는다" "북한의 남침 가능성이 없으므로 군대는 필요 없다"라는 답변이 나왔다고 합니다.[46] 국민의정부와 참여정부 시절 이러한 국가관이 형성될 수 있는 토양이 마련된 것이 근본적인 문제라고 생각합니다. 혹은 교육 현장에서 배양된 결과일 수도 있습니다. 젊은 판검사, 변호사, 공무원, 외교관, 장교 중에서 편향된 인식을 가지고 국가 업무를 왜곡하여 수행하는 경우가 극소수라도 있을지 괜한 기우杞憂가 생깁니다. 사회에 올바른 가치관을 가진 사람이 많으면 가치관이 왜곡된 사람도 곧게 펴질 것입니다. 양심의 자유가 훼손되지 않으면서 말입니다.

국가보안법

2007-01-23

2007년 1월 21일 '정통들(정동영과 통하는 사람들)' 출범식에서는 어린이들도 국가보안법 폐지를 주장하는 노래 '가장 늦은 통일을 가장 멋진 통일로'를 불렀다고 합니다.[47] 그 노래의 가사는 "악법은 법이 아니라 다만 악일 뿐입니다. 제 민족 제 형제를 적

---

46 조선일보 2006.11.30
47 조선일보 2007.1.23

이라 강요하며 통일의 길 막아 나서는 보안법 물리치고…."로 되어 있습니다.[48] 2007년 12월 대통령 선거를 앞두고 정권을 잡기 위하여 순수한 어린이들에게마저 이런 노래를 부르게 하면서 사상과 이념을 왜곡시켜 이용하는 정치가들에게 과연 이 나라의 지도를 맡겨도 되는지 의문입니다. 국가보안법에 들어있는 비非이성적인 내용은 고치거나 없애는 노력을 기울여야 합니다만, 법 자체를 통째로 폐지하는게 옳은지는 중지衆智를 모아 연구해야 할 부분입니다.

악법은 지켜야 하는가, 아니면 지키지 않아도 되는 것일까? 묵자가 도둑을 죽이는 것은 살인이 아니라고 한 말에 대하여[49] 순자는 그렇지 않다고 비판하였습니다. 도둑을 죽이는 것도 살인입니다. 악법도 법이니까 지켜야 한다고 주장하지는 않지만, 적어도 악법은 악일 뿐이니까 무조건 안 지켜도 무방한 것처럼 선동할 수는 없습니다. 아테네의 젊은이들을 타락시켰다는 중상中傷으로 사형 선고를 받은 소크라테스Socrates에게 친구 크리톤Kriton

---

48 '가장 늦은 통일을 가장 멋진 통일로' (작사 작곡 윤민석) 1. 반백년 분단에 세월 제아무리 길다 하여도 반만년 이어온 핏줄 끊을 수는 없습니다. 서로를 적대하며 증오했던 날들은 만남과 화해 속에 모두 날려버리고 (후렴) 한민족의 힘과 지혜 남과 북이 하나로 모아 가장 늦은 통일을 가장 멋진 통일로 2. 독약은 약이 아니라 무서운 독인 것처럼 악법은 법이 아니라 다만 악일 뿐입니다. 제 민족 제 형제를 적이라 강요하며 통일의 길 막아 나서는 보안법 물리치고 3. 그 어떤 사상 제도가 제아무리 좋다 하여도 민족의 이익보다 더 소중할 수는 없습니다. 어느 나라 어느 도시 어느 가정이라도 갈라져 싸운다면 모두 망할 뿐이라

49 묵자墨子 소취小取; 살도인비살인 殺盜人非殺人 "도둑을 죽이는 것은 살인이 아니다."

이 탈옥을 권했지만 소크라테스는 탈옥이 옳지 않은 것이라 여기고 사형을 당합니다. 소크라테스가 독배를 마신 까닭은 악법과 부당한 재판을 초월하여 자신이 생각하는 진리를 위하여 살아갈 따름이라는 스스로의 믿음이 있었던 때문입니다.

납북자

2007-04-02

2000년 9월 2일은 비전향 장기수 63명이 북송北送된 역사적인 날이지만, 아직까지 납북자는 송환은커녕 소식도 잘 모르고 있습니다. 납북자가족협의회에서는 전후戰後 납북자가 480명가량 되리라고 합니다. 2007년 4월 2일 '전후 납북피해자 지원법'이 국회를 통과하였으나, 제목에서도 알 수 있다시피 6·25전쟁 중에 납북된 국민은 제외되어 있습니다.[50] 아마도 이 법의 시행령은 북한에 대하여 납북자를 송환해 달라는 요청보다는 한국 정부가 납북자 가족에게 경제적으로 보상해주는 위주로 운용될 것으로 보입니다.[51] 2007년 10월 4일 제2차 남북정상회담에서 발표된 노무현 대통령과 김정일 국방위원장의 선언에서도 납북자와 국군 포로에 관한 사항은 의도적으로 뺀 듯한 인상을 받습니

50 통일부 2007.4.2
51 통일부 2007.7.12

길 잃은 나의 조국

다. 한국 정부는 자국민이 납북된 피해자인데도 북한에 대하여 강력하게 이야기를 못하는 모양입니다.[52]

민중의례

2008-10-21

'민중의례'라는 말을 들어본 적이 있습니까. 어떤 단체에서는 회의를 시작할 때 '국민의례' 대신 '민중의례'를 한다고 합니다.[53] '민중의례'에서는 '애국가'보다 '임을 위한 행진곡'이라는[54] 노래를 부르며 행사를 시작한다고 하는군요. 우리 사회에 만연한 이념의 분열을 단적으로 보여준 예라 하겠습니다. 국민의례는 모든 국민을 망라하는 준칙이며 애국가는 우리나라를 상징하는 노래입니다. 이러한 국민의례와 애국가나 태극기를 부정하며, 스스로 국민으로부터 떨어져나가 민중의례와 임을 위한 행진곡으로 애국가를 대치代替하는 분열적 행동은 우리 민족의 역량을 내부적으로 붕괴시키는 이념의 분열 중 하나입니다.

---

52 남북공동문(부록 1) 2007.10.4
53 조선일보 2008.10.21. 박효종; 전교조 회의 석상의 '임을 위한 행진곡'
54 '임을 위한 행진곡' 사랑도 명예도 이름도 남김없이 한평생 나가자던 뜨거운 맹세 동지는 간데없고 깃발만 나부껴 새날이 올 때까지 흔들리지 말자 세월은 흘러가도 산천은 안다 깨어나서 외치는 뜨거운 함성 앞서서 나가니 산자여 따르라 앞서서 나가니 산자여 따르라

종교의 분열

1996년 새뮤엘 헌팅턴Samuel Huntington 교수는 〈문명의 충돌〉이란 책에서[55] 종교 분쟁으로 인한 심각한 갈등이 인류를 세계대전으로 몰아넣을 위험성이 있다고 경고하였습니다. 어느 정도 과장도 없지 않다고 생각하지만, 세계 역사를 보면 종교로 인하여 많은 갈등과 전쟁이 일어났던 까닭에 그의 견해를 부정할 수만은 없습니다. 십자군전쟁, 팔레스타인 분쟁을 포함한 중동전쟁, 개신교도와 가톨릭교도 사이의 북아일랜드 분쟁, 옛 유고슬라비아 연방을 이루었던 보스니아에서 세르비아(그리스정교)에 의해 자행된 이슬람교도 인종 청소(ethnic cleansing), 인도에서 힌두교도와 이슬람교도 사이의 충돌, 기독교도와 이슬람교도 사이의 레바논 내전, 그 외 국지局地적으로 벌어지고 있는 기독교도와 이슬람교도 사이의 수많은 분쟁이 그런 예입니다.

인무유장귀천 개천지신야[56]

人無幼長貴賤 皆天之臣也

"사람은 어리거나 나이가 많거나 귀하거나 천하거나 구별 없

---

55 새뮤얼 헌팅턴Samuel Huntington; 문명의 충돌The Clash of Civilizations and the Remaking of World Order. 이희재 역. 김영사, 서울, 한국 1997, Simon & Schuster, New York, USA 1996

56 묵자墨子

이 모두가 하늘의 신하이다."

약 2,500년 전 춘추전국시대에 묵자는 모든 사람이 하늘의
신하이며 서로 더불어 사랑하며 살아가는 것이 하늘의 뜻을 따
르는 것이라 하였습니다.[57] 특히 우리나라에서는 지금까지 다양
한 종교가 평화롭게 공존해온 편입니다. 그러나 최근 일부 종교
를 중심으로 타 종교를 이단異端시하는 분위기가 조금씩 생겨나
고, 신도를 늘리고 교세를 확장하기 위하여 국내외로 선교를 공
세적으로 하기 시작하면서 우리나라에서도 종교 분쟁을 우려하
지 않을 수 없게 되었습니다.

사문난적
斯文亂賊
[천지장상사문야 후사자 부득여어사문야 천지미상사문야 광인기여
여하][58]
[天之將喪斯文也 後死者 不得與於斯文也 天之未喪斯文也 匡人其如
予何]
"유가儒家의 입장에서 유가가 아닌 다른 모든 이단의 학문"
공자가 위衛나라를 방문했을 때 광匡 사람들이 공자를 가둔 적
이 있었다. 그 때 공자께서 말씀하였다. "하늘이 이 문文(유학)
을 없애려 하셨다면 후세에 나온 내가 이 문文에 함께할 수 없

---

57 묵자墨子 순천지의하약 겸애천하지인 順天之意何若 兼愛天下之人 "하늘의 뜻을
따른다는 것은 무엇인가? 천하의 사람을 더불어 사랑하는 것이다."
58 논어論語 자한子罕; 斯 이것, 斯文 유학

었을 것이다. 하늘이 이 문文을 없애려 하지 않으신데 광 사람들이 나를 어찌할 수 있겠는가?"

유가에서 유학을 사문斯文이라 하고 유학이 아닌 다른 학문 모두를 사문난적이라 하여 이단으로 생각한다면 지금 세상에선 아마도 미친 사람 취급을 받을 것입니다. 마찬가지 이치로 어느 종교 집단에서고 믿느냐 안 믿느냐의 이분법二分法으로 사람을 편갈라 안 믿는다고 이단시한다면 나머지 사람들은 어떻게 생각할까요?

겸상애 교상리[59]
兼相愛 交相利
묵자께서 제자들에게 이르기를, "더불어 서로 사랑하고 서로 이롭게 해야 한다" 하였다.

우리는 자연 안에서 다 같은 인간이며 하늘의 신하입니다. 인종, 종교, 국적, 정치적 이념, 빈부貧富, 귀천貴賤의 구별 없이 서로 사랑하고 서로 이롭게 살아가기 위하여 노력해야 합니다.

[59] 묵자墨子

어린이집

2005년 7월 CTS 기독교 TV와 한국기독교총연합회는 '한국 교회 영유아 보육사업 조인 및 선언식'을 갖고 "전국 5만여 교회에 유아원, 방과 후 교육 시설을 만들어 맞벌이 부부의 영유아 보육을 돕겠다"고 하였습니다. 맞벌이 부부가 늘어나면서 주중週中에 아이를 맡길 만한 곳이 마땅치 않은 터에 교회가 그 역할을 자처하고 나선 것입니다. 교회가 사회 문제 해결에 나선 것은 바람직한 일입니다. 그러나 영유아 보육을 대외적인 목적으로 하면서, 유아원과 어린이집에서 아이들에게 기독교 종교 교육을 음양으로 시키지 않을까 하는 의구심이 마음 한구석에서 피어오르는 것은 어찌 할 수 없습니다. 맞벌이 부부의 2세 교육을 위하면서, 한편으로 미래의 신도를 많이 인도하고자 하는 선교의 목적은 과연 없겠는지요. 우리나라 인구의 과반過半이 (천주교를 포함하여) 기독교도가 되는 시대를 상상해보면, 정교政敎 분리가 깨지거나 종교와 교육의 독립성이 위태로워질 가능성이 전혀 없다고 할 수는 없을 것 같습니다. 만약 그런 상태에 이르면 사회 내부에 많은 갈등이 생겨나 분쟁이 벌어질 수도 있습니다.

2006년 1월 20일 '생명과 희망의 네트워크'가 발족했습니다.[60]

---

60 조선일보 2006.1.26

우리나라의 저低출산 문제를 해결하기 위하여 개신교가 범교단
적汎教團的으로 나서서 전국의 많은 교회에 어린이집 시설을 갖추
어 아이들을 기르겠다는 운동입니다. 교회가 헌금을 모아 사회
문제 해결에 발 벗고 나서는 것은 바람직하지만, 판단력이 부족
한 어린이를 대상으로 종교 교육을 시키지는 않기를 희망합니
다. 인류의 수많은 전쟁과 갈등이 종교로 말미암아 발생했다는
역사의 교훈을 돌이켜보면서, '생명과 희망의 네트워크' 운동이
어린이 선교에는 목적을 두지 않기를 바랍니다. 어려서부터 유
대교 교리와 이슬람 교리를 가르치는 이스라엘과 아랍 국가를
보면, 수많은 전쟁과 테러가 왜 여기서 발생하는지 원인의 일부
를 알 수 있습니다. 의무 교육인 중학교까지는 교육과 종교가 조
건 없이 분리되는 것이 바람직합니다.

2008년 3월 7일 국민일보에는 '저출산 시대-교회가 사회적
육아 대안으로' 라는 제목의 기사가 실렸는데 여기에는 "영유아
교육에 교회의 미래가 달렸다"고 하면서, 장모某 교수(안양대 기
독교 교육)가 "영유아 교육이 30년 뒤 한국 교회의 미래와 직결된
다는 점에서 투자에 적극 나서야 한다"고 주장하는 내용이 실렸
습니다.[61] 우려하던 어린이 종교 교육이 실체를 드러내는 것 같
은 느낌을 받는 건 과연 저자 혼자뿐일까요.

교육부는 2008년 4월 15일 학교 자율화 추진 계획을 발표하

---

61 국민일보 2008.3.7

면서, 종교의 자유를 보장하는 범위에서 종교 교육을 할 수 있도록 했습니다. [62] 종교재단이 운영하는 학교에서는 이를 환영할 것 같은데, 거듭 강조하지만 적어도 의무교육 기간 동안에는 교육은 종교를 초월하여야 하며, 종교재단이 교육 사업을 하는 목적은 그야말로 '교육' 그 자체에 두어야 할 것입니다. 의무교육 기간을 마친 학생 중에서 희망하는 학생에게 종교 교육을 실시하는 것은 무방하지만, 원치 않는 학생이 반강제적으로 종교 교육을 받아야 한다면 신앙의 자유를 침해할 소지가 있습니다.

시인지국약시기국 시인지가약시기가 시인지신약시기신[63]
視人之國若視其國 視人之家若視其家 視人之身若視其身
더불어 서로 사랑하고 서로 이롭게 하는 방법으로 묵자께서
이르기를, "남의 나라 보기를 자기 나라 보듯이 하고, 남의
집안 보기를 자기 집안 보듯이 하며, 남의 몸 보기를 자기 몸
보듯이 하라" 하였다.

다른 사람의 종교 보기도 자기 종교 보듯이 하면 사람 사는 사회가 평화로워질 것 같습니다. 제3세계에서는 한국이 서구와 미국을 대신하여 기독교 선교를 앞장서 수행하는 나라라는 인식이 확산되고 있습니다. 선교의 주체는 기독교인인데 자칫 한국인이 기독교를 선교하고 있다고 오인하기 십상입니다. 과거 서

62 교육과학기술부 '학교 자율화 추진계획' 발표 2008.4.15
63 묵자墨子

구 열강이 식민지를 침탈侵奪할 때 선교사부터 파송했던 역사적 경험이 아직 많은 지구인들의 기억 속에 남아 있습니다. 최근에는 가까운 이웃 나라에 수천 명의 선교 요원이 파송되어 상당수가 비밀리에 활동하고 있다고 합니다. 그 나라에서는 공인된 장소 외에서 종교를 전도하는 행위가 불법인데,[64] 그 나라 법을 어겨가면서 소위 지하교회 등에서 선교 활동을 하고 있는 셈입니다. 그 나라 정부가 비밀 선교 활동을 국가 체제를 전복시키고자 하는 의도를 가진 것으로 간주한다면 선교 활동 때문에 애꿎게 우리나라가 큰 해를 입지나 않을까 걱정입니다. 해외 선교에 따른 불필요한 피해가 우리나라와 선량한 국민들에게 미치지 않도록 신중한 검토가 필요합니다.

재화의 분열

정글의 법칙이 자본주의를 이끌던 19세기, 노동자의 착취에 분노한 마르크스Marx는 〈자본론〉에서 자본주의의 근본적 결함을 과학적으로 풀이해놓았습니다. 그 후 자본주의는 노동자의 복지

---

64 '문명의 충돌' (새뮤얼 헌팅턴. 김영사, 서울, 한국 1997); 중국은 1994년 외국인의 전도 행위나 신학교 및 종교 시설 설립을 금지하고 해외 지원을 받는 종교 단체의 활동을 금지하는 법을 제정하였다.

길 잃은 나의 조국

와 권익 측면에서 괄목할 만한 개선을 받아들였지만 자본주의의
결함에 대한 원인 처방은 아니었으며, 따라서 재투자나 손실 충
당금을 제외한 잉여 이익은 여전히 노동자의 몫보다는 자본의
몫이 더 컸습니다. 사회로 환원되는 잉여 이익 부분에서도 그 수
준이 합리적이라면, 전체 사회 구성원에게 긍정적으로 작용하여
노동자의 실질적인 몫이 늘어날 것입니다. 그러나 잉여 이익이
사회로 환원되거나 노동자의 몫으로 돌아가기보다 자본의 몫이
되어버린다면, 사회 계층 간에 소득 차이는 계속 벌어질 수밖에
없습니다. 다만 선진국에서는 제2차 세계대전 이후 노동자의 기
본적인 생활수준이 향상됨으로써, 개선된 자본주의가 노동자의
큰 반발 없이 계속 번성할 수 있었습니다.

양극화

2005-09-23

1980년대부터 급격히 대두한 신자유주의 하^下 신자본주의의
영향으로 최근에 중산층이 몰락하는 현상이 두드러지게 나타나
기 시작했습니다. 그에 따라 전 세계적으로 양극화兩極化 지수가
점점 높아지고 있는데, 한국도 외환위기 직후인 1998년부터 양
극화 현상이 심화深化되고 있습니다. 삼성경제연구소의 보고에
의하면 2004년도 한국의 소득양극화 지수(Esteban & Ray=ER 지

수)는 주요 서유럽 국가나 일본보다도 오히려 높아졌습니다.[65]

연도별로 우리나라의 소득불균형(지니^{Gini} 계수) 및 소득 양극
화(ER) 지수의 변화를 살펴보면, 1982년부터 지속적으로 좋아지
다가 1997년 말 외환위기를 맞으면서 상당히 악화되었음을 알
수 있습니다.[66] 그런데 이상하게도 우리나라 정치가들은 양극화
를 어떻게 하면 근본적으로 치료할 수 있을까 고민하는 노력은
부족하고, 어떻게 하면 자신이 속한 정치 집단이 정권을 창출하
고 유지하는 데 양극화 현상을 이용할 수 있을까를 더 생각하고
있는 것 같습니다. 양극화의 치료에 힘쓴다면 국민 단합을 이룰
수 있을 터인데, 오히려 양극화를 선전하여 가진 자와 없는 자를
이간시키면 정권 창출과 유지에 유리하다고 판단하는 정치 세력
이 있는 것은 아닌지 의심됩니다.

2005년 9월 22일 131개 단체가 모여 '사회 양극화 해소 국민
연대'를 발족시켰습니다.[67] 이 모임이 앞으로 양극화 해소를 위
해서 실질적으로 도움이 되는 활동을 하면 좋겠지만, 단지 일과
성一過性 홍보 이벤트로 국민들이 빈부로 분열되어 있다는 것을
강조하려는 것이라면 좀 더 지켜볼 필요가 있겠습니다. 그러나

---

65 민승규, 김용기, 이갑수, 김근영, 손민중, 양준호, 최희갑, 최홍, 심창섭; 소득양극
    화의 현황과 원인. 삼성경제연구소 2006.8.18
66 통계청 2009.5.21. 2008년도 세계적 금융위기를 겪으면서 2008년 지니계수는
    0.325로 역대 가장 높아, 1998년 외환위기 때보다도 소득 불균형이 심해졌다.
67 조선일보 2005.9.23. 전국민주노동조합총연맹(민주노총), 전국민중연대, 참여연
    대, 환경운동연합, 한국노동조합총연맹(한국노총) 등 단체

발족 이후로 활동이 유명무실^{有名無實}한 것으로 보아 홍보성 이벤트에 그칠 가능성이 높아 보입니다.

배움

2006-03-17

욕천이귀 우이지 빈이부 가호 왈 기유학호[68]
欲賤而貴 愚而智 貧以富 可乎 曰 其唯學乎
"천하면서 귀해지고, 어리석으면서 지혜로워지고, 가난하면서
부유해지고 싶다면 그것은 오로지 배움을 통해서 가능하다."

순자는 이미 2,300년 전에 빈부, 귀천으로 구분된 사회 계층
간의 이동을 가능하도록 해주는 가장 좋고 유일한 방법이 배움[69]
이라고 했습니다.

유교무류[70]
有教無類
"가르침에 있어서는 차별이 없다."

---

68 순자荀子 유효儒效
69 교육에서는 가르침(교[教], teaching)보다 배움(학[學], learning)을 더 중요시한다.
70 논어論語 위령공衛靈公

학생의 자질에 따라 교육의 기회를 공정하고 공평하게 주어 교육에서 차별을 없애야 합니다.

교육은 사회의 양극화 현상을 합리적으로 해결할 수 있는 아주 좋은 방법입니다. 그런 맥락에서 교육의 기회에 차별이 없도록 하기 위한 좋은 정책을 개발해야 합니다. 그러나 차별이 없어야 한다는 의미는 기회의 평등(equal opportunity)이지 결과의 획일적인 평등을 가리키는 것이 아니라는 사실을 모든 사회 구성원이 받아들여야 합니다.

2006년 3월 16일 청와대 홈페이지에 2005년도 서울대학교 합격자 통계가 실렸는데 서울 강남구가 고3 인문계 학생 7,922명 중 서울대에 합격한 학생이 201명(25.4/1000)으로 서울 시내에서 1위였고, 마포구가 2,158명 중 6명(2.8/1000)으로 꼴찌라는 내용입니다.[71] 참고로 전라남도는 2.1/1000 이었습니다. 청와대는 이 현상을 "대학 입시 출발점, 소득에 따라 큰 차이 나: 가정환경에 따라 어떤 아이는 30m 앞에서 출발해 70m만 달리면 되고, 어떤 아이는 10m 앞에서 출발해 90m만 뛰면 되고, 어떤 아이는 100m를 다 달려야 하는 것"이라고 해석하였습니다. 그리고 "이런 현상이 대를 이어 반복된다면 최악의 경우 환경의 차이를 유전자 차이로 절대화하는 내부 인종주의로 귀결될 위험성도 있다"라는 사족蛇足까지 덧붙였습니다.

---

[71] 조선일보 2006.3.17

청와대는 또 '교육 양극화—게임의 법칙'이라는 이메일을 외부로 발송했는데, 그 내용 중에는 2004년도 서울대학교 신입생의 부모 직업을 분류한 것도 있습니다.[72] 교육에서의 양극화와 사회 계층 간의 양극화를 연관시키려는 의도인데요, 대통령이 있는 청와대부터 '게임의 법칙'과 같은 진실과 동떨어진 자극적인 용어를 사용하여 갈등을 조장하고 국민을 분열시키기 전에 교육 기회의 평등을 위한 해결책을 진지하게 고민해야 합니다. 인간은 태어날 때부터 하늘과 땅 사이에서 평등하므로, 모든 학생에게 골고루 기회가 갈 수 있도록 우리 모두 노력해야 합니다. 평등은 더불어 살기 위하여 반드시 필요한 전제 조건이기 때문입니다.

지방 선거를 앞두고 당시 여당인 열린우리당 정치인들이 실업고등학교를 방문해 소위 교육 양극화를 자극하는 행사를 계획하자, 한국교원단체총연합회(교총)는 2006년 3월 19일 다음과 같은 내용의 성명을 발표하였습니다.[73]

"교육을 정치적으로 이용하지 말고 실업고 방문 정치를 즉각 중단하라." "교육 문제를 양극화 해소의 기재器材로 활용하여 가진 자와 못 가진 자의 이분법적 접근을 하는 데 유감을 표한다."

정치인들의 마음이 진정이라면 평소에 실질적으로 실업고등

---

72 조선일보 2006.3.21. 경영 관리직 18.7%, 전문직 18.5%, 교사 7%, 사무직 23.2%, 판매 서비스업 18.1%, 숙련기술직 7.2%, 소규모 농축산업/비숙련노동/무직 5%

73 조선일보 2006.3.20

학교의 교육 수준을 높이려는 정치 활동을 해야지, 2006년 5월 31일 지방 선거를 앞두고 한 표라도 더 얻기 위하여 정치 제스처를 하는 것이라면 국민을 이간시키는 악영향만 초래할 뿐입니다.

상도 商道

2006-10-03

KBS는 2006년 2월 18일 KBS 스페셜 '신자유주의를 넘어-차베스Chavez의 도전'에서 "가진 자의 것을 빼앗아 나눠 갖자"는 베네수엘라 차베스 대통령의 주장을 신자유주의에서 탈출할 수 있는 하나의 가능성으로 언급해 논란을 일으켰습니다.[74] 신자유주의의 음모를 이야기하고 그로부터의 탈출을 모색하는 것은 중요한 의미가 있지만, 차베스 1인 권력 체제를 유지하기 위하여 대중영합주의 방법으로 서민을 선동하는 것 또한 문제가 아니라고 할 수 없습니다. 마치 가진 자의 것을 빼앗아 나눠 갖는 방법이 부富의 양극화 현상을 해결하는 좋은 방안인 것으로 일부 시청자가 잘못 이해할 우려가 있으니까요. 오히려 베네수엘라는 국정 운영의 실패로 극심한 인플레이션과 함께 범죄율이 치솟은 최빈국의 하나로 전락하고 말았습니다. 그 여파로 2015년 이래

---

74 KBS 2006.2.18

500만 명 이상의 베네수엘라(인구 약 3000만명, 2015년) 주민이 타국(콜롬비아 248만 명, 페루 149만 명 등)으로 떠났다고 합니다.[75]

한국교원단체총연합회 교육정책 연구소에서 초 중 고등학생 2,000명에게 설문 조사를 하였더니, '잘사는 사람과 못사는 사람의 차이가 큰 것보다 모두가 못 살아도 평등하게 사는 것이 더 바람직하다' 항목에서 '그렇다'[43.7%]라는 응답이 '그렇지 않다'[34%]보다 많이 나왔다고 합니다.[76] 같이 못사는 하향下向 평준화가 오히려 낫다는 비관적인 의식으로 청소년이 오도誤導된 것은, 아마도 교육 때문이 아닌가 생각합니다. 앞에서 예로 들었듯이, 국민의정부와 참여정부 시절 정권 차원에서부터 일선의 교육 현장까지 '양극화'를 선전 선동하여 학생들에게 계급의식을 심어주고, 가진 자에 대한 적개심을 자극하였습니다. 아직 성숙 과정에 있는 청소년에게 편향된 사상을 주입하는 것은 광신적인 종교 집단에서 신도를 세뇌하는 것과 비슷한 위험성이 내포되어 있습니다.

부다익과[77]
裒多益寡
"많은 것을 덜어서 적은 데에 더한다."

75 BBC 2022.10.17
76 조선일보 2006.12.4
77 주역周易 지산겸地山謙 괘; 裒 덜다, 寡 적다

불부기린[78]

不富其隣

"홀로 부유하려 하지 말고 그 이웃과 같이 하라."

다 같이 못사는 것보다 다함께 잘사는 상향^{上向} 평준화의 길로
갈 수 있는 길은 없을까요. 불부기린과 부다익과의 정신을 부자
들이 실천하는 운동을 우리 사회에서 활성화하고 싶습니다.

유유여부진지재 이환백성[79]

留有餘不盡之財 以還百姓

"여유가 있어서 다 쓰지 못하고 남은 재산은 백성에게 돌려
보낸다."

북송北宋 때의 정치가 왕참정王參政은 죽기 전에 되돌려주고 싶
은 것이 네 가지가 있다고 말했다. '첫째, 다 쓰지 못한 재주
는 조물주에게 돌려보내고, 둘째, 다 쓰지 못한 녹祿은 조정
으로 돌려보내고, 셋째, 다 쓰지 못한 재산은 백성에게 돌려
보내고, 넷째, 다 쓰지 못한 복福은 자손에게 돌려보낸다'가
그것이다.

19세기 조선시대 제일의 거상巨商 가포家圃 임상옥林尚沃은 빈

---

78 주역周易 지산겸地山謙 괘
79 명심보감明心寶鑑 성심省心, 추적秋適; 유유여부진지교 이환조화 유유여부진지록
    이환조정 유유여부진지재 이환백성 유유여부진지복 이환자손 留有餘不盡之巧 以還
    造化 留有餘不盡之祿 以還朝廷 留有餘不盡之財 以還百姓 留有餘不盡之福 以還子孫

길 잃은 나의 조국

민구제와 자선사업에 힘썼으며 그의 모든 재산을 백성과 사회에 환원한 후 무無로 돌아갔습니다. 상업의 부처 상불商佛이 된 것입니다. 그의 토지는 국유지의 일종인 궁장토宮庄土로 편입되어 일제 강점기 초까지 평안도 서북지방의 불이농장不二農庄으로 내려왔다고도 전해집니다.

재시화지문 유산참신도[80]
財是禍之門 遺産斬身刀
"재산은 화禍의 문이요, 유산은 몸을 베는 칼"
상업지도商業之道(상도商道)를 몸소 실천한 임상옥은 자식들에게 이 같은 말을 남기고 후손에게 유산은 아무것도 남기지 않았다고 한다.

경주 최부잣집은 조선시대 350여 년간 12대에 걸쳐 만석꾼으로 내려온 것으로 유명합니다. 부자富者는 3대를 가기 힘들다는 속설을 비웃다시피 최부자가 12대를 갑부로 내려올 수 있었던 까닭은 그 집 가훈을 보면 짐작할 수 있습니다. 가훈 중에는 만석 이상은 모으지 말고 그 이상의 재산은 사회로 환원하며, 흉년에는 땅을 늘리지 말고, 사방 100리 안에 굶어 죽는 사람이 없게 하라는 내용이 들어 있습니다. 그래서 가뭄이나 흉년이 들면 곳간을 풀어 가난한 주민들에게 양식을 나눠 주었다고 합니다. 12대째 이르러 일제 강점기에는 독립운동에 막대한 자금을 댔으

---

80 최인호; 상도商道 여백, 서울, 한국 2000

며, 해방 후에는 전 재산을 대구대학(현 영남대학교) 설립에 기탁하였습니다.

일본에서도 17세기 후반 미쓰이(삼정三井) 상점을 창업한 미쓰이 다카후사(三井高利)는 다른 상인들의 몰락을 지켜보면서 가훈의 필요성을 절실히 느꼈는데, 그의 장남인 미쓰이 다카히라(三井高平)가 이를 이어받아 1722년 가훈 '소치쿠(宗竺) 유서遺書'를 제정하였습니다.[81] 그 내용 중에는 '기부는 가난하고 고통 받는 이들에게 해야 한다. 그러면 만 배의 보답을 받을 것이다'라는 구절이 들어 있습니다. 이렇듯 부를 사회로 환원하는 기업만이 오래도록 살아남는 것이며, 20세기에 들어서 미쓰이 재벌은 근대식 기업으로 성장하여 일제 패망 전까지 약 270개의 회사를 거느린 일본 최대의 재벌이 되었습니다. 제2차 세계대전 이후 재벌은 해체되었지만 미쓰이는 창업 이래 330여 년을 지속하고 있습니다.

조선의 거상 임상옥과 경주 최부자와 같이 잉여 유산을 사회에 기부하는 운동(잉여 유산 기부 운동Surplus inheritance donation campaign)[82]에 많은 사람이 자발적으로 동참하기를 기대해 봅니다. 이처럼 부자들이 재산을 자식에게 다 물려주기보다 유산을 사회의 좋은 일에 사용할 수 있는 계획을 세운다면 세상은 매우 아름다워질 것입니다.

---

81 소치쿠(宗竺)는 미쓰이 다카히라(三井高平)의 불명佛名

82 Surplus inheritance donation campagn은 저자의 번역임

길 잃은 나의 조국

유자황금만영 불여일경[83]

遺子黃金滿籯 不如一經

추로鄒魯 지방의 속담에 이르기를, "자식에게 황금을 바구니
가득 남기는 것은 경서經書 하나를 가르치는 것보다 못하다"
하였다.

자식에게 황금을 많이 물려주는 것은 자식을 망치는 지름길
이며 자식을 훌륭하게 교육시키는 것이 자식을 큰 인물로 만드
는 길임을 부자들은 깨달아야 합니다.

마이크로소프트Microsoft사의 창업자인 억만장자 빌 게이츠Bill
Gates 회장은 자신의 재산 수백억 달러로 게이츠 재단(Bill &
Melinda Gates Foundation)을 세워 은퇴 후 자선사업가로 변신하
였습니다. 빌 게이츠는 마이크로소프트를 통하여 바라는 바를
얻은 다음에 그것을 가치 있고 보람 있게 쓰는 법을 터득한 미국
판 군자君子라 할 수 있습니다. 그가 누리는 즐거움을 부러워하지
만 말고 우리나라 부자들도 이러한 실천 정신을 본받아 마음이
풍요로운 부자로 거듭나기 바랍니다.

2007학년도 대학수학능력(수능)시험 문제풀이를 보면 이런
문항을 볼 수 있습니다[84]

---

83 한서漢書 위현전韋賢傳, 반고班固; 籯 바구니
84 조선일보 2006.11.17

정치 3번 문제 "A국은 어떤 모델을 취해야 하는가?"에서 A국은 우리나라를 포함해서 어느 나라도 될 수 있는데 유럽식 모델과 영미英美식 모델 중에서 바람직한 것을 택하는 문항입니다. 순리적으로 생각한다면, 유럽식 모델과 영미식 모델의 장점을 취하고 나서, 두 모델 사이에서 상충되고 모순되는 부문에서는 사안에 따라 어느 쪽을 택하거나, 아니면 제3의 방안을 택하면 되는 문제입니다. 그러나 사회주의적인 성향이 농후한 "성장 후 분배가 아닌 분배를 통한 성장을 해야 한다"가 정답에 들어 있었습니다. 학생들이 점수를 얻기 위해서 이 주장을 택하게 만들면 사회주의를 옹호하도록 유도할 수 있는 문항입니다. 사회주의에도 옳은 주장이 많다고 생각하지만 모두 다 옳다고는 할 수 없습니다. 보기에는 없었지만 "성장도 하면서 분배가 사회 정의에 맞게 이루어져야 한다"가 올바른 답일 것입니다. "결과의 평등이 아닌 기회의 평등을 추구해야 한다"라는 보기는 정답이 아닌 것으로 되어 있는데, "기회의 평등을 추구하면서 동시에 인간답게 살 수 있는 기본적인 생활이 가능하도록 이를 보장하는 체제"가 이상理想적일 것입니다. 결과의 평등은 공산주의에서 차용한 것으로 생각되는데, 마치 이것이 추구해야 할 방향인 것처럼 가면을 가리고 있는 문항으로 보입니다. 기회의 평등은 인간 사회에서 어떠한 경우에도 보장되어야 하는 기본권 중의 하나입니다.

10번 문제에서는 사회 구성원 간의 갈등을 유별히 강조하고 있는데, 문항 내용을 보면 (1) 경제적 상위 계층과 하위 계층 간 갈등 (2) 도시와 농촌 주민 간 갈등 (3) 젊은 세대와 기성세대 간의 갈등 (4) 보수와 혁신 세력 간의 갈등같이 다른 점만 있으면 무조건 갈등 구조로 몰아가고 있습니다. 김대중 및 노무현 정권이 유달리 갈등을 강조한 가장 중요한 이유는 갈등 구조를 자꾸 부각시켜야만 선거에서 이길 수 있기 때문일 것입니다. 아무래도 서민의 표가 상대적으로 많은 까닭이지요. 민주주의의 문제점 중의 하나가 대중영합주의를 교묘히 이용하여 정권을 잡을 수 있다는 점입니다. 훌륭한 지도자는 거의 모든 사회 구성원을 화합하여 시너지가 나올 수 있도록 합니다. 다르다는 것을 갈등으로만 몰아갈 것이 아니라, 그 중의 상당 부분은 점진적인 수많은 다양성을 나타낸다는 점을 인식해야 합니다. (1),(2),(3),(4) 모두 적대적인 갈등 관계로만 파악할 것이 아니라 오히려 점진적인 다양성으로 파악한다면 서로 싸우기보다 서로 도와주는 사회 구조를 만들어, 싸움에 따르는 피치 못할 손실을 막고 시너지 효과를 창출할 수 있습니다. 이 문항 역시 학생으로 하여금 교묘히 우리 사회 구조를 적대적인 사회 세력 간의 갈등으로 이해시켜, 계급투쟁과 같이 우리 사회의 에너지를 소모시키는 결과를 초래할 수도 있습니다.

맺음말

겸지소생 천하지대리자 별지소생 천하지대해자야[85]

兼之所生 天下之大利者 別之所生 天下之大害者也

"더불어 사는 것은 천하의 큰 이로움이 되는 것이요, 차별을
두어 사는 것은 천하의 큰 해로움이 되는 것이다."

다 함께 잘사는 사회, 다 함께 인간답게 사는 사회는 우리의
이상입니다. 남이야 어찌 되건 말건 나만 잘살면 된다는 생각은
판자촌 한가운데에 담을 높이 쌓은 으리으리한 궁전 같은 집을
지어놓고 그 안에서 살아가는 것과 같습니다. 동남아시아의 도
시국가 싱가포르는 1991년 '공유하는 가치(Shared Values)'라는
국가 이데올로기 다섯 가지를 반포했는데, 여기에서 '갈등보다
는 합의' '인종간, 종교간 화합'을 강조하고 있습니다.[86] 더불어
살아가는 것을 실천하려는 의지의 선언입니다.

---

85 묵자墨子

86 The White Paper on Singapore's Shared Values, 1991.1.15 1. Nation before
community and Society above self 2. Family as the basic unit of society 3.
Community support and respect for the individual 4. Consensus, not conflict
5. Racial and Religious harmony

겸이역별[87]

兼以易別

"더불어 함으로써 차별을 바꿔야 한다."

더불어 살면 모두가 이로울 것이요, 격리시켜 차별을 두면 모두에게 해로울 것입니다. 묵자墨子는 더불어 살아감으로써 차별을 없애자고 역설力說하였습니다. 남북南北의 분단, 지역의 차별, 좌우左右 이념의 분열, 종교의 반목反目, 재화의 불균형 등 이 모든 차별을 뛰어넘어 더불어 살아가는 사회를 다 함께 만들어나가야 합니다. 교육 받을 기회를 골고루 주며, 분배가 사회 정의에 맞게 이루어지고, 부富의 사회 환원이 물 흐르듯 돌아가는 나라를 건설하여 세계 인류 번영에 기여하면 얼마나 좋을까요.

보합대화[88]

保合大和

"크게 화합하여 이를 보전하고 합함"

온 민족이, 온 인류가 화합하여 더불어 잘사는 대동사회를 이루고 후천後天 세상을 열어 영원토록 보전해야겠습니다.

---

87 묵자墨子
88 주역周易 중천건重天乾 괘

제12장

교육

처음말

옥불탁 불성기 인불학 부지도[1]

玉不琢 不成器 人不學 不知道

"옥도 갈아서 다듬지 않으면 그릇이 될 수 없고, 사람도 배우지 않으면 도道를 알지 못한다."

옛 선인先人들은 인간의 도리를 모르는 이는 사람이라 할 수 없다고 했습니다. 그런데 사람이 배우지 않고서는 도리를 알 수 없으므로 교육을 사람이 사람으로서 살아가기 위해서 반드시 수행해야 할 기본적인 덕목으로 본 것이지요.

유성망념작광 유광극념작성[2]

惟聖罔念作狂 惟狂克念作聖

"성인이라도 생각하지 않으면 바보가 되고, 바보라도 잘 생각할 줄 알면 성인이 된다."

천성이 성인으로 태어났어도 교육하지 않으면 바보가 되고, 바보라도 교육을 하면 성인이 될 수 있다는 말입니다. 여기서 교

---

1 예기禮記 학기學記; 琢 다듬다
2 서경書經 주서周書; 罔 말다

육이란 지덕체^{智德體}를 아우르는 심신^{心身}의 전인^{全人} 교육을 가리킵니다.[3]

선인자 불선인지사 불선인자 선인지자[4]
善人者 不善人之師 不善人者 善人之資
"선한 사람은 선하지 않은 사람의 스승이 되고, 선하지 않은 사람은 선한 사람에 의해 쓸모 있는 사람이 된다."

교육을 맡은 사람은 모름지기 학생들에게 좋은 역할 모델(본보기, role model)이 되어야 하며, 그릇된 길로 나아가는 제자를 쓸모 있는 사람으로 만드는 데 정성을 기울여야 합니다. 예수께서도 "(목자牧者는) 아흔아홉 마리를 그대로 두고 길 잃은 양 한 마리를 찾아 나섰다. 지칠 대로 지쳐 양을 찾은 후 그는 그 양에게 말했다. '나는 다른 아흔아홉 마리의 양보다 너를 더 사랑한다'"고 말씀하였습니다.[5] 이와 마찬가지로 우리는 그릇된 길로 나아가는 제자를 교육하는 데 더욱 정성을 쏟아야 합니다.

---

3 교육에서는 가르침(교[敎] teaching)보다 배움(학[學] learning)을 더 중요시한다.
4 도덕경道德經 교용巧用/요묘要妙, 노자老子
5 도마복음Godspel of Thomas 6장

인성 교육

제자 입즉효 출즉제 근이신 범애중 이친인 행유여력 즉이학문[6]

弟子 入則孝 出則弟 謹而信 汎愛衆 而親仁 行有餘力 則以學文

공자께서 말씀하였다. "배우는 어린 사람은 집에 들어와서는 효도하고 밖에 나가서는 웃어른을 공경하며, 매사에 삼가고 신의를 지키며 널리 사람을 사랑하고, 어진 사람과 친하게 지내고 남는 힘이 있으면 글을 배우는 것이다."

전국의 고3 담임 교사 20인의 의견을 들어보면 요즈음 고3 학생들은 책임감도 약하고, 수업 때 이전 칠판을 지우는 학생이 별로 없으며, 예의가 많이 부족하다고 합니다.[7] 그뿐 아니라 집중력도 많이 떨어지고, 너무 빨리 포기해버리는 경향이 있다고 합니다. 옛 선인先人들은 인성人性이 된 다음에야 글 공부를 하는 것이라 했는데 우리 학생들은 입시에 쫓겨 인성은 뒤로 제쳐놓고 공부에 허덕이고 있습니다.

비기인이교지 재도량 차적병야[8]

非其人而教之 齎盜糧 借賊兵也

---

6 논어論語 학이學而
7 조선일보 2006.1.10
8 순자荀子 대략大略

"군자가 되지 못할 사람을 가르치는 것은 도둑에게 양식을 대주고 적에게 무기를 빌려주는 것과 같다."

인무사무법 이지즉필위도 용즉필위적 운능즉필위란[9]
人無師無法 而知則必爲盜 勇則必爲賊 云能則必爲亂
"사람에게 스승이 없고 법이 없다면, 아는 게 있으면 반드시 도둑이 될 것이요, 용감하면 반드시 남을 해칠 것이요, 재능이 있으면 반드시 세상을 어지럽힐 것이다."

먼저 사람이 된 다음에 지식을 쌓아야 그 지식을 좋은 데 쓰지만, 인성 교육이 안 된 사람에게 지식이 많으면 그 지식을 나쁜 목적을 위해서 사용해 해를 끼치는 경우가 생기는 법입니다. 송宋나라 때 중국 각 지방에다 활발히 학교를 세웠는데 당시 이구李覯라는 학자가 원주袁州 지방에 신축한 학교의 준공에 맞추어 '원주학기袁州學記'라는 글을 지은 바 있습니다. 그는 이 글에서 학교의 설립 목적은 예禮와 악樂을 강의하여 백성들을 교화하고, 신하로서 충성하며 자식으로서 효도하여, 사람으로서 믿음과 본받을 바가 있도록 함이라고 하면서, 하지만 '만약 붓과 먹을 놀려 이익과 영달을 구하는 것뿐이라면 우리 모두의 수치이며 나라를 다스리는 자의 근심이다'라고 경계하였습니다.[10] 우리가 지덕체

---

9 순자荀子 유효儒效
10 고문진보古文眞寶; 이구李覯 '원주학기袁州學記' '약기롱필묵 이요리달이이 기도 이삼자지수 억역위국자지우 若其弄筆墨 以徼利達而已 豈徒二三子之羞 抑亦爲國者之憂' 徼 구하다, 羞 부끄럽다

교육 중에서 지智보다 먼저 덕德과 체體를 중요하게 여기는 이유와 다르지 않습니다. 덕德과 체體를 강조하는 교육이 아쉽습니다.

> 도생지 덕휵지 장지육지 성지숙지 양지복지[11]
> 道生之 德畜之 長之育之 成之熟之 養之覆之
> "도道가 낳아주고 덕德이 길러준다. 도와 덕은 만물을 자라게 하고 키워주며, 이루어주고 성숙시키며, 양육하고 덮어준다."

> 덕장위여미 도장위여거… 조이응지 덕야 우이응지 도야[12]
> 德將爲汝美 道將爲汝居… 調而應之 德也 偶而應之 道也
> "덕은 너를 아름답게 할 것이며, 도는 너를 편안하게 할 것이다. …조화하여 (자연에) 순응하는 것이 덕이요, 짝하여 호응하는 것이 도이다."

도덕은 말 그대로 도道와 덕德입니다. 동양에서는 유사有史 이전부터 인간의 정신 수양의 뿌리를 도道와 덕德에 두었습니다.

모某 대안代案교육단체에서 '똥떡'(도덕) 폐지운동을 하고 있다고 합니다.[13] 지금의 도덕 교과는 학생 양심을 붕어빵처럼 찍어내는 것이라고 도덕 교과 폐지 운동을 한다는데, 한 대안교육단체의 임의적 교육 철학이 후대 교육에 해를 끼치는 바는 없는지 진지하게 검토해볼 필요가 있겠습니다.

---

11 도덕경道德經 양덕養德/존귀尊貴, 노자老子; 覆 덮다
12 장자莊子 지북유知北遊; 偶 짝
13 조선일보 2006.2.6

반도이덕[14]

叛道離德

"도를 배반하고 덕을 떠나다."

반만년 이상 내려오는 우리의 정신문화 토양을 파괴하고, 도를 배반하고 덕을 떠나서는 인간이 짐승보다 나을 게 없을 것입니다.

자연과학 교육

2006-09-16

독서만배리[15]

讀書萬倍利

"책을 읽으면 만 배의 이익이 온다."

한국 중고등학생의 자연과학 실력은 3년마다 시행하는 '학업 성취도 국제학력평가(the Programme for International Student Assessment = PISA)'에서 첫해인 2000년에는 OECD 국가 중 1위였으나, 2003년에는 3위, 2006년에는 7위로 계속 떨어지고 있

---

14 도덕경道德經 하상공장구河上公章句 성덕聖德, 노자老子
15 고문진보古文眞寶; 왕안석王安石 '권학문勸學文'

습니다. 학생 스스로 얼마나 효과적으로 자연과학 과목을 배우고 있다고 느끼는지에 관한 설문조사 결과에서도, 한국 학생들은 매우 비효과적으로 배우고 있다고 인식하는 것으로 나타났습니다.[16]

우리나라에서 자연과학 교육이 소홀히 되고 있는 이유야 여러 가지가 있겠지만 먼저 두 가지를 들 수 있습니다. 첫째, 인문사회계열 학생들이 대학수학능력시험에서 과학 과목을 선택하지 않아도 되므로, 과학 과목을 배울 필요성을 못 느낀다는 것입니다. 누구나 자신의 전공을 선택하지만, 다양한 분야의 경험과 공부는 인간으로서의 폭을 넓힐 뿐만 아니라 자신의 전문 분야에도 도움을 줍니다. 예를 들어, 일반 교양 수준의 과학을 이해하고 있는 변호사가 그렇지 아니한 변호사보다 자신의 고유 업무를 더 훌륭히 처리할 확률이 높을 것입니다. 둘째, 사회에서 이공계 출신이 받는 대우가 상대적으로 낮은 데서도 그 원인을 찾을 수 있습니다. 그 여파로 일반 고등학교에서 자연계열을 택하는 학생수가 1990년대 말부터 점점 줄고 있으며, 대학수학능력시험에서 자연계를 지원하는 학생수가 1990년대에는 인문사회계와 비슷하였으나 점차 줄어들어 최근에는 인문사회계의 절반을 조금 넘는다고 합니다.[17] 인류 발전의 기본이 되는 자연과

---

16 Student's self-belief how effective do they feel as learners? 2006년도 과학에 대한 자기 효능은 일본과 한국이 최하, 미국과 캐나다가 최상이었다.

17 2008년 11월 13일 시행한 대학수학능력시험에서 사회탐구를 348,473명(59.2%), 과학탐구를 196,308명(33.4%)이 선택하였다. 한국교육과정 평가원 2008.9.18

학 분야의 교육이 낙후되면 나라의 발전도 더딜 수밖에 없으며, 우리가 인류 발전에 기여하는 부분도 그만큼 줄어듭니다.

모건 스탠리Morgan Stanley사의 분석을 통하여 다른 나라의 경우를 보면, 이공계 대학 졸업생수가 1990~1991년과 2002~2004년을 비교해 볼 때, 인도는 20만 명 미만에서 거의 70만 명까지 증가하였고, 중국도 20만 명 미만에서 50만 명 이상으로 증가했다고 합니다.[18] 우리나라는 아마도 10여만 명 수준에서 약간의 감소 추세가 아닐까 짐작됩니다.

부산 과학고 2년 조기 졸업, 포스텍(포항공대) 수석 입학 및 수석 졸업생(화학 전공)이 서울의대에 학사 편입하였습니다.[19] 과학경시대회 수상, 제1기 대통령 과학 장학생인 그가 이공계를 떠나 일종의 응용과학인 의학으로 옮기면서 언급한 우리나라 이공계의 문제점은 시사하는 바가 아주 큽니다. 그의 말을 들어봅시다. "우수한 인재가 오지 않기 때문이 아니라, 정부와 사회가 비전을 제시하지 못하기 때문이다" "박사를 따도 진급에 한계가 있고, 이른 나이에 잘릴까 봐 걱정하는 선배가 많다" "다람쥐 쳇바퀴 도는 식의 실험실 문화는 바뀌어야 한다. 효용과 창의성을 기대하기 힘든 풍토다." 그리고 "일부 교수는 (제자인) 학생을 내가 성장시켜야 할 인재로 보기보다 부리는 존재로 보는 듯하다." 자신이 자연과학에서 의학으로 전공 분야를 바꾼 이유로 생각되

---

18 이코노미스트지 2006.9.16
19 중앙일보 2007.2.28

는데 우리나라 자연교육의 현주소를 드러내는 듯해 마음이 아픕니다.

2005년 말 터진 황우석 사건 이후 한국에서는 줄기 세포 연구가 침체에 빠져 있지만, 미국, 영국, 일본, 싱가포르 등지에서는 이에 관한 연구가 활발하게 이루어지고 있습니다. 캘리포니아 주에서는 1억5,000만 달러의 연구비를 지원하고, 영국은 향후 10년간 최대 8억2,000만 파운드를 투입할 계획이라고 합니다.[20]

일본 경도京都(교토) 의대 야마나카(山中) 교수는 2007년 11월 세계 최초로 사람 피부 섬유모세포(adult human dermal fibroblast)에 유전자 처리를 하여 줄기 세포(induced pluripotent stem cell=iPS)를 유도해냈다고 발표했고,[21] 같은 시기에 미국의 과학자 톰슨Thomson 교수도 비슷한 연구 결과를 발표했습니다.[22] 이렇게 유도된 만능 줄기 세포는 신경이나 심장 등 어떤 종류의 세포로도 분화分化가 가능할 수 있습니다. 즉, 환자의 분화된 세포에서 역逆분화를 유도해 만능 줄기 세포를 만들어낸 다음, 이 줄기

20 조선일보 2006.11.15

21 Takahashi K, Tanabe K, Ohnuki M, Narita M, Ichisaka T, Tomoda K, Yamanaka S; Induction of pluripotent stem cells from adult human fibroblasts by defined factors. Cell 2007 Nov 30;331:861-72

22 Yu J, Vodyanik MA, Smuga-Otto K, Antosiewicz-Bourget J, Frane JL, Tian S, Nie J, Jonsdottir GA, Ruotti V, Stewart R, Slukvin II, Thomson JA; Induced pluripotent stem cell lines derived from human somatic cells. Science 2007 Dec 21;318(5858):1917-20 Epub 2007 Nov 20

세포를 원하는 세포로 분화시키면 그 환자에게 거부 반응 없이 다시 제공할 수 있는 것입니다. 2008년 경도대학은 줄기 세포를 유도해내는 방법에 관하여 일본 특허를 얻었으며,[23] CiRA 연구소(Center for iPS Cell Research and Application)를 열어 대대적인 지원을 아끼지 않고 있는 실정입니다. 우리가 한 명의 과학자에게 농락을 당했다손 치더라도 줄기 세포 사업 전반을 방치해서는 안 될 것입니다.[24] 우리가 황우석 박사의 부정不正에 감정을 지나치게 개입하여 객관적인 사실을 바라보는 냉철한 시각이 흐려졌던 것은 아닌지 반성할 필요가 있습니다.

학생의 이념理念화

2006-11-17

교과서나 수능시험 같은 것은 그 내용이 완전히 검증되고 확인된 것, 일반적으로 이의異議가 없는 내용으로 구성되어야 합니다. 학생들은 당연히 교과서나 시험에 나온 문항이나 답은 특별

---

23 일본 특허 2008-131577 A method for preparing an induced pluripotent stem cell from a somatic cell, comprising the step of introducing the following four kinds of genes into the somatic cell: Oct3/4, Klf4, c-Myc and Sox2

24 국가생명윤리심의위원회는 2009년 4월 29일 인간 체세포 복제를 통한 배아 줄기 세포 연구를 승인하였다.

한 비판 없이 그대로 받아들일 가능성이 높으니까요. 또 그런 내용은 매년 시험을 준비하는 학생들의 기출旣出문제나 예상문제로 다루어질 가능성이 높으므로, 자라나는 청소년세대(다음 세대)의 가치관에 영향을 미칠 수밖에 없습니다. 그것을 의도했는지 아닌지 모르겠으나 다음 세대의 사상을 자의恣意적인 방향으로 유도하려는 의도가 있다면 국가와 민족의 장래를 두고 벌이는 매우 위험한 장난이라 하겠습니다.

2007학년도 수능시험 문제풀이를 보면,[25] 윤리 20번 문제는 공산주의 사상을 미화시킬 수 있는 문항으로,

"(가) 모든 사회의 역사는 계급 투쟁의 역사이다 (나) 개인의 능력과 인간성 자체는 사회적 토대를 지닌다 (다) 물질적 결핍과 경제적 불평등의 해소가 중요하다" "정의란 무엇이죠? → 각자에게 각자의 몫을 주는 겁니다 → 그러면 학생은 그 말을 어떻게 이해하고 있죠? → (답) 능력에 따라 일하고 필요에 따라 분배하는 것입니다." 이 문제를 푸는 학생들이 공산주의 사회에 대하여 '능력에 따라 일하고 필요에 따라 분배하는 사회'라는 생각을 가지며 고사장을 떠난다면, 진실이 아닌 것을 사실처럼 여기는 판단 오류를 출제위원들이 유도한 게 됩니다.

25　조선일보 2006.11.17

과유불급[26]

過猶不及

"지나침은 미치지 못함과 같다."

　지금까지 7차의 교육과정 개편을 통해 고등학교 한국 근현대사 교과서는 검정檢定 제도로 발행되고 있습니다. 이 가운데 2008년도 일선 고등학교에서 채택하고 있는 한국근현대사교과서의 약 50%가 좌편향左偏向의 시각에서 쓰인 것으로 알려져 있습니다. 좌편향된 교과서에서는 대한민국의 건국을 분단의 원인처럼 기술하고, 대한민국의 독재와 부패를 부각하고, 대한민국을 미국과 일본에 종속된 국가처럼 묘사하며, 북한 정부수립 과정과 권력 세습을 우호적으로 쓰고 있습니다.[27]

　그런데 이번에는 대통령 자문 교육혁신위원회에서 국어, 국사, 도덕 교과서를 검정으로 하는 '학교 혁신을 위한 교과서 발행제도 개선방안'을 마련했다고 발표하였으며,[28] 이에 따라 교육부는 2007년 6월 20일 중고교 국사교과서도 2009년부터 검정으로 한다고 발표했습니다.[29] 국어, 국사, 도덕 과목도 다양한 시각에서 만들어진 검정 교과서 중에서 선택하여 가르치도록 하는 선의善意의 목적에서 개선방안이 마련된 것으로 보입니다. 그러

26　논어論語 선진先進
27　조선일보 2007.1.27
28　동아일보 2007.1.26
29　경향신문 2007.6.21

나 검정 기준이 자의로 해석되어 자유롭고 다양한 시각이 지나치게 된다면, 교육의 방향이 정도正道에서 벗어날 수도 있어 염려스럽습니다. 지나침은 오히려 미치지 못함과 같다고 했습니다. 검정 제도를 올바르게 운용하지 못하면 검정 제도를 아니한 것만 못하게 될 수도 있습니다. 만약 좌파 역사학자가 집필한 국사교과서를 전교조 역사 교사가 추천해서 사용하는 학교가 있다면, 학생들이 집필진의 의도대로 좌편향된 역사관 교육을 받는현상이 나타나겠지요. 사실 그대로의 역사를 배워서 현재와 미래의 교훈으로 삼아야 하는데, 학생들의 사상을 특정 방향으로 유도하고자 왜곡된 역사를 가르친다면 후대의 정신 역량이 잘못된 방향으로 작동하여 나라의 앞날을 그르칠까 걱정입니다. 참고로 전국역사교사모임의 회원은 1,800여 명(전국의 약 1/3)인데 상당수가 전교조 회원으로 활동하고 있다고 합니다.[30]

작금昨今의 우리 교육 현장에는 좌편향된 이념이 넘쳐나고 있습니다. 좌편향뿐 아니라 우편향된 역사 교육도 위험하기는 마찬가지입니다. 우리는 특정 시각에 편향되지 않은 역사를 학생들에게 가르쳐 학생들이 올바른 역사관을 세우고, 자유민주주의와 평화를 지지하는 성숙한 시민으로 자랄 수 있도록 도와주어야 할 것입니다.

---

30 조선일보 2007.1.30. 이명희; 국사교과서, '검정'보다 '검증'부터.

교원평가

천하유도 즉서인불의[31]

天下有道 則庶人不議

"천하에 도道가 있으면 세상 사람들이 의논[비난]하지 않는다."
공자가 살던 때 세상에 올바른 도道가 자취를 감추자 안타까
운 마음으로 탄식하며 했던 말이다.

2005년 5월 3일로 예정된 교원평가제 공청회가 전국교직원
노동조합(전교조)과 교원단체의 실력행사로 무산되었습니다.[32]
교원평가제는 교원의 질 관리를 위하여 마땅히 시행하여야 할
합리적인 제도로 교원의 질을 유지하여 교육의 질이 떨어지는
것을 막을 아주 좋은 방편 중의 하나입니다. 게다가 공청회는 일
반적으로 어떤 정책에 대하여 관계되는 사람들의 공감대를 찾아
보고, 문제가 있는 부분은 미리 보완하여 부작용을 최소화하는
민주적인 의견 수렴 과정입니다. 교육의 질을 높이는 걸 노동조
합 설립 취지로 내건 전국교직원노동조합의 소속 교사 등이 교
원평가제를 반대하여 공청회가 열리는 것을 무력으로 무산시켰
다니 이야말로 이율배반입니다. 전교조가 회원 교사들에 대한
평가가 낮게 나올 것으로 짐작하고 교원평가제 자체를 반대하는

---

31 논어論語 계씨季氏
32 조선일보 2005.5.5

건 아닌지 의심스럽습니다. 위정자들 또한 교원 평가라는 미명 아래 훌륭한 교사를 꼬투리 잡아 내쫓는 작태를 보여서는 안 됩니다. 교원평가란 낮은 평가를 받은 사람을 내쫓기 위한 제도가 아니라 교원의 수준을 일정 수준 이상으로 유지하기 위한 예방적 조치여야 합니다. 평가를 통과하기 위하여 모든 교원이 일정 수준 이상에 도달하려고 대비를 하도록 이끌어야 합니다. 전교조가 설립 당시의 목적대로 참교육, 전인교육의 달성을 위하여 최선의 노력을 기울여줄 것으로 기대해봅니다.

교육부가 교원평가제를 일단 백지화했습니다.[33] 교원평가제를 시행하여 공교육의 수준을 높이고 정상화시키는 계기로 삼아야 하는데도 교원단체의 이기적인 입장에 밀려 중대한 교육정책이 보류된 것입니다. 특히 전교조의 반대는 특정 집단의 이익을 위하여 교육을 후퇴시킨 행위로 훗날 준엄한 평가를 받을 것입니다. 교원평가제의 원칙에는 동의하지만 부작용을 우려하여 반대하는 것이라면, 부작용을 최소화하는 구체적인 방안을 모색하면서 투쟁하는 성숙한 태도를 보여주어야 했습니다. 하지만 전교조 가입 교사 수천 명은 교원평가제 입법예고 철회를 요구하면서 2006년 11월 22일 집단 연가年暇 투쟁의 일환으로 결근 혹은 조퇴를 했으며, 일선 학교에서는 차질이 생긴 수업을 자율 학습으로 대체하기도 했다고 합니다.[34]

33 조선일보 2005.6.21
34 조선일보 2006.11.23

마침내 2005년 11월 교육인적자원부는 전교조의 반대를 무릅쓰고 2006년에 교원평가를 실시할 시범학교 48개교를 발표했습니다. 이에 반발한 일부 학교에서, 예로 대구 달성중학교에서는 "교장, 교평敎評 반대" 등의 구호가 적힌 글이 다수 발견되었고, 대구 화원중, 현풍초등학교에서도 비슷한 것이 발견되었다고 합니다.[35] 전교조는 화원중학교 교장을 방문해 항의했으며, 서산 서일고등학교에서도 시범 실시에 대하여 전교조의 항의가 있었다고 합니다. 하지만 대의大義는 거스를 수가 없는 것이지요. 2007년에는 교원평가가 확대되어 506개교에서 시범적으로 실시된다고 했습니다.[36]

영어 몰입교육

2005-10-21

소탐대실[37]

小貪大失

---

35 조선일보 2005.11.22

36 교육부 2007.2.20

37 신론新論, 유주劉晝; 소탐대실小貪大失과 비슷한 뜻으로 교각살우(矯角殺牛; 쇠뿔을 바로잡으려다 소를 죽인다)가 있다.

"작은 것을 탐하다가 큰 것을 잃는다."

교육 방법을 바로잡는다고 하면서 자칫 교육의 근본을 허물어뜨리지 않을까 걱정이다.

인천, 부산/진해, 광양 경제특구와 제주특별자치도(국제자유도시)에서 영어 공용어 사용이 추진된다는 보도를 접했습니다.[38] 영어 몰입교육이 유행처럼 번지고 있는데, 외국어 공부를 열심히 하는 것은 사실 권장할 만한 일입니다. 그런데 영어 교육의 강조가 자칫 겨레의 국어 생활을 희생시키지 않도록 주의해야 합니다. 우리 언어 교육, 즉 국어 교육을 깊이 있게 실시하면서 해야지, 국어를 희생하면서 외국어 교육을 시키는 것은 하나를 얻고 열을 잃는 어리석은 행동이라고 할 수 있습니다. 우리말과 글이 무한하고 다양한 만큼 우리의 문화 역시 그에 상응하여 발전해왔습니다. 국어 교육이 부실해지면 그에 따라 우리의 문화 발전도 더뎌질 것입니다.

우리가 배운 외국어를 일상에서 써먹을 때 1,000~2,000개 안팎의 단어 정도만 알아도 웬만한 의사소통은 유창하게 할 수 있다고 합니다. 그런데 고작 일이천여 개의 흔히 쓰는 외국어 어휘를 가지고 창조적이고 깊이 있는 문화를 탄생시킬 수 있을까요? 아닙니다. 외국어 공부를 적극 권장하지만 그 때문에 국어

---

38 조선일보 2005.10.21. 19세기 말 일본과 중국의 일부 지식인들도 근대화를 위해서는 자신들의 언어를 버리고 영어를 국어로 삼아야 한다고 주장한 바 있었다. '문명의 충돌' (새뮤얼 헌팅턴. 김영사, 서울, 한국 1997)

교육을 희생해서는 절대로 안 되는 이유입니다. 어휘수는 문화력과 비례하는 것입니다. 우리 국어의 어휘수는 무려 70만 개에 달한다는데, 그 문화적 잠재력이 얼마나 클지 상상해보셨습니까.[39] 이는 결코 영어 어휘수에 뒤떨어지지 않는 규모입니다.[40]

호보지과촉우시[41]

狐父之戈鑡牛矢

"호보 지방에서 나는 좋은 창으로 쇠똥을 쑤신다."

지구상에서 최고의 언어인 한글을 천대하다면 이는 좋은 창으로 쇠똥을 쑤시는 것과 다름없는 일일 것입니다.

---

39 국립국어원 발행 2008년 개정판 표준국어대사전은 50여만 단어를 수록하고 있으나, 대부분의 사투리를 싣지 않은 결함이 있음

40 http://www.askoxford.com/asktheexperts/faq/aboutenglish/numberwords
1989년도 영국 옥스퍼드 대학교 출판부Oxford University Press 발행 옥스퍼드 영어 사전Oxford English Dictionary 2판에는 현재 사용 중인 171,476개 단어 외에 고어古語 47,156개, 파생어 약 9,500개 등을 포함하여 414,825개의 표제어가 실려 있다.

41 순자荀子 영욕榮辱; 戈 창, 鑡 찌르다, 牛矢 쇠똥

비뚤어진 교육

2006-11-18

도명불여도화[42]

盜名不如盜貨

예부터 "이름을 훔치는 것은 재물을 훔치는 것보다 더 나쁘
다"고 했다.

    일류 대학에 진학하는 걸 출세와 부귀를 거머쥐는 첩경이라
생각하고 그를 위해 수단과 방법을 가리지 않고 교육한다면 어
떻게 될까요. 2006년 11월 15일 경찰청 특수수사과에서 발표한
'학생과학경진대회 대리출품사건'에 따르면, 서울시 교육청 모某
연구관이 1994년부터 초·중·고등학생 12명의 출품작을 대신
제작해서 학생들이 상을 받도록 해주었다고 합니다.[43] 그 연구관
은 "특차 전형으로 대학에 가려면 최소 1억 원이 든다. 일류대
진학 때까지 관리해주겠다"고 하면서 그 대가로 세 학생의 학부
모로부터 2억 800만 원을 받았으며, 12명 중 5명은 대학 특기자
전형에 합격했다고 합니다. 경찰이 혐의를 입증하지 못한 예는
모두 전前현現직 검사가 학부모였다고 하는데, 검사가 학부모인
경우에는 그 연구관이 대가를 받지 않고 출품작을 대신 만들어
주었다고 합니다. 연구관이 검사의 자녀에게는 대가를 요구하지

42 순자荀子 불구不苟
43 조선일보 2006.11.18

    길 잃은 나의 조국

않았다는 것도 이상하고, 다른 학부모의 계좌는 추적하면서 검사 학부모의 경우에는 하지 않았다는 점도 야릇합니다. 아무튼 검사 학부모에게서는 실질적인 혐의점을 밝혀내지 못했다고 합니다.

1999년도부터 도입된 초·중·고등학교 수행평가를 대행해주는 업체나 학원이 많다고 합니다. 수채화 5만 원, 과학보고서 4만 원 등 과제 유형별로 가격이 매겨져 있는데, 독후감이나 가족 신문 등은 인터넷에서 500원이면 다운로드된다고 합니다.[44] 학업 방식의 중층화重層化, 다양화를 모색하고 그리고 그걸 평가하기 위한 목적으로 시행되는 수행평가가 오히려 학생들에게 거짓을 일삼고 평가받도록 하는 결과를 초래한 셈입니다. 어떤 수행 평가 대행 사이트에는 독후감, 감상문, 기행문, 영어 일기 등 모두 6만5,000여 건의 문건이 올라와 있다고 합니다. 그런가 하면 수행평가의 객관성을 높이기 위하여 아예 모의고사 성적으로 대신하는 학교도 있다고 합니다. 수행평가는 시험 성적을 보완하기 위해 실시하는 평가법인데 모의고사 성적으로 대신한다면 구더기 무서워 장 못 담그는 우愚를 범하는 것으로 수행평가 자체가 무의미해지고 말 것입니다.

---

44 중앙일보 2006.11.24

혈액형별 공부

온고이지신 가이위사의[45]

溫故而知新 可以爲師矣

"옛것을 익히고 새것을 알면 스승이 될 수 있다."

스승이란, 과거의 전통뿐만 아니라 새로운 지식에도 밝아야 합니다. 즉 스승은 끊임없는 배움을 통해 이루어지는 것입니다. 그러므로 가르치는 사람은 자신이 가르치는 내용이 맞는지, 혹은 틀리지는 않았는지 늘 배우고 또 배워야 합니다. 전혀 비과학적이며 아무 근거도 없는 혈액형별 공부 요령으로 공부를 잘할 수 있다고 믿는 교육자가 있다면 교육이 제대로 될 리 없을 겁니다.

2007년 2월 20일 서울시 모某 교육청에서 2007년도 중학교 신입생을 위한 안내 자료 6종을 일선 중학교에 보냈는데, 그 가운데 '혈액형별 공부 방법'이라는 게 있었습니다.[46] 내용을 들여다보면 A형은 "책을 읽을 때 직접 노트에 적어가면서 시각적으로 공부하는 게 효과적"이라며, 변화에 따른 적응력이 약하기 때문에 잘 정돈된 환경에서 공부하는 게 좋다고 권합니다. B형은 라이벌 의식이 강해 "강한 라이벌이 생기면 자신도 상대방에 걸

---

45 논어論語 위정爲政
46 한국아이닷컴 2007.2.21

맞게 강해진다"며, 노골적으로 "내 뒤에 33명을 만들자"라는 격려 문구가 좋다고 합니다. O형은 칭찬을 받을수록 더 큰 힘을 발휘하고, 빈틈없고 합리적인 AB형은 친구들과 떠들며 와자지껄하게 공부하는 게 좋다고 권합니다.[47] 혈액형별 차이가 아무런 과학적 근거도 없고 사실도 아닌데, 교육청에서 비과학적인 사이비 공부법을 활용해보라고 하다니 일선 교육 행정을 지도 감독하는 기관이 맞는지 어처구니가 없습니다.

47 혈액형별 공부 방법

혈액형	스타일	하루 중 공부하기 좋은 때	공부할 때 중점 사항	공부 방법
A	신중하고 책임감이 강하며 성실함	오전 10시~ 오후 4시	실현 가능한 계획 세워야	시각학습법
B	형식에 구애받지 않는 감각파	새벽 또는 오후 3시~10시	제일 싫은 과목부터	라이벌 학습법
O	신념이 강하고 이상이 큰 사람	오후 9시~ 오전 2시	공부 내용을 현실생활에 응용	응원학습법
AB	주관을 갖고 정한 길을 가는 사람	자투리시간 활용	잠자는 시간은 후하게	와자지껄 학습법

맺음말

일년지계 막여수곡, 십년지계 막여수목, 종신지계 막여수인[48]
一年之計 莫如樹穀, 十年之計 莫如樹木, 終身之計 莫如樹人
"1년의 계획은 곡식을 심는 것보다 나은 것이 없고, 10년의
계획은 나무를 심는 것보다 좋은 것이 없으며, 일생의 계획은
사람을 키우는 것보다 훌륭한 것이 없다."

우리의 선각자들은 교육을 국가의 백년지대계百年之大計라 하여
벼슬에서 물러나면 낙향落鄕하여 청소년들 가르치기를 즐거움으
로 삼았고,[49] 일제 강점기와 같이 어려운 시대에는 미래의 희망
을 가슴에 품고 학교를 세워서 후학을 길러냈습니다. 그러나 작
금의 우리나라 교육 현실은 공교육이 무너져 전 세계 별의별 나
라로 조기 유학을 보내느라 법석이고, "학교는 가르치는 곳이 아
니라 평가하는 곳이다"라는 자조自嘲 섞인 말도 버젓이 하는 참담

---

48 관자管子 권수權修
49 순자荀子 법행法行; 군자유삼사… 소이불학 장무능야 노이불교 사무사야 유이불
시 궁무여야… 소사장즉학 노사사즉교 유사궁즉시 君子有三思… 少而不學 長無能
也 老而不敎 死無思也 有而不施 窮無與也…少思長則學 老思死則敎 有思窮則施 공
자께서 말씀하였다. "군자에게는 생각해야 할 세 가지가 있는데, 젊어서 공부하지
않으면 나이 들어서 무능해지고, 늙어서 남을 가르치지 않으면 죽은 뒤에 생각해
주는 사람이 없고, 풍요한데도 남에게 베풀지 않으면 곤궁해졌을 때 의지할 곳이
없다… 젊어서는 나이 먹은 뒤를 생각해서 공부를 하고, 늙어서는 죽은 뒤를 생각
해서 남을 가르치며, 풍요할 때는 곤궁해질 때를 생각해서 남에게 베풀어라."

길 잃은 나의 조국

한 상황입니다. 소위 특목고特目髙라[50] 하여 주로 지식과 공부기술을 가르치는 학교들이 기형적으로 발전하고,[51] 이곳에 자녀를 입학시키고자 초등학교 시절부터 학생들을 사교육으로 질식시키니 전인 교육이니 체덕지體德智 교육 같은 고상한 말은 갖다 붙이기도 어색해져버린 실정입니다.

일수일확자곡야 일수십확자목야 일수백확자인야[52]
一樹一穫者穀也 一樹十穫者木也 一樹百穫者人也
"하나를 심어 하나를 거두는 것은 곡식이고, 하나를 심어 열을 거두는 것은 나무이며, 하나를 심어 백을 거두는 것은 사람이다."

인성이 무시되고 수단과 방법을 가리지 않고 일류 대학만 나오면 출세하여 부귀富貴 영화榮華를 누리며 살 수 있다고 생각한다면 국가 및 인류 사회의 앞날을 짊어질 동량棟梁은 어디서 찾을수 있겠습니까? 우리의 교육이면서 범인류적인 가치관을 추구

---

50 여기서 특목고란 일반 인문계나 실업계, 예술계 고등학교 이외의 특별한 목적을 가진 학교를 두루 지칭

51 고문진보古文眞寶; 당唐나라 유학자 한유韓愈는 '사설師說'이라는 글에서 '저 어린아이의 스승은 책을 가르치고, 읽는 법을 연습시키는 자이지, 내가 말하는 도道를 전하고 의혹을 풀어주는 자는 아니다'(피동자지사 수지서이습기구두자야 비오소위전기도 해기혹자야 彼童子之師 授之書而習其句讀者也 非吾所謂傳其道 解其或者也) 라고 하면서 당대의 스승들을 비판하였다. 즉, 지식과 공부하는 기술만을 가르치는 스승은 진정한 스승이 못되며, 도를 전하고 의혹을 풀어주는 스승이라야만 진정한 스승이라고 할 수 있다.

52 관자管子 권수權修

하는 교육을 학생들에게 제공하는 것은 지금 한국의 현실에서 매우 중요한 일이 아닐 수 없습니다. 자신의 능력을 자신뿐 아니라 남을 위해서도 쓸 줄 아는 그릇이 큰 인간을 길러내는 교육을 펼쳐야만 나라와 민족의 미래가 밝아질 것입니다.

제13장

신자본주의와 세계화

처음말

　2004년도 미국 기업의 이익이 전체 GDP(Gross Domestic Product, 국내총생산)에서 차지하는 비중은 1929년 세계 대공황 이래 지난 75년 중 최고에 이르렀다고 합니다.[1] 유럽과 일본도 마찬가지로 25년 만에 최고였다고 합니다. 그러나 이익의 상당 부분이 주주에게 돌아가고, 안타깝게도 노동자가 차지하는 몫은 가장 낮았다고 합니다. 지난 3년간 미국 기업의 이익은 60% 증가하였으나, 노동자의 수입은 10% 증가하는 데 그쳤습니다. 특히 미국 금융 기업의 이익은 전체 이익의 4%(1982년)에서 40%(2004년)로 경이적으로 증가하였습니다. 신新자본주의 사회에서는 돈이라는 상품을 가지고 돈을 버는 금융 산업이 황금알을 낳는 거위로 인식됩니다. 산업혁명 이후 축적된 산업자본과 구별되는 금융자본이 막대한 이익을 내고 있는데, 이러한 이익이 얼마나 건전한 것인지는 의문입니다. 2008년 미국을 시작으로 전 세계를 강타한 금융위기가 세계경제 전반을 공황 상태로 몰아넣을 수 있기 때문입니다. 부디 신자본주의의 미래에선 금융 산업이 건전한 방향으로 진화해가기를 바랍니다.

　세계화가 진전될수록 자본가의 이윤은 점점 더 증가하지만,

---

1 이코노미스트지 2005.2.12

노동 시장의 경쟁은 치열해지는 까닭에 노동자의 수입과 복지는 점점 악화됩니다. 예를 들어, 세계 최대의 유통 업체인 다국적기업 할인 매장 월마트Walmart는 영국, 일본, 중국을 제외한 대부분의 나라에서 노동조합이 결성되어 있지 않으며 임금과 복지 수준도 낮은 편입니다.[2] 자본가는 노동자에게 임금이 싼 지역으로 공장을 옮겨 갈 수 있다고 협박하면서 임금 인상이나 복지에 더욱 인색해지고 있습니다. 프레데릭 로르동Frederic Lordon에 의하면, 적정한 자기자본 이익률은 10% 미만이지만 주주들의 욕망에 의해서 자기자본 이익률은 1990년대 말 15%, 2000년대에는 20~25%까지 치솟았습니다.[3] 2006년 월스트리트Wall Street의 대표적 기업 골드만삭스Goldman Sachs는 자기자본 이익률이 40%에 육박하기도 했습니다.[4] 우리나라에서도 2006년 외환은행의 배당 성향은 64%로 지배주주 론스타는 당기순이익 1조62억 원 중에서 무려 4,167억 원을 배당으로 가져갔습니다.[5] 결과적으로 양극화 현상은 점점 심화되고, 중산층의 몰락과 빈곤층의 확대가 현실화하고 있습니다.

인지도즉불연 손부족이봉유여[6]
人之道則不然 損不足以奉有餘

2 르몽드세계사 le monde diplomatique 휴머니스트, 서울, 한국 2008
3 프레데릭 로르동Frederic Lordon; 주주 이익 한정 인정 제도(shareholder limited authorized margin=SLAM). le monde diplomatique vol 6, 2007.2
4 이코노미스트지 2006.4.29
5 한겨레신문 2009.2.5. 배당성향=주주배당금/당기순이익
6 도덕경道德經 천도天道/장궁張弓, 노자老子

"세속에서는 자연의 도道와 반대로, 부족한 자에게서 덜어내어 넉넉한 자를 받든다."

기업의 이익은 자본가 적정 배당, 투자, 미래의 손실을 대비한 자금 외에 노동자의 적정 수입 및 복지 증진, 사회 환원을 추구하는 방향으로 사용되어야 합니다. 즉 기업은 주주의 이익을 극대화하는 것이 유일한 목표가 아니라, 기업의 사회적 책임(business social responsibility) 또한 매우 중요하다는 것을 인식해야 합니다. 이를 위해서는 기업의 이익이 아무리 많이 발생해도 첫째, 주주의 이익 한정限定제(shareholder limited authorized margin=SLAM)와[7] 둘째, 경영진의 수입은 국민 최저 생활비의 일정 배수 이상은 넘길 수 없다는 사회적 약속이 필요합니다.[8]

채근담에서 옛 선인先人들은 쥐를 위해서도 밥을 남겨주었다는데,[9] 이익이 많이 났다고 주주와 경영진만 엄청난 이득을 챙기고, 전체 노동자 몫으로는 쥐꼬리만큼만 돌려준다면 참으로 염치 없는 행동이 아닐 수 없습니다.

---

7 프레데릭 로르동Frederic Lordon; 주주 이익 한정 인정 제도(shareholder limited authorized margin=SLAM). le monde diplomatique vol 6, 2007.2

8 독일과 스웨덴 같은 나라는 일반 노동자 평균 임금의 10~20배 정도인 데 반해 미국 같은 곳은 수백 배까지 이르기도 한다. 한국 사회와 좌파의 재정립, 사민 복지기획위원회. 산책사, 서울, 한국 2008

9 채근담菜根譚, 홍자성洪自誠; 위서상류반 련아불점등 爲鼠常留飯 憐蛾不點燈 "쥐를 위하여 항상 밥을 남기고, 부나비를 불쌍히 여겨 등불을 켜지 않는다." 鼠 쥐, 憐 가엾게 여기다, 蛾 나방

길 잃은 나의 조국

부귀이교 자유기구[부부당진빈 귀당긍천 이반자교자 필피화해]¹⁰

富貴而驕 自遺其咎[夫富當賑貧 貴當矜賤 而反自驕恣 必被禍害]

"부귀하면서 교만하면 스스로 허물을 남기게 된다."

"부유하면 응당 가난한 사람을 구제해야 하고, 존귀하면 마
땅히 미천한 사람을 가엾게 여겨야 한다. 그런데 오히려 스스
로 교만하고 방자하면 반드시 재앙과 해를 입게 된다."

2006년 국제경제연구소(Institute for International Economics,
미국 워싱턴 DC)에 따르면 세계화로 인하여 미국 경제가 얻는 이
익은 매년 1조 달러에 이른다고 합니다. 그러나 이 이익은 중산
층을 포함하여 일반 국민에게 돌아가기보다는 주로 상층부[주주
자본가] 혹은 회사의 이익으로 들어갈 것이라고 전망하고 있습니
다.¹¹ 이러한 현상은 비단 미국에만 국한되는 것이 아니라 자본주
의 선진국 대부분에서 나타나고 있습니다. 세계화의 과실果實의
분배가 이토록 한쪽으로 치우치고 중산층을 포함한 일반 국민에
게는 과실이 돌아가지 않는 양상이 지속된다면, 일반 국민들이
현재의 정치 체제를 지지하지 않는 사태도 벌어질 수 있습니다.¹²

---

10 도덕경道德經 운이運夷, 노자老子; 咎 허물, 賑 구휼하다, 矜 불쌍히 여기다, 驕
교만하다, 恣 방자하다
11 이코노미스트지 2006.9.16
12 World Commission on the Social Dimension of Globalization; A Fair
Globalization: Creating Opportunities for All. International Labour Office,
Geneva, 2004

외환위기

망국불가이부존 사자불가이부생[13]
亡國不可以復存 死者不可以復生
"망한 나라는 다시 일으킬 수 없고, 죽은 사람은 다시 살릴
수 없다."

중국뿐 아니라 우리나라 역사에서도 어떤 나라든 멸망한 이
후에 다시 살아난 예가 없습니다. (고)조선, 부여, 고구려, 백제,
가야, 신라, 발해 등이 모두 한번 멸망하면 그 이후에는 역사에
서 사라지고 맙니다. 고려와 조선이 조상들의 나라인 고구려와
(고)조선에서 국호를 따 왔지만 왕조가 이어진 것은 아니고 정신
을 잇고자 함이었습니다. 대한민국도 나라가 망하는 엄청난 사
태가 오지 않도록 모든 국민이 노력하고 경계해야 합니다.

한국이 1996년 10월 경제협력개발기구(OECD)에 가입하고
나서 이듬해 11월 외환위기가 발생하였습니다. 1997년 7월부터
아시아를 강타한 외환위기는 첫째, 금융 체계가 취약하였고 둘
째, 외국 자본에게 자국 경제를 서둘러 개방하였으며 셋째, 자국
화폐를 미국 달러에 직접 연동시킨 점 이렇게 3가지 원인이 합

---

13 손자孫子 화공편火攻篇

길 잃은 나의 조국

쳐져 나타났다고 합니다.[14]

환율이 그 당시까지의 수준에서 안정되리라는 기대를 가지고 있던 은행과 기타 금융기관 및 기업-특히 재벌-들은 자국보다 싼 이자의 달러를 외국으로부터 과다하게 빌려 썼습니다. 1996년 말 우리나라 총 외채의 약 절반 이상이 단기 차입이었습니다. 그러나 단기 부채의 상환과 동시에 외국 자본은 대출 기간을 연장해주지 않고 황급히 자본을 회수하기 시작했습니다. 그 결과 우리나라의 외환고外換庫는 빠른 속도로 낮아지고, 1997년 6월 한국의 외환보유고는 단기 부채의 약 1/3에 불과했습니다. 외화 부족으로 환율이 올라가고 화폐가치가 떨어지자 외국의 부채가 눈덩이처럼 불어났고, 부채를 갚지 못해 많은 회사가 파산하기에 이르렀습니다.

설상가상雪上加霜으로 국제통화기금(IMF)과 미국은 우리나라 민간기업과 은행 및 기타 금융기관의 외채를 정부가 대신 갚도록 강요했고, 정부 관리들은 어리석게도 이에 따르고 말았습니다. 사실 민간기업의 빚을, 정부가 보증한 것 외에는 대신 갚아줄 법적 책임과 의무가 없습니다. IMF는 재정금융 긴축정책으로 기업의 돈줄을 막아 일부 우량 기업마저 도산에 이르게 하였습니다. IMF는 우리나라를 위한답시고 떠들어댔지만 속으로는 서구 자본주의를 위한 정책을 많이 강요했습니다. 은행의 채권

14 이코노미스트지 2007.6.30

은 부실해져 대출금을 회수하지 못하고, 악성 채권의 증가로 은행 또한 부실해졌습니다. 이 틈을 타고 미국의 금융자본가들이 우리나라 은행에 대한 지배력을 강화하고, 이어서 우리 기업에 대한 대출에도 상당한 영향력을 가지게 되었습니다.

외환위기를 겪으면서 한국 증권시장의 시가時價 총액은 절반 이하로 떨어졌습니다. IMF는 우리로 하여금 외환 규제를 철폐하고 변동환율제를 고수토록 하여, 외국 투기자본도 마음대로 우리 기업을 헐값에 살 수 있게 하였습니다. 더군다나 미국의 무디스Moodys, S&P(Standard & Poor's) 같은 신용평가회사들은 한국 정부와 기업 및 금융기관의 신용도를 터무니없이 낮게 조정하여, 1997년 12월에는 국가신용도를 투기 등급까지 급락시켰습니다. 당연히 우리가 채권국에 지불해야 하는 이자는 몇 배로 늘어날 수밖에 없었습니다.

하지만 국민의정부는 IMF의 요구에 지나치게 충실하였습니다. IMF 사태 이후 대우 그룹을 포함하여 한국의 재벌 기업 가운데 거의 절반이 사라졌으며, 외국 자본이 한국의 상장기업 주가 총액의 약 42%를 차지하게 되었습니다.[15] 외환위기를 촉발하고 나서 엄청난 국부國富를 차지하고 가져가버린 외국의 금융 자본과 그들에게 꼼짝없이 당한 한국. 우리를 구제해 준다는 구

---

15 이코노미스트지 2005.10.15. 최근 외국인의 국내 주식 보유 추이는 2004년 말 40.1%, 2005년 말 37.2%, 2006년 말 35.2%, 2007년 말 30.9%로 다시 감소하고 있다. 국제투자 현황(잠정). 한국은행 경제통계국 국제수지팀 2007, 2008

실 하에 외국 자본에게 유리한 제도를 강요한 IMF, 결과적으로 그들에게 협력한 정부 고위 관리들 때문에 많은 국민이 외국 자본가의 월급쟁이로 변하였고 대부분의 잉여 이익은 자본가가 가져가는 형국形局이 되었습니다.

이코노미스트지는 금융의 세계화(financial globalization)를 다음과 같이 단적으로 표현하고 있습니다. "만약 금융 세계화가 당신을 죽이지 않는다면, 금융 세계화는 당신을 더 강하게 만들어 줄 것이다."[16] 이미 죽고 나면 아무 의미가 없는 것을 이처럼 무책임하고 무지막지하게 말할 수 있을까요.

미쉬킨Frederic Mishkin은 그의 책에서 세계화의 다음 단계는 금융의 세계화가 될 것이라고 말합니다.[17] 금융 세계화는 '돈은 높은 데서 낮은 데로 자유롭게 흐른다'라는 명제에서 시작한다고 하지만, 실제 현실에서는 '돈은 이익이 적게 나는 곳에서 많이 나는 곳으로 흐른다'는 표현이 더 적확的確할 것입니다. 문제는, 돈은 언제든지 이익이 더 많이 나는 쪽으로 흘러 빠져나간다는 점입니다. 또한 자본, 특히 외국 자본은 악의惡意를 가지고 상식을 벗어난 농간도 부릴 수 있다는 위험성을 내포하고 있습니다. 더군다나 해외 자본을 포함하여 돈 그 자체는 동서고금을 막론하고 자비롭지 않았던 경우가 흔했습니다.

---

16 이코노미스트지 2006.11.18. If it does not kill you, financial globalization will make you stronger.

17 미쉬킨Frederic Mishkin; The next great globalization. Princeton university press, 프린스턴Princeton, 미국 2006

IMF의 이코노미스트였던 프라사드Prasad는 자본시장의 자유화는 많은 개발도상국에서 성장보다 불안정을 가져올 확률이 높다면서, 개발도상국은 자본시장을 개방하기 전에 몇 가지 요건을 갖추는 게 좋다고 충고합니다. 즉 첫째, 그 나라의 금융 체계가 잘 정비되어 있을 것, 둘째, 기업들이 공정하고 투명하게 운영될 것, 셋째, 거시경제 정책이 합리적으로 집행될 것 등입니다.[18, 19] 양동휴 교수(서울대 경제학)는 단기 자본의 높은 이동성으로 말미암아 금융 위기가 나타날 수 있다고 지적합니다. 즉 금융 시장이 덜 성숙한 나라에서 단기 자본의 고속 이동은 외환위기를 초래할 위험성이 크다는 뜻입니다.[20] 그러므로 외국 자본은 증권 투자나 단기 은행 부채보다 직접 투자의 형태로 들어오는 편이, 자본을 받는 나라의 입장에서 더 유익합니다.

돌이켜보면 OECD 가입에 요구되는 환율 자유화와 금융 개방으로 말미암아, 단기성 투기 자금을 비롯한 외국 자본이 자유롭게 들락날락할 수 있게 되었고, 이 같은 성급하고도 급격한 자본시장의 자유화로 인하여 외국 자본이 금융 시장을 유린하더라도 무방비 상태로 외환위기를 당했다고 할 수 있습니다. 우리 경제의 규모나 수준, 경제 시스템의 성숙도成熟度 등을 모두 감안하

18 Prasad, Rogoff, Wei, Kose; Effects of financial globalization on developing countries. IMF Occasional paper 220, 2003.3
19 Kose, Prasad, Rogoff, Wei; Financial globalization: A reappraisal. IMF Working paper WP/06/189, 2006
20 양동휴; 세계화의 역사적 조망. 서울대학교 출판부, 서울, 한국 2007

여 자본시장을 점진적으로 자유화하는 금융 개혁을 택했어야 하는데, 우리의 도취심과 미국의 요구에 의하여 결국 국력이 쇠잔해지는 결과를 빚었습니다.

대장부 처기후 불처기박 거기실 불거기화[21]
大丈夫 處其厚 不處其薄 居其實 不居其華
"대장부는 두터움에 머무르지 얇음에 머무르지 않고, 실實함에 머무르지 화려한 겉모양에 머무르지 않는다."

문민정부의 조급한 OECD 가입은 실속을 찾지 않고 화려함을 좇은 정책의 산물이었습니다. 우리가 조금 잘살게 되었다고 자만하기보다 과연 실질적으로 기본이 탄탄한지 지금이라도 다시 점검해보아야 합니다. 아직 부실한 부분이 꽤 남아 있다면, 우쭐대지 말고 내실을 기할 일입니다. OECD에 1, 2년 늦게 가입하고 두터움을 추구하였더라면 외환위기를 피할 수 있지 않았을까 하는 아쉬움이 남습니다.

---

21 도덕경道德經 논덕論德/상덕上德, 노자老子; 薄 엷다

금융 투자

2005-03-02

우리나라와 같이 저축률이 높았던 나라는[22] 국내에서 충분히 금융 자본을 형성할 수 있는데, 안타깝게도 많은 국내 자금이 해외 펀드로 빠져나가 있습니다. 해외 펀드의 수익률이 높다고 하여 이런 현상이 일어났지만, 펀드의 수익률보다 훨씬 큰 폐해를 입을 수도 있습니다. 국내 자금이 해외 펀드로 많이 빠져나간 데는 정부, 은행, 언론, 국민 모두에게 책임이 있다 하겠습니다. 이 자금이 민족자본화하여 우리의 국내외 경제를 위하여 투자됐다면 엄청난 부가가치가 생겼을 것입니다. 펀드의 수익만 고려하고 반영구적인 산업 투자에는 그만큼 소홀한 셈이 되었습니다.

군신위학 문자호변 상가외적 소민내곤자 가망야[23]
群臣爲學 門子好辯 商賈外積 小民內困者 可亡也
"여러 신하들이 쓸데없는 학문을 익히고, 귀족의 자식들이 변설辯說을 즐기며, 상인들이 재화를 외국에 쌓아놓고, 서민들은 나라 안에서 곤궁하게 지내게 되면 그 나라는 망한다."

한비자韓非子는 상인들이 번 돈을 외국으로 빼돌리면 국력이

---

22 조선일보 2009.7.6 경향신문 2009.7.6. 우리나라의 가계저축률(저축/가처분소득)은 1988년 25.2%로 세계 1위였다가 2005년 4.4%, 2010년에는 3.2%로 전망했다.
23 한비자韓非子 망징亡徵; 賈 값어치

길 잃은 나의 조국

약해진다고 보았습니다. 우리나라도 개인이나 회사가 일부 재화를 건전하지 않은 방법으로 외국으로 유출시키는 경우가 많이 감추어져 있습니다. 근래에는 여유 자금이 정당한 방법으로 해외 펀드에 투자되어 나가는 경우가 늘고 있습니다. 그렇지만 국내 자금이 외국으로 빠져나가는 액수가 지나치게 많아지면 국력에 좋지 않은 영향을 미칠 것입니다.

2005년부터 국내 자금을 노리는 해외 펀드가 부쩍 늘어났습니다. 해외 펀드가 2005년 초에는 8조 원 규모였는데 2008년에는 20조~25조 원대까지 육박할 것이라고 예상하였습니다.[24] 20조~25조 원이면 어마어마한 금융자본인데 이 돈을 움직이는 기관이 대부분 외국 금융 기업이므로 이 금융자본을 어떻게 운용하는가는 전적으로 외국 금융기관의 판단과 결정에 달려 있습니다. 우리는 다만 그 수익 이자를 받는 데 그칠 수밖에 없습니다. 만약 이 금융자본을 운용하는 주체가 우리나라 기관이라면 그 돈을 국내외 경제에 투자하여 산업 발전을 도모하고 수익도 얻는 일석이조一石二鳥의 효과를 볼 수 있을 것입니다. 한편 해외 증권투자로 빠져나간 우리 자본은 외국 금융자본으로 탈바꿈하여 심지어는 금융 선진국이 금융 후진국을 '공격하는' 용도로 사용될 수도 있습니다. 실제로 2008년 11월 21일 자산운용협회가 발표한 바에 따르면, 해외 펀드 설정액은 2005년 말 8조8,104억 원, 2006년 말 19조6,853억 원, 2007년 말 73조399억 원, 2008년

---

24 조선일보 2005.3.2. 실제로는 2008년 10월 말 시점으로 77조9,949억 원에 이르렀다.

10월 말 77조9,949억 원에 이르렀습니다.[25] 본래 예상액 20조~ 25조 원보다 무려 50조 원 이상의 국내 자금이 해외 펀드로 몰려 빠져나간 것입니다.

그런데도, 2005년 당시에는 해외 펀드 투자를 장려하는 분위기가 당연시되고 거부감도 없었습니다. 2005년 하반기에 저금이나 증권, 부동산 투자가 수익이 적고 위험 부담이 높은 데다 세금이 많이 부과되어, 마땅한 재테크 대상을 찾지 못한 유휴遊休자금이 해외 펀드를 찾았습니다. 당사자로서야 높은 수익률을 목표로 하는 게 당연할 테니, 해외 펀드에 투자하고 싶은 유혹을 받을 만하였겠지요. 당시 아멕스 글로벌 에너지 주식펀드, MLIIF 월드 에너지 펀드, 슈로더 ISF 라틴아메리카 펀드, MLIIF 남미 성장형 펀드, 피델리티 펀드, 라틴아메리카 펀드, MLIIF 이머징 유럽 펀드, 슈로더 ISF 이머징 유럽 펀드 등의 2년간 수익률은 달러화로 110.26~149.30%에 이른다고 하였습니다.[26]

2008년 3월 14일 한국은행에서 발표한 '2007년 말 국제투자현황(잠정)'에 따르면, 2007년 말 대외투자 잔액 5,832.1억 달러 중 증권투자 잔액은 722.5억 달러가 증가하여 1571.7억 달러에 달했습니다. 증권투자 증가의 대부분은 주식투자의 증가에 의한 것입니다. 이를 분석해보면 우리나라 대외투자액 중에서 증권투자의 비중은 2004년 말 9.1%, 2005년 말 12.4%, 2006년 말

25 동아일보 2008.11.22. 2007년 1년간 무려 53조3,546억 원 증가
26 조선일보 2005.8.17

18.8%에서 2007년 말 26.9%로 크게 늘어났습니다.[27] 그러나 불행하게도 2008년 미국발 금융위기로 말미암아 해외 증권 투자액은 거의 절반 가까이 손실을 보게 되었습니다. 그만한 손실금이라면 북한의 한 해 GDP보다도 많은 액수입니다. 그 후 해외 증권 투자액은 지속적으로 증가하여 2015년 말 (이하 잔액) 2,355억 달러, 2016년 말 3,030억 달러, 2017년 말 4,246억 달러, 2018년 말 4,650억 달러, 2019년 말 5,778억 달러, 2020년 말 7,083억 달러, 2021년 말 8,347억 달러에 이르렀습니다.(표1)

표1_ **연도별 해외 증권 투자 잔액** (단위=억 달러)

연도	증권투자
2004	294.5
2005	446.8
2006	849.1
2007	1,571.7
⋮	⋮
2015	2,355
2016	3,030
2017	4,246
2018	4,650
2019	5,778
2020	7,083
2021	8,347

자료: 국제투자 현황. 한국은행 경제통계국 국제수지팀 2007, 2008;
지역별·통화별 국제투자현황, 조사통계월보 2016~2021

27 국제투자 현황(잠정). 한국은행 경제통계국 국제수지팀 2007, 2008

환율

환율이 1,000원 이하로 떨어졌습니다.[28] 미국이 자국의 이익 (수출)을 위하여 달러화를 약세弱勢로 유지한 결과입니다. 그네들은 버틸 수 있겠지만, 상대적으로 자본이 영세한 수출 주도형 한국 중소기업은 이익이 줄거나, 심한 경우에는 수출을 할수록 적자가 늘어날 수 있습니다. 일부 기업이 견딜 수 없어 부도가 난다면 우리의 산업 경제력은 그만큼 줄어들게 되는 것입니다.

모건 스탠리Morgan Stanley 은행의 스티븐 로치Stephen Roach는 미국이 약弱달러 정책을 펴면서 환율이 10%가량 더 떨어질 수 있다고 말했습니다. 미국은 무역적자를 줄이기 위해 이러한 정책을 지속할 것이며, 이로 인해 아시아 국가의 수출이 2, 3년간 직접 타격을 입을 것이라고 했습니다.[29] 우리나라같이 수출 의존도가 높은 나라는 더 영향이 클 것입니다. 이러한 방법으로 미국은 상대국 기업에, 권투를 예로 들면 계속 잽을 날리는 것입니다. 그동안 정정당당히 버텨왔던 기업도 계속되는 잽에 결국 지쳐 쓰러져 부도가 나고 파산한 다음에야 환율이 제대로 돌아온다면 그 사이 망한 기업은 어디 하소연할 데조차 없겠지요. 그러므로 우리 기업은 이러한 상황의 발전에 대해서도 평소 대비해놓아야

28 조선일보 2005.4.26
29 조선일보 2005.4.29

길 잃은 나의 조국

합니다. 생산성 향상, 채무 및 유동성流動性 관리, 시장의 다변화多邊化, 노사 협조, 일부 이익의 사회 환원을 포함한 세계 시민과의 유대紐帶, 자국민의 지지 확보 등 많은 노력이 필요합니다. 이것들이 합쳐진 진정한 의미의 기업 브랜드 가치와 힘(brand value & power)을 만들어두어야 합니다.

당시 국내 외환 보유액은 2,000억 달러 정도였는데 정부는 달러가 많다고 판단하고 환율을 높이기 위하여 해외 부동산 투자나 해외 증권 투자를 늘리려 하였습니다. 이는 환율을 높이려는 어수룩한 미봉책에 지나지 않으며 오히려 달러를 낭비하는 부작용이 훨씬 큽니다. 멀리 내다볼 줄 모르고 눈앞의 상황만 보고 행동하면 어려움에 봉착하게 됩니다. 국내에 들어와 있는 단기 투기성 외환 자금은 언제든지 자유롭게 국외로 나갈 수 있기 때문에 우리는 늘 충분한 외화를 비축해놓아야 합니다. 환율은 공정한 시장 원칙에 의해서만 움직이는 것이 아니라 미국 연방준비제도이사회Board of Governors of the Federal Reserve System의 방침이나 환투기를 하는 국제적인 금융자본에 의해서 변하는 경우도 많으므로 환율을 지나치게 인위적으로 방어할 필요도 없고, 달러를 외부로 낭비할 필요도 없습니다. 환율을 높이려는 미봉책보다는 환율 외의 방법으로 기업의 경쟁력을 제고提高하여 수출을 유지하는 방안을 강구해야 장기적으로 효과가 있을 것입니다.

치대국약팽소선[30]

治大國若烹小鮮

"큰 나라를 다스리는 것은 작은 물고기를 요리하듯 해야 한다."
작은 물고기를 요리할 때에 너무 자주 뒤집거나 쓸데없이 만
지면 물고기가 으깨지고 만다. 나라가 클수록 더욱 조심스럽
게 정치를 해야 하는 것이다.

2007년 1월 15일 재정경제부는 '기업의 대외진출 촉진과 해
외투자 확대 방안'을 발표하였습니다. 이 방안에는 해외자산운
용사의 부동산과 실물 펀드 국내 판매 허용, 해외투자펀드의 양
도차익 3년간 비과세, 해외자산운용사 요건 완화, 해외 부동산
취득 300만 달러로 확대가 포함되어 있습니다.[31] 제목은 그럴 듯
하지만 결국 외화가 해외로 빠져나가도록 하는 조치로 생각되는
데, 연간 100억~150억 달러가 더 나갈 걸로 예상하고 있습니
다. 훗날 외화가 모자라게 되면 외화가 빠져나가지 못하게 해야
하는데 그러려면 해외투자 확대 방안을 반대로 축소 방안으로
바꿔야 할 판입니다. 생선을 요리할 때 너무 자주 뒤집으면 생선

---

30 도덕경道德經 거위居位/소선小鮮, 노자老子; 烹 삶다, 鮮 생선
31 조선일보 2007.1.16

이 부스러지듯이, 경제 정책이 지나치게 그때그때 상황에 따라가면 무슨 형태인지 나중엔 알아볼 수 없게 될 수 있습니다. 2005년 1년간 외국 부동산 취득은 47건으로 2,300만 달러인 데비해 2006년에는 이미 2,385건에 7억4,500만 달러로 금액으로는 32배 증가하였다고 합니다. 부동산 취득 금액별로는 미국이 48%, 캐나다 23%, 중국 6%, 호주 4% 순이고, 골프 회원권은 일본이 54%, 태국 19%, 중국 17% 순이었습니다.[32] 한편 해외 투자펀드의 양도차익 3년간 비과세 방침에 대하여 외국계 자산 운용사는 역외城外펀드에 대한 차별이라고 반발하니, 한국 정부는 외국 금융회사에게 편의를 봐주고도 쓸데없는 정책을 만들어 욕을 먹는 셈이니 참 미숙하기 짝이 없습니다.

우리나라의 금융기관 대부분을 외국 자본이 지배하는 세상이 조만간 올지 모릅니다. 이미 IMF 사태 이래 국민의정부는 국내 은행들을 너무 손쉽게 외국 자본에게 내주어,[33] 2008년 말 기준으로 우리나라 시중 은행 10개 가운데 7개 은행이 외국 자본의 소유로 되어 있습니다. 제일은행, 외환은행, 한미은행(시티Citi은행으로 합병), 신한(조흥은행 흡수 합병)은행, HSBC가 외국 자본의 직접적인 지배하에 있는 터이고, 국민은행, 하나은행 지분도 2/3 안팎으로 외국 주주의 소유이니 새삼스러운 일도 아닙니다. 우리은행, 기업은행, 농협 세 군데만이 국가 자본으로 남

32 조선일보 2007.1.23
33 이코노미스트지 2008.9.27 "…The left-leaning government of President Kim Dae-jung turned radical, going well beyond even what the IMF demanded of it…."

아 있습니다.[34]

금융기관이 외국 자본의 지배를 받으면, 국가경제의 입장보다 외국 주주의 이익을 최우선적으로 배려할 것입니다. 그리고 한국에 경제 위기가 닥쳐올 때 금융기관이 국가적 요구에 적극적으로 호응하지 않더라도 별 방법이 없습니다. 미국 GDP의 1/4이 금융 산업에서 나올 정도로 미국 금융 자본은 돈이라는 상품을 사고팔면서 우리나라 같은 자본시장에서 엄청난 부富를 가져가고 있습니다. 금융 자유화가 말은 그럴 듯하지만 우리 금융을 완전히 약육강식弱肉强食의 세계에 발가벗겨 내놓는 격이니, "만약 금융 세계화가 당신을 죽이지 않는다면, 금융 세계화는 당신을 더 강하게 만들어 줄 것이다"라는 경고처럼 우리 금융 산업은 최악의 경우 가사假死 상태에 이를 수도 있습니다.

---

34 기업은행과 농협은 특수 은행으로 외국 자본이 지배할 수 없으므로, 시중은행 중에는 우리은행 만이 유일하게 남은 은행이다. 외환위기 직후 공적 자금이 한일은행과 상업은행에 투입된 후 두 은행이 통합하여 우리은행이 되었다.

길 잃은 나의 조국

에너지 절약

빈가이학부가지의식다용 즉속망필의[35]

貧家而學富家之衣食多用 則速亡必矣

묵자는 큰 나라인 제齊나라와 진晉나라 사이에 끼어 있는 위衛
나라의 대부大夫 공량환자公良桓子가 너무 사치를 부리자, "가난
한 집이 부잣집의 먹고 입는 것을 배워서 소비를 많이 하면
빨리 망하는 것은 필연적이다"라고 타이른다.

기름 값이 계속 오르고 있습니다.[36] 우리나라는 에너지 생산
이 거의 없고 에너지 대부분을 외국에서 수입해서 쓰기 때문에,
에너지 값이 오르는 데 따라 물가가 오르고 수출 경쟁력은 떨어
집니다. 따라서 에너지 소비를 줄여야 하는데 부자 나라처럼 에
너지를 많이 소비한다면 우리 국력은 약해지고 말 것입니다.

에너지를 아끼기 위하여 불필요한 전기 끄기, 냉난방 덜하고
옷으로 조절하기, 주정차駐停車 시 자동차 공空회전 하지 않기 같
은 것은 또한 맑은 대기 환경을 위해서 누구나 할 수 있는 일들
입니다. 이산화탄소 배출을 줄이기 위해서라도 에너지를 덜 써
야 합니다. 이렇듯 에너지 절약에 국가와 국민 모두가 힘써야 하

---

35 묵자墨子
36 조선일보 2005.8.15

는데 참여정부는 관심이 적은 것 같으니 딱하기 그지없습니다. 국민의 지지를 받고 있는 정부라면 미래를 위하여 국민에게 고통이 따르는 정책도 설득할 수 있습니다. 국민의 지지도 없고 국민이 믿지도 않으니 정책을 설득시키기는 더욱 어렵습니다. 더 나아가 장기적으로 대체에너지를 개발하는 데 많은 노력과 투자를 해야 할 것입니다.

기업 지배 구조

2005-11-25

도지이정 제지이형 민면이무치 도지이덕 제지이례 유치차격[37]
道之以政 齊之以刑 民免而無恥 道之以德 齊之以禮 有恥且格
공자께서 말씀하였다. "(백성을) 정치술로 인도하고 형벌로 다스리면 백성이 면하려고만 하고 부끄러워하지 않지만, 덕德으로 인도하고 예禮로 다스리면 부끄러워하고 또한 선善하게 된다."

열린우리당은 금융산업구조 개선법을 개정할 예정이라고 했습니다. 이에 의거하여 삼성생명이 가지고 있는 삼성전자의 일

---

37 논어論語 위정爲政; 道 길/이끌다, 格 바로잡다/바르다

길 잃은 나의 조국

부 지분은 의결권을 제한하고, 삼성카드가 가지고 있는 에버랜드 초과 지분은 매각토록 한다는 것입니다.[38] 법대로 하는 것이야 무어라 이야기할 수 없지만, 만약 삼성전자 같은 회사의 경영권이 외국으로 넘어가게 된다면 국가적으로 손해인 만큼, 신중히 접근해야 합니다. 반대로 외국계 금융자본의 기업 의결권 행사에는 제한이 없다면 불공평한 역차별이라고 할 수 있습니다.

또 정부는 '환상형 순환출자'를 금지하는 제도를 도입하려 하고 있습니다.[39] 그렇게 될 경우 재벌 그룹의 일부 계열 회사 경영권이 위태로워지며 삼성과 현대자동차 그룹은 경영권을 방어하기가 쉽지 않습니다. 재벌 하는 짓이 못마땅하다고 불리한 법제로 다스리려는 것보다는, 나라를 크게 보아 재벌로 하여금 사회에 많은 기여를 하도록 예(禮)로써 다스리는 편이 국익에 더 좋을 것입니다. 예로써 다스려지지 않을 때 형벌을 빌려 다스림이 순서입니다. 이탈리아, 벨기에 등 많은 유럽 국가들이 상호출자, 순환출자를 허용하고 있고, 미국 등에서도 '차등의결권' 제도를 두어 자국 기업을 보호하고 있다고 합니다. 순환출자를 법으로 금지하는 국가는 없는 것으로 알려져 있습니다. 캐나다 히스–에드퍼Hees-Edper 그룹은 순환출자 구조로 300여 개의 계열 회사를 거느리고 있고, 독일의 도이치방크Deutsche Bank 그룹, 인도의 타타Tata 그룹, 대만의 포모사Formosa 그룹 등도 순환출자 구조를 가지고 있습니다. 순환출자를 금지하는 것보다는 민족자본이 경영권

38 조선일보 2005.11.25
39 조선일보 2006.11.7

을 유지하면서 소유와 경영을 분리하여 지배주주가 횡포를 부릴
수 없게 경영의 투명성을 확보하는 등 윤리 경영을 제도적으로
요구하는 것이 현명할 것입니다.

재벌 2세

2006-04-27

생장부귀총중적 기욕여맹화 권세사열염 약불대사청랭기미
기화염 부지분인 필장자삭의[40]

生長富貴叢中的 嗜欲如猛火 權勢似烈焰 若不帶些淸冷氣味
其火焰 不至焚人 必將自爍矣

"부귀한 집안에서 자라난 사람은 욕심이 사나운 불길 같고
권세가 세찬 불꽃 같다. 만일 조금이라도 맑고 서늘한 기운을
띠지 않으면, 그 불꽃이 남을 태우는 데까지 이르지는 않더라
도 반드시 자신을 태우고 말리라."

2007년 2월 법원은 비자금秘資金을 조성하는 등 회사 돈 900여
억 원을 횡령하고, 회사에 2,100억 원의 손해를 끼친 배임 혐의

---

40 채근담菜根譚 홍자성洪自誠; 叢 모이다, 嗜 탐하다, 焰 불꽃, 些 적다, 焚 불사르
다, 爍 태우다

길 잃은 나의 조국

로 2006년 4월 말 구속되었던[41] 모某 자동차회사 회장에게 유죄를 판결하고 징역 3년을 선고하였습니다. 기업의 윤리성과 사회적 책임이 중요해지는 시대에, 지배주주가 경영에 직접 참여하여 기업의 소유자로서 기업을 사사로이 운영한 전형적인 예라고 할 수 있습니다.

부귀를 누리는 사람이 부귀에 취하면 추악해질 수 있으니, 늘 마음을 조심하고 겸허해야 부귀를 유지할 수 있습니다.[42] 재벌 2세는 자신의 능력이 뛰어나서가 아니라, 부자 부모를 만난 덕에 부를 물려받은 것이므로 사람들에게 늘 겸허해야 부를 지킬 수 있습니다.

41 조선일보 2006.4.27
42 채근담菜根譚 홍자성洪自誠; 약지란만모도 편성악경의 이영만자 의사지 若至爛漫酕醄 便成惡境矣 履盈滿者 宜思之 "만약 꽃이 활짝 피고 술에 흠씬 취하면, 문득 추악한 지경에 들고 마니, 가득 찬 곳에 있는 이는 마땅히 생각할지어다." 爛 (꽃이) 흐드러지다, 漫 질펀하다, 履 복록, 盈 가득하다

론스타

절교자사위난진[43]

絕巧者詐僞亂眞

"기교를 지닌 자가 거짓으로 속이거나 참됨을 어지럽히지 못하게 하여야 한다."

외국 자본이 국내에 들어올 때에는 한국인 안내자가 있는 경우가 대부분입니다.[44] 그것은 그들이 한국 실정을 잘 알고 있으며, 국내 인맥을 외국 자본의 활동에 유리하게 동원할 수 있기 때문입니다.

공사불사의[45]

公事不私議

"공적인 일은 사적으로 논의하지 말아야 한다."

한국인 안내자들이 한국 내 인맥과 공적인 일을 은밀히 사적으로 의논한다 해도 겉으로 드러나지 않으면 알 도리가 없습니다.

미국의 사모私募펀드(private equity fund)인 뉴브리지캐피털

---

43 도덕경道德經 하상공장구河上公章句 환순還淳, 노자老子; 僞 거짓
44 손발이 되어주마, 병풍이 되어주마. 한겨레21 605호, 2006.4.18
45 예기禮記 곡례曲禮

　　　　　　　　　　　　　　　　　　　길 잃은 나의 조국

Newbridge Capital은 외환위기 직후인 1999년 제일은행을 4억5,400만 달러(약 5,000억 원)에 인수하는 협상에서 한국 정부로부터 추가 부실에 따른 손실을 매각자가 지급하는 풋백옵션put back option을 얻어내 엄청난 이권을 확보했습니다. 한국 정부는 인수 금액 4억 5,400만 달러의 35배나 되는 150억9,000만 달러(17조3,000억 원)를 국민의 세금인 공적자금으로 제일은행에 투입했습니다. 그 액수면 우리 돈으로 제일은행을 살리고도 남을 것 같은데 어째서 미국 사모펀드에 시중은행을 헐값에 팔았는지 정부 관리들에게 묻고 싶습니다. 뉴브리지캐피털코리아에는 한국과 미국의 일류 대학과 대학원을 졸업하고 김&장법률사무소에 근무한 적이 있는 국제 변호사가 대표로 있었습니다. 2005년 뉴브리지캐피털은 제일은행을 영국의 스탠더드 차터드Standard Chartered 은행에 되팔면서 1조1,500억 원에 이르는 막대한 이익을 보았습니다.

칼라일Carlyle 사모펀드는 2000년 JP모건의 펀드인 JP모건코세어Morgan Corsair2호를 금융기관인 양 컨소시엄을 만들어 한미은행을 인수했다가 2004년 시티은행에 되팔면서 세금 없이 7,017억 원의 시세 차익을 남기고 떠났습니다. 칼라일아시아 회장이었던 인물은 미국 하버드Harvard 경영대학원 MBA(경영학 석사) 출신으로 대한민국 전前 국무총리의 사위로 알려졌습니다.[46]

---

46 고 박태준씨의 사위로 거대한 사모펀드를 운영하며 자선사업가로도 알려져 있다. 2023년 포브스지에서 한국계 최고 부자(미화 97억 달러)로 자리매김하였다. Forbes Asia 2023(Apr/May); 19(2): p47-52.

론스타Lone Star와 외환은행 매각 사건의 중심에는 2005년 9월
까지 론스타코리아 대표를 지낸 한국계 미국인이 있습니다. 그
는 미국에서 태어난 교포 2세로 하버드 경영대학원 MBA 출신
인데 2006년 3월 30일 검찰이 탈세 혐의로 체포 영장을 발부받
았지만 이미 2005년 9월 출국하여 미국에 범죄인 인도를 청구하
였음에도 한국에 다시 오지 않았습니다.[47]

인개왈여지 구이납저고확함정지중이막지지피야[48]
人皆曰予知 驅而納諸罟擭陷阱之中而莫之知辟也
공자께서 말씀하였다. "사람들은 모두 자기가 지혜롭다고 말
하나 그물, 덫, 함정 가운데로 몰아넣어도 그것을 피할 줄 모
른다."

어떤 사람들은 자기 자신이 아주 똑똑해서 많은 이익을 보았
다고 생각하겠지만, 그들이 사회에 끼친 손해가 자신이 취한 이
익보다 수백 배 큰 경우도 있다는 것을 잘 모를 것입니다. 자기
꾀에 자기가 넘어가 역사의 덫에 스스로 들어간 사람이라고 할
수 있지 않을까요?

감사원에서 조사한 바에 따르면 외환은행의 간부들이 외환은
행 매각 협상 이전부터 론스타코리아 측에 은행의 내부 동향, 국
제결제은행(Bank for International Settlements＝BIS) 자기자본비율

---

47 조선일보 2023.3.6. 그는 2023년 3월 2일 미국에서 마침내 체포되었다.
48 중용中庸 7장; 驅 몰다, 納 들이다, 罟 그물, 擭 덫, 辟 피하다

자료, 매각 협상 조건 등 정보를 알려주었다고 합니다.[49] 론스타 코리아 전前 대표는 "은행장은 매수인에게 협조적인 아주 드문 매도인"이라고 평했다고 합니다. 이에 관여한 한 간부는 나중에 2억 원을 받았고, 은행장을 포함하여 여러 임원이 스톡옵션stock option 20만~36만 주를 받았다고 합니다. 은행장은 외환은행으로부터 경영 고문료, 성과급 명목으로도 15억 원을 받았다고 합니다.

2006년 6월 19일자 감사원의 발표를 보면, "당시 외환은행 경영진이 부실을 과장했는데도 감독 기관은 이를 제대로 검증 또는 확인하지 않고 관련 법규를 무리하게 적용했다" "외환은행 부실 판정의 기초가 됐던 BIS 비율 6.16%는 근거가 없으며, 이를 기초로 금융 당국이 론스타에 대주주 자격을 부여한 것은 적절치 않다"라고 언급되어 있습니다.[50] 외환은행은 모某 회계법인에 부실자산은 늘리고 숨은 자산은 줄여 은행의 순자산 가치가 적게 나오도록 유도한 듯합니다. 감사원이 당시 외환은행 주株당 자산 가치를 다시 계산해 보니 5,963원으로, 4,245원보다 1,718원 더 나왔다고 합니다. 2003년 당시 금융감독위원회는 금융감독원이 제시한 BIS 9.14%보다 6.16%를 인용해 예외를 인정하는 특례를 적용하여 론스타의 대주주 자격을 승인하였습니다. 마침내 그해 10월 31일 론스타는 외환은행 주식 51%를 취득하였습니다.

49 조선일보 2006.4.11
50 조선일보 2006.6.20

대검찰청 중앙수사부는 2006년 12월 7일 "외환은행이 미국계 사모펀드 론스타에 2003년 불법 매각되었다"라는 내용의 중간수사 결과를 발표하였습니다.[51] 재경부 금융정책국장, 외환은행장과 론스타 측[52]은 사모펀드가 은행을 인수할 자격이 생기도록 외환은행으로 하여금 고의로 자산은 줄이고 잠재 부실은 늘려 부실자산 규모를 과장하는 식으로 BIS 자기자본 비율을 왜곡해서 6.16%로 낮추어 맞추도록 하였다는 것입니다.[53] 전前 외환은행장은 이 같은 혐의로 2006년 11월 6일 구속되었습니다.

이지치국 국지적[54]
以智治國 國之賊
"소위 자기 잘나고 똑똑하다는 사람들이 나라를 다스리면 나라의 해가 된다."

당시 외환은행장, 재정경제부 금융정책국장, 금융감독위원회 감독정책1국장, 론스타 관계자들은 무슨 이유에서 이런 일이 진행되도록 하였을까요? 그리고 고위 인사들의 개입은 과연 없었을까요? 경제가 외국의 지배를 받으면 소위 '경제 식민지'라고

---

51 조선일보 2006.12.8
52 론스타를 대리한 변호사는 재경부 금융정책국장과 접촉하였으며, 두 사람은 고등학교 동기 동창이라고 한다. 그는 론스타코리아 대표에게서 10억원(105만 달러)을 받음.
53 론스타가 외환은행을 인수한 지 5년이 지난 2008년 11월 24일, 뜻밖(?)에도 법원은 론스타에게 인수 자격을 주기 위해 외환은행의 BIS(국제결제은행) 자기자본비율을 낮춘 것으로 보기 어렵다고 판결하여 국민들을 놀라게 했다.
54 도덕경道德經 순덕淳德/계식稽式, 노자老子

길 잃은 나의 조국

합니다. 국토를 팔아넘기지 않았어도 경제 주권을 넘겨준다면 전형적인 매국 행위의 변종變種이 아닐 수 없습니다. 나라를 파는 것이나 국가의 중요한 금융기관을 변칙적으로 파는 것이나 대소大小의 차이는 있을지언정 근본은 크게 다를 바 없을 것 같습니다. 옛사람의 가르침대로 나의 사리사욕을 이겨내어 예의를 회복하는 길이 내가 속해 있는 사회와 나라를 살리는 길이 아닐는지요.

론스타가 투자 자금원을 공개하지 않아 알 수 없지만, 론스타가 외환은행을 구입한 자금은 순수 외국 자금이 아니라 일부는 국내 자금일 수도 있다는 의문이 남습니다. 즉 국내 자금이 외환으로 바뀌어 포함된 부분 없이 100% 순수 외국 자금이 우리나라에 들어와서 이루어진 투자가 아닐지도 모른다는 점입니다. 론스타가 외환은행의 투자 자금원을 공개하지 않는 바람에 미국은행법에 의거, 외환은행의 미국 내 지점들은 모두 허가가 취소되어 버렸습니다. 우리 기업이 상품을 아주 많이 거래하는 시장이 미국 시장인데, 그 기업들 상당수가 거래하던 미국 내 외환은행 지점들이 갑자기 문을 닫아야만 하는 상황이 발생한 것입니다. 이것이 진정 외환은행을 살리기 위하여 론스타에 외환은행을 팔기로 결정한 한국의 고위 관리들과 은행장의 논리였던가요.

2007년 9월 3일 론스타는 외환은행의 소유 주식 전량(51.02%)을 63억 달러에 영국계 HSBC은행에 넘기기로 합의 계약하였습니다. [55] 주당 인수 가격은 18,045원(경영권 프리미엄

---

[55] 조선일보 2007.9.4. 하지만 2008년 9월 19일 HSBC는 세계적인 금융 위기와 외환은행 주가의 하락을 이유로 외환은행 인수 계약을 철회한다고 발표하였다.

21.5% 포함)이라고 합니다. 국가의 기간 금융회사가 완전히 외국 소유로 바뀌는 결과가 예상되고 있습니다. 애초에 외환은행이 론스타로 넘어가는 과정의 중심에 있던 여러 한국인들은 론스타가 막대한 이익을 남기기 위해 외환은행을 매물賣物로 내놓은 상황 진전을 어떻게 보고 있을까요?

외환카드

2006-11-06

극기복례[극기복례위인… 비례물시 비례물청 비례물언 비례물동]56
克己復禮[克己復禮爲仁… 非禮勿視 非禮勿聽 非禮勿言 非禮勿動]
안연이 인에 대하여 공자에게 묻자 그 실천 방법으로 이렇게 이르셨다. "자기(사리사욕)를 이기고 예의를 회복하는 것이 인이다. …예가 아니면 보지 말고, 예가 아니면 듣지 말며, 예가 아니면 말하지 말고, 예가 아니면 행동하지 마라."

대검찰청 중앙수사부는 2006년 11월 5일 론스타 외환카드 주가株價 조작(?) 사건에 대해 수사 결과를 발표하였습니다.57 론스타는 2003년 10월 외환카드에 대한 유동성 지원을 막아 외환

---

56 논어論語 안연顔淵
57 조선일보 2006.11.6

길 잃은 나의 조국

카드 주가를 하락시킨 후 외환은행과 합병키로 계획하였다고 합니다. 론스타어드바이저Lone Star adviser코리아의 한국인 대표는 유동성을 지원하자는 외환은행의 요청을 거절하고 외환카드의 해외 신주 인수권부 사채 발행도 반대하였다고 합니다. 이렇게 인위적으로 외환카드의 돈줄을 막은 결과 2003년 11월 17일 외환카드는 유동성 부족으로 현금 서비스가 중단됐고, 외환카드가 자금 위기를 겪는 것으로 비쳐지자 주가는 하락하였습니다. 론스타 측 이사들은 이사회 하루 전인 2003년 11월 19일 미리 모여 '합병 발표와 동시에 감자減資 계획을 발표하기로' 의논하고, 다음 날인 11월 20일 외환은행 이사회에서 비非론스타 측 이사(한국 측 임원)들의 반대에도 불구하고 론스타 측 이사들 주도로 감자 계획을 포함하도록 요구하였다고 합니다. 이사회 후 담당 직원이 감자 계획 문구를 뺀 보도 자료를 작성하였으나, 론스타 측 사외이사가 관여한 후 발표된 보도 자료에는 감자 계획 검토가 들어 있었습니다. 감자 계획이 발표되자 외환카드 주가는 11월 10일 7,330원에서 1/3 수준인 2,500원대로 폭락했고, 이렇게 주가가 폭락한 시점에 론스타 측이 주식을 더 사들여 외환은행은 외환카드를 11월 28일 합병하였습니다.[58]

론스타 측이 외환카드 주가를 '조작(?)한' 목적은 외환카드 합병 비용을 줄이고, 합병 후에도 외환은행의 지분을 과반으로 유지하기 위한 것임을 짐작할 수 있습니다. 론스타는 수백억 원의

---

58 조선일보 2006.11.7. 그러나 2003년 11월 28일 개최된 외환은행 이사회에서는 외환카드의 감자 없이 합병을 결의하였다.

합병 비용을 절약하였으나, 이에 반비례하여 소액 주주들은 수백억 원의 손실을 입을 수밖에 없었습니다.[59]

한국경제호

2007-02-08

대하장전 비일목소지야[60]

大廈將顚 非一木所支也

"큰 집이 무너지려 할 때, 나무 하나로 버틸 수 없다."

큰 집도 이러하거늘 하물며 나라가 기울어질 때 이를 바로 세우려면 어느 한 가지만 잘해서 되는 게 아니라 중요한 모든 부문이 잘해야만 가능해진다.

조순(1928~2022) 전 경제부총리는 2007년 2월 7일 서울에서 열린 전국경제인연합회 주최 신춘 포럼에서 "현재 한국의 주요 경제주체가 각기 방향을 잃고 있다" "지금 한국호는 망망대해茫茫大海에서 진로를 못 찾고 헤매고 있다. 전체적으로 경제 구조가 취약하기 짝이 없어 지금처럼 하면 몰락할 수도 있다"라고 경고

---

59 2008년 6월 24일 법원은 항소심에서 1심 재판과는 반대로 외환카드 주가 조작 혐의에 대하여 무죄를 선고하였다.

60 문중자文中子 사군事君, 왕통王通; 廈 큰 집, 顚 무너지다

하였습니다.[61] 각론各論으로 들어가서는, 경제 발전을 위한 인적人的, 물적物的, 제도적 인프라의 미흡함을 지적하면서 "잘나가는 기업도 파업을 해서 기업의 발목을 잡는다. 국민경제 전체가 이렇게 방향을 잃고 있다면 한 부분만이 잘해서 방향을 확실히 잡는다는 것은 있을 수 없으며, (방향이) 다 같이 잘되어야 한다"고 진단했습니다. "성장률 4.5%를 달성하더라도 지금처럼 양극화되는 달성은 바람직하지 않은 것"이라고 우려하면서, "외국 기업들은 잘 안 들어오는 반면 우리 기업과 돈은 자꾸 외국으로 나가므로 문제가 된다"고 덧붙였습니다.

전 산업자원부 장관 정덕구 고려대 교수가 2007년 5월 23일 대한상공회의소에서 '신한국병과 또 한 번의 잔인한 선택'이라는 제목으로 CEO 특강을 했습니다. 그는 "김대중, 노무현 정권을 지내면서, 정치가 경제를 흔들고 대중영합주의가 등장하면서 만성적인 신한국병 징후가 나타났다"고 말했습니다. 그리고 "기업 투자가 감소하면서 경제는 무기력해지고 역동성을 잃어갔다" "2015년 이후에는 잠재 성장률이 3% 미만으로 떨어질 우려가 있다" "외환위기는 끝나지 않았다"면서, 한국 경제를 서서히 가라앉는 배에 비유하였습니다.[62] 그는 "이제는 소수의 정치 세력이 아닌 각 부문의 초일류 전문가들이 해당 분야를 책임지고 이끌어야 한다"고 강연을 마무리하였습니다.

---

61 조선일보 2007.2.8
62 조선일보 2007.5.24

아시아에 외환위기가 불어닥친 지 10년이 지난 2007년도 상황에 관하여 이코노미스트지는 다시금 다음과 같은 새로운 우려를 나타냈습니다. 이 주간지는 아시아 각국이 안정된 환율을 회복하고 환율이 잘 유지되면서, 이제 부동산 붐과 거품이 문제라고 지적한 것입니다.[63] 아시아 각국의 경제 정책이 외환보유고를 높게 유지하다 보니까 통화량과 신용(credit) 사용이 증가하고, 물가가 오르고, 주식이 오르고, 부동산 거품이 생겨났습니다. 특히 우리나라에서도 부동산 거품은 참여정부 하에서 더욱 두드러졌는데, 지난 10년간 지가地價 상승 총액의 83%가 참여정부가 집권한 후에 올랐습니다.[64] 그리고 경상수지(current account) 흑자는 2007년도 예상에 따르면 말레이시아가 10%, 중국이 9%를 각각 넘는 데 반해 한국은 0.5% 미만으로 상대적으로 매우 낮은 편이었습니다. 한편 재정경제부 자료에 따르면 일자리 창출 수는 2002년 59.7만 개에서 2006년 30만 개로, 국민총소득 증가율은 2002년 7%에서 2006년 1.9%로 감소하는 추세였습니다.[65]

한국은 외국 기업의 직접 투자가 적은 반면 외국 자본의 투기는 많고, 경상수지는 거의 제로 상태에서 국민 총소득 증가율은 감소 추세이며, 국내 자금이 해외 펀드 등으로 국외로 빠져나가고 있는 상황이라 앞으로 세계적 금융 위기가 닥친다면 우리 경

63 이코노미스트지 2007.6.30
64 한겨레신문 2006.10.14
65 조선일보 2007.1.6

길 잃은 나의 조국

제는 심각한 영향을 받을 것입니다.[66]

대우

2007-07-28

일본 기업이 투자하고 싶은 국가를 보면 2006년도 조사에서 중국, 인도, 베트남, 미국 순으로 보도되었습니다.[67] 하지만 일본 기업으로부터 베트남이 매력적인 투자처로 각광받기 훨씬 이전에 우리나라의 대우 그룹은 베트남의 미래성을 높이 평가하여 일찍이 베트남에 많은 투자를 하였습니다. 월남전 이후 베트남에서는 '대우' 덕분에 한국에 대한 호감도가 매우 높아졌는데, 대우가 사라진 이후 애써 닦은 터전에 일본 기업들이 들어가 대체해가고 있다는 생각이 드니 안타까운 마음입니다.

승수증 가사하증[68]

僧雖憎 袈裟何憎

"중이 비록 미울지라도, 어찌 가사까지 미워하랴."

---

66 2008년 9월 15일 미국 리먼 브라더스Lehman Brothers 금융기관의 파산으로 미국발 세계 금융위기가 일어났다.

67 이코노미스트지 2007.7.28

68 순오지旬五志, 홍만종洪萬宗; 袈裟 어깨에 걸쳐 입는 승려의 옷

내가 싫어하는 사람이 대통령이 되었다고 우리나라가 망했으면 좋겠다고 누가 생각한다면 그 사람 정신 이상 아니겠는가. 회사 회장이 마음에 들지 않는다고 그 회사가 망하기를 바란다면 이 또한 이상한 일일 것이다.

국민의정부 시절 대우가 외환위기로 생존이 어려울 때, IMF 의도대로 김대중 정권은 대우를 구해주지 않았습니다. 특정인이 설사 밉다고 생각되더라도 국익을 위해서 회사가 망하지 않도록 할 방도가 전혀 없지는 않았을 터인데, 당시 정책 결정으로 말미암아 대우가 동유럽은 물론 베트남에 닦아놓은 기반 대부분이 사라졌습니다.

맺음말

어느 정치 체제에서나 국민들이 먹고사는 것이 가장 기본적인 일입니다. 공자도 이를 '족식足食'[69]이라 하였거늘, 결국 경제 문제를 해결하는 것이 태평한 세상의 전제 조건이라고 할 수 있습니다.

69 족식足食; 먹을 것을 풍족하게 하다.

경제 주체主體와 경제 객체客體가 지구상에서 점점 쉽게 국경을 넘나들면서 세계의 국경은 점차 의미가 줄어들고 있습니다. 유럽에서 물리적인 국경이 거의 사라지다시피 한 것이 그 대표적인 예입니다. 그러면서 기업이 국가 못지않게 개개인의 일상적인 경제생활에 영향을 미치고, 돈과 물건이 이전보다 더욱 자유로이 전 세계를 이동하고 있습니다. 그러나 기업과 재화財貨가 이익을 좇아 지구 어디라도 찾아가고 머물렀다가도 이익이 사라지면 마음대로 가버리는 것이 가능해지자 이에 따른 부작용도 파생하기 시작했습니다. 어떤 경우에는 부작용이 너무 심각하여 경제적인 이윤을 추구하다 경제 주체나 국가 사회가 무너질 지경에까지 이르기도 합니다.

경제 정책을 펼 때 완전한 자유방임이나 모든 것을 시장 논리에만 맡겨두는 것이 매우 위태로운 근본적인 이유는 재화에는 정신精神이 들어 있지 않기 때문입니다. 따라서 자유방임주의와 시장만능주의의 부작용을 방지하기 위한 여러 방법 가운데 재화, 즉 돈과 물건에 철학을 불어 넣어주는 것은 대증요법이 아니라 원인요법에 해당합니다. 곧, 중요한 경제 주체인 기업에게 사회 책임성을 요구하여 담보하고, 소비자인 전 세계 시민들은 윤리 소비 등을 통하여 기업과 재화를 감시하면 경제가 올바른 방향으로 발전해나갈 수 있습니다. 따라서 전 세계 시민들은 올바르고 건전한 소비 생활을 통하여 기업에게 분명한 메시지를 전해야 합니다. 시민들이 적극적으로 행동하지 않으면 기업과 재화는 언제라도 무철학無哲學 상태로 회귀하여 주인인 우리를 오히

려 자본 봉건주의(Capital feudalism) 사회[70]의 임금 노예[71]로 삼는
다는 사실을 한시라도 잊어서는 안 됩니다.

70 대동서大同書, 강유위康有爲; 청淸나라 말 강유위는 대동大同하지 못하면 '돈이
있는 자는 군주와 같고, 기업 경영자들은 사대부와 같으며, 공장의 노동자들은 평
민과 같아질 것이다. 빈부의 불균형은 마치 하늘과 땅처럼 격차가 벌어져' 나라의
혼란이 생긴다고 말한다. 공불행대동즉공당업주쟁장별성국난 工不行大同則工黨
業主爭將別成國亂 (공업의 대동이 안 되면 공인工人, 당黨, 업주業主가 다투어 나
라의 혼란을 초래한다)

71 임금 노예(wage slave); working poor, a person dependent on a low wage or
salary 중세 봉건사회의 영지領地에 속해 있던 농노農奴(serf)와 대응되는 자본봉
건사회의 소시민

제14장

자유무역협정

처음말

18세기 서유럽에서 시작된 산업혁명은 기계를 이용해 상품을 대량 생산해 내는 시스템을 구축했습니다. 모든 생산 도구를 사람 손으로 만들던 시대는 가고, 자본을 가진 이는 공장을 세우고 노동자를 고용하여 생산한 상품을 시장에 내다 팔아 생긴 이익을 취하는 자본주의 체제가 출현한 것이지요.

유기계자 필유기사 유기사자 필유기심[1]

有機械者 必有機事 有機事者 必有機心

공자의 제자 자공子貢에게 밭에서 일하는 농부가 들려준 말이다. "기계가 있으면 반드시 기계를 부리는 자가 있고, 기계를 부리는 자가 있으면 반드시 기계의 마음이 생긴다."

장자莊子는 기계를 사용하여 생산성이 높아지면 그다음엔 기계의 마음, 즉 기계로 더 많이 생산하려는 욕망이 생겨 순수한 마음이 사라진다고 설파하였습니다. 기계를 사용하면서 생산성이 높아지고 상품의 생산량은 점점 더 증가하게 되었지요. 자본가는 수요보다 더 많이 생산된 상품을 내다 팔 시장이 필요해졌으며, 국가 권력과 결탁하여 새로운 상품 판매 시장을 경쟁적으

---

1 장자莊子 천지天地

로 개척했습니다. 서유럽 열강은 아프리카, 아메리카, 인도, 동
남아시아, 오세아니아 등 세계 도처에 식민지를 건설하여 원자
재를 조달하고, 새롭게 확보된 시장에 상품을 팔면서 자본주의
를 발달시켰습니다.

범족이봉급민용 즉지[2]
凡足以奉給民用 則止
"무릇 백성들의 사용에 따라 공급하기에 족할 정도로 하고
그친다."

그러다 기존의 시장이 거의 포화 상태에 이르자, 20세기 말
자본주의는 또다시 새로운 시장을 광범위하게 개척하기 위하여
신新자유주의 개념을 들고 나왔습니다. 고도로 발달한 산업자본
주의와 금융자본주의는 기존의 시장만으로는 공장에서 필요 이
상으로 대량 생산해낸 상품을 처분할 수 없다는 것을 알고 있었
습니다. 인간의 무한한 탐욕이 가져올 미증유의 위험을 알고 있
었더라면 묵자의 가르침대로 물건이 과잉 생산되기 전에 자족하
고 절제했어야 하는데 인류는 그러지 못했습니다. 그들은 신자
유주의라는 이념으로 무장하고 WTO(World Trade Organization,
세계무역기구)와 FTA(free trade agreement, 자유무역협정) 같은 자
유 무역을 세계화라는 미명하에 지구상에 아직 남아 있는 최후
의 시장까지 개방하도록 유혹하고 회유하며, 그도 아니면 압력

2 묵자墨子

을 가해 모든 나라를 단일한 시스템 아래 두고자 하고 있습니다. 자유 무역은 이로운 점도 많지만 부작용도 이에 못지않게 심각하다는 사실은 교묘히 감춘 채 세계화를 선전하고 있는 것이지요.

칠레

식자국지보[3]

食者國之寶

"식량은 국가의 보배"

한국과 칠레의 자유무역협정으로[4] 폐업을 신청한 포도, 복숭아 등 과수 농가가 1만2,644농가에 이른다고 합니다.[5] 생명 유지에 필수적인 농산물 재배가 점점 줄어든다는 건 우리 민족의 생존 능력이 조금씩 약해진다는 것과 다름이 없습니다. 앞으로 우리 국민이 태평양을 건너느라 방부제와 농약으로 처리한 과일을 먹을 걸 생각하면, 건강은 얼마나 훼손될지 마음이 아파옵니다. 폐업한 농지는 또 어떻게 전용轉用되어 버릴까요? 한번 농지

---

3 묵자墨子
4 2004년 4월 발효
5 조선일보 2005.3.16

에서 배제된 땅이 훗날 다시 농지로 환원되기는 무척 어려운 일
입니다.

한미 FTA 협상

2006-04-08

참여정부의 전 청와대 국민경제비서관은 "한미 FTA는 엄청난 적과 손잡은 것"이라고 말했습니다.[6] 노 대통령은 참여정부 하에서 한미 관계가 나빠진 것을 만회하기 위하여 한미 FTA를 성사시키고자 했습니다. 경제적 결속을 통해 외교 안보상으로 껄끄러워진 한미동맹을 강화하는 효과를 기대한 것으로 보입니다. 그런데 외교 안보상의 실착矢着을 경제 정책을 통해 회복하려면 경제 부문에서 많은 것을 잃을 부담을 안아야 하지요. 경제 주권의 중요한 부분을 상실할 것 같아 걱정이 이만저만이 아닙니다.

미국 의회조사국 보고서를 보면 "일반적으로 미국이 다른 나라와 FTA 협상을 할 때 관세나 쿼터 같은 것은 최소한의 쟁점에 지나지 않는다. 미국이 협상에서 중요하게 다루는 분야는 경제

---

6 조선일보 2006.4.8

활동에 광범위한 영향을 미치는 제반 규정, 정책, 관행이다"라고 언급되어 있습니다.[7] 한미 FTA는 우리의 법률, 제도 및 관행을 미국식에 맞게 바꾸기를 원하고 있는 것입니다.

미국 워싱턴에서 2006년 6월 5~9일간 열린 한미 FTA 1차 협상 결과 우선 합의된 것만 보면,[8]

(1) 상품: 상대국 상품을 자국 상품과 동등하게 대우 (미국은 연안 해운에 대하여 개방 불가不可를 요구)

(2) 의약품 가격 및 유통 구조 합리화

(3) 투자: 내·외국인 차별 금지, 자유로운 송금 보장 (한국은 외환 위기 시 송금 제한을 위한 세이프 가드safeguard 도입 요구)

(4) 서비스: 내 외국인 차별 금지

(5) 통신, 전자 상거래: 인터넷 전자 상거래 무관세 (한국은 무관세 영구화에는 반대)

미국은 다국적 제약회사의 이권을 보장하고, 의약품 유통 구조를 합리화하는 과정에서 외국 자본이 의약품 유통망에 영향력을 미칠 수 있도록 의도하고 있습니다. 이미 금융 분야는 대부분

---

7 Manyin ME, Cooper WH; The proposed South Korea-U.S. Free Trade Agreement (KORUSFTA). CRS (Congressional Research Service) Report for Congress 2006.5.24 "FTAs in which the Unites States participates have been more complex, reflecting the increasing complexity of bilateral and regional economic relationships in which tariffs and quotas are among the least critical issues. These FTAs cover regulations, policies, and practices that affect a broad range of economic activities."

8 조선일보 2006.6.12

길 잃은 나의 조국

자유화돼있어 외국 자본은 우리 금융 시장에서 상당한 이익을 보고 있으며, 서비스 산업은 미국의 경쟁력이 월등하므로 우리가 면밀히 대비하지 않으면 시장 개방시 미국이 압도적으로 유리할 것입니다. 미국은 교육과 의료 서비스 분야는 개방을 요구하지 않겠다고 하지만, 머지않아 이 분야의 개방도 요구하리라고 생각됩니다.

한미 FTA 타결

2007-04-02

2007년 4월 2일 한미 FTA가 타결되었습니다. 기회이자 위기일 수 있는 FTA에서는 사안별로 쌍방이 합리적으로 협의해야 옳은 것인데, 일괄적으로 진행하고 타결하는 모양새가 문제를 잉태하고 있는 듯해 우려가 앞섭니다. 어느 분야를 우리가 유리하게 정하면, 다른 분야는 상대방에게 유리하게 정함으로서 그 분야가 희생당해야 하는 식입니다. 예를 들어 우리의 공산품을 외국에 더 팔기 위하여 농업을 양보한다는 논리입니다. 얼핏 그럴듯해 보이지만 매우 불합리한 협상 논리입니다. 공산품은 그것대로 적정한 선에서 결판을 짓고, 농업은 농업대로 쌍방이 적정한 선에서 타결해야 옳습니다. 그래야 특정 분야의 억울함이 없을 겁니다. 지금은 공산품에서 나오는 이익이 클지 몰라도

50년 후에는 어떻게 변할지 모를 일입니다. 더군다나 상품의 가치 기준을 화폐로만 정할 수는 없는 것입니다. 어떤 공산품 A의 1대 값이 50만 원이고 어떤 곡물 20kg 가격이 5만 원이라고 한다면, A 제품 1대가 곡물 20kg보다 실제로 10배의 가치가 있는 것일까요? 그렇지 않습니다. 곡물은 인간의 생존을 가능케 하는 물품이고, 공산품은 생존 차원에서 보자면 곡물보다 가치가 떨어지는 상품입니다. 이것이 화폐로만 기준을 정할 때의 맹점입니다.

축종숙속부족이식…환야[9]
畜種菽粟不足以食…患也

"생산되는 축산물과 농산물[콩, 조]이 백성들이 먹기에 부족하면… 국가에 환난이 온다."

식량이 부족하면 나라에 환난이 온다고 했습니다. 그렇다면 무엇을 기준으로 농업을 희생시키고 공산품을 우대하여 협상하는 것입니까? 위와 같은 어리석음을 범하지 않으려면 세부 사안을 별개로 협상하여 종합해야 합니다. 그리고 일정 기간이 지나면 다시 협상하고 협상 내용을 갱신하여야 합니다.[10] 농축수산업 분야를 양보한 정부는 보상금으로 농어민의 불만을 무마하려고

9 묵자墨子; 菽 콩, 粟 조
10 '한국 사회와 좌파의 재정립' (사민 복지기획위원회. 산책사, 서울, 한국 2008)에서 장하준 교수(케임브리지대학 경제학)는 한미 FTA 같은 국제협약을 통해 신자유주의적 변화를 되돌릴 수 없게 만든다고 지적한다.

길 잃은 나의 조국

하지만, 일단 무너져버린 식량 생산 기반은 돈으로 되살릴 수 없습니다. 식량은 생존과 직결된 사안입니다. 식량 부족 사태에 대비하여 식량 생산의 기반을 무너뜨려서는 절대로 안 됩니다. 지금도 자급자족이 안 되고 있는데, 식량 생산 기반이 무너져버리면 미래에 우리는 먹거리 수출국에게 먹거리를 수출해달라고 사정을 해야 합니다. 식량 수출국에게 우리의 목숨을 담보로 잡히는 비참한 상태가 되는 것입니다. 마치 유럽이 필요한 에너지를 러시아의 천연가스에 상당 부분 의존하고 있듯이 말입니다. 식량은 안보(food security) 차원에서 다뤄야 할 문제임을 명심하고 식량의 자급자족을 위태롭게 하는 협약을 맺어서는 아니될 것입니다.

> 국이민위본 민이식위천 농자의식지원 이왕정지소선야[11]
> 國以民爲本 民以食爲天 農者衣食之原 而王政之所先也
> 세종 임금이 말씀하였다. "나라는 백성을 근본으로 삼고, 백성은 먹는 것을 하늘로 여긴다. 농민은 먹고 입는 것의 근원이니, 왕정王政 중에서 먼저 해야 할 일이다."

예전에는 농자천하지대본農者天下之大本이라고 하였지만, 식량이 국가 안보 차원의 사안으로 대두하게 된 21세기에는 농업의 중요성이 새롭게 부상하고 있습니다. 19세기 초 영국의 리카르도 Ricardo(1772~1823)의 '비교 우위(comparative advantage)' 논리는

---

11 조선왕조실록朝鮮王朝實錄 세종실록世宗實錄

막대한 식민지를 가지고 있던 '해가 지지 않는 대영 제국'에서 생겨난 경제 논리이지,[12] 현대나 미래의 우리 사회에 다 맞아 들어가는 경제 논리는 아닙니다. 영국은 자국의 많은 식민지를 통해 비교 우위가 되는 산업을 펼칠 수 있었지만, 21세기에는 우리가 식량 생산국을 통제하기는커녕 그들의 선처善處에 의존해야 할 판이기 때문입니다.

평소에도 이 땅의 농민들이 늙어서 죽으면 이 나라의 농업은 어떻게 되나 크게 근심했는데, 한미 FTA가 타결되면 농업 부문에서 새롭게 발생할 실업자가 7만~14만 명에 이른다고 합니다. 대외경제정책연구원에 따르면 농업 생산은 1조1,500억~2조2,800억 원이 줄고, 수입은 1조8,300억~3조1,700억 원이 늘어날 거라고 예상되고 있습니다.[13]

한편 농업의 희생으로 유리하게 타결된 산업 부문의 기업이 FTA 타결로 늘어난 수익을 희생된 농업 부문이나 사회에 과연 환원할 것인지 씁쓸히 자문自問해 봅니다. 기업은 국민들이 생산품을 사기 위해 호주머니에서 꺼낸 돈이 모여서 부를 형성한다는 점을 잊어서는 안 됩니다. 특히 재벌기업의 지배주주들은 그들이 가지고 있는 재화의 기원(origin)이 국민들의 호주머니로부터 나온 것임을 깨닫고, 부의 일부를 사회로 환원해야 국민들도

---

12 '문명의 충돌' (새뮤얼 헌팅턴. 김영사, 서울, 한국 1997); 빅토리아 시대의 대영제국은 1100만 평방마일의 영토와 3억 9,000만 명의 인구를 가졌다.

13 조선일보 2007.3.31. 2005년 11월 산업자원부 보고서에 따르면 한미 FTA에 의해 농업 분야 추가 실업자가 최대 10만 명이 발생할 것으로 예상

길 잃은 나의 조국

살고 기업도 계속 산다는 점을 알아야 합니다. 국민이 살아나야 국민이 다시 기업의 물건을 소비할 수 있을 테니 말입니다. 이것은 비단 국내에만 해당하는 상황이 아니라, 해외에 기업을 세우거나 수출을 하는 경우에도 그 나라 국민들에게 똑같이 적용되는 것입니다.

거재불능이분인자 부족여우[14]
據財不能以分人者 不足與友
"재물을 가지고도 남에게 나누어 주지 못하는 사람은 더불어 벗으로 사귀기에 부족하다."

세계 시장에서 기업의 경쟁력을 높이려다 보니, 노동 환경이나 노동자 권익이 위축될 수밖에 없는 실정입니다. 노동자를 해고하기 쉬워지고, 임금이 싼 다른 나라로 공장을 옮기기 쉬운 세상이 되었으므로, 기업주는 노사관계에서 노동자보다 대단히 유리한 입장에 서는 것이지요. 취직하기가 어려운 세상에서 노동자로서는 임금이 적고 근로 환경이 좋지 않더라도 일자리를 확보하는 게 우선이기 때문입니다. 이런 때일수록 상생과 공존의 가치가 절실합니다. 기업은 재투자액, 손실 충당금, 적정한 액수 내의 주주 배당금, 노동자 적정 임금과 복지 외에 잉여 이익의 일부를 사회에 환원하는 원칙을 세워야 합니다. 그래야 기업이 지속적으로 성장할 수 있다는 사실을 인식하고 그 구체적인 방안

14 묵자墨子

을 고심해야 할 것입니다. 우리 사회에 부익부富益富 빈익빈貧益貧 현상이 더욱 심화되어 사회적 위기로 발전하지 않도록 국가 역시 정치 경제적 대책을 마련해야 합니다.

세계화의 진전과 함께 금융 시장의 개방도 급격하게 진행되었습니다. 그리하여 외화의 갑작스런 입출入出을 통제하기가 어려워 금융 시장의 불안정성도 커졌습니다. 말하자면 우리의 경제 상황이나 금융 상황이 병들지 않았어도, 투기성 외국 자본의 움직임만으로 환율이 상승하고 국내 기업이나 은행의 유동성이 나빠져 시장이 크게 흔들릴 수 있다는 겁니다. 미국 자본 시장에 비하여 손바닥 크기만 한 우리 자본 시장에서 국제 자본 시장으로 자금이 들어가면 우리 자본 시장은 그야말로 격랑에 휘청거리는 형상이 됩니다. 금융의 종속은 이처럼 위험천만한 것입니다. 불행하게도 금융 세계화의 격랑 속에서 대한민국의 금융이 죽는다면 우리의 금융은 더 이상 환생還生하거나 부활하지 못할 것입니다.

우리나라 공公교육이 무너졌다는 진단은 어제오늘의 일이 아닙니다. 우리나라 교육 현실에 좌절한 많은 학부모들이 자녀를 조기 유학 보내려 애쓰는 현실 역시 어제오늘의 일이 아닙니다. 유학 전시회에 가 보면 그 같은 수요를 노리고 한국 학생을 유치하려는 외국 학교의 홍보에 놀랄 정도입니다. 2006년 한 해만 해도 한국인이 교육을 위해 미국에 지불한 돈이 총 20억 달러에 달했다고 합니다. 그런 까닭에 이번 FTA 협상에서는 미국 측이 강력히 요구하지 않았지만, 언젠가는 교육도 FTA에 포함시키라고 요구할 것이라는 점이 마음에 걸립니다. 이에 면밀하게 대비해놓지 않은 상태에서 교육까지 자유로이 문호가 열릴 때, 그러잖아도 황폐화되고 아사상태에 빠진 공교육이 살아남을 수 있을지 걱정입니다. 외국 교육 기관이 대거 들어와 자기들의 교육 프로그램으로 우리 학생들을 가르친다고 생각해보십시오. 교육 내용 또한 그들의 영향 아래 놓일 수 있는 것입니다. 외국 교육 기관의 교육 내용 중에는 정신 문화에 바람직하지 않은 것도 있을 수 있으므로, 국내 교육 기관이 내실을 기하여 외국 교육 기관과 당당히 경쟁할 수 있는 체제를 미리 갖추어야 합니다. 그러기 위해서 우리 고유의 문화를 포함하여 범인류적 가치관인 자유, 문화, 평화를 추구하는 교육이 시급히 확립돼야 하겠습니다.

문화적으로도 많은 영향을 받게 될 터이므로 우리의 좋은 문화를 잘 살려 계승하고 발전시켜 문화 산업을 창조적으로 키워야 합니다. 유무형有無形의 전통 문화 중에서 상품성이 저低평가되었거나 맥을 이어가기 어려운 것들의 경쟁력 및 생존력을 높이기 위한 노력도 필요합니다. 그래야만 우리의 좋은 문화가 지켜질 수 있고, 나아가 우리 문화가 다른 나라 사람들에게 많은 도움을 줄 수 있게 되기 때문입니다.

한미 FTA 문제점

2007-06-16

방어리이행 다원[15]

放於利而行 多怨

공자께서 말씀하였다. "이익에 따라 행동하면 원망이 많아
진다."

어떤 일이든지 이익을 위주로 결정을 하거나 행동하게 되면
뜻하지 않게 원망을 사는 일이 생길 수 있음을 경계한 말이다.

이해영 교수(한신대 국제관계학)는 춘천에서 열린 강연회에서
한미 FTA의 문제점을 다음과 같이 지적하였습니다. 첫째 구조
조정으로 인하여 노동자의 실업이 늘어날 것이며, 둘째 양극화
가 심화되어 중산층이 크게 줄어들 것이며, 셋째 투자자–국가소
송제와 간접수용의 부작용이 그것입니다.[16] 이익을 볼 목적으로
한미 FTA를 체결했는데 이익보다는 원망을 더 살 수도 있다는
것이지요.

투자자–국가소송제[17]를 보면 "공공질서 유지 목적에만 한정

---

15 논어論語 리인里仁
16 뉴시스 2007.6.16
17 조세정책도 제소 대상에 포함될 수 있는데, 제소하기 전에 재정경제부와 미 재무

길 잃은 나의 조국

하고, 이것도 사회 기본 이익에 심각한 위협에 있을 때"에만 투자를 제한할 수 있게 되어 있습니다. 그런데 우리가 2004년 칠레와 맺은 FTA 협정에는 "공공질서, 미풍양속, 보건위생, 환경과 관련해 정부가 투자협정에 위배되는 조처를 취할 수 있다"고 되어 있습니다. 칠레와 비교하여 미국과의 FTA 협정은 우리 정부의 재량을 지나치게 제약하고 축소시킨 면이 있습니다.

간접수용이란 정부의 규제로 투자자의 재산권이 침해를 입어도 이를 수용해야 한다는 것을 말합니다. 이 경우에는 심각한 사유가 있어야 하는데, 이를 우리 법원에서 판단하는 게 아니라 세계은행 산하 '국제 투자분쟁 중재심판소(International Center for Settlement of Investment Disputes = ICSID)'에서 판단합니다.[18] 참고로, 북미자유무역협정 제11장 10조항 '수용과 보상'을 보면 규제로 인하여 자산 가치가 손실될 때 미국 투자자가 이를 보전받을 수 있도록 되어 있습니다.[19] 즉 한국 정부와 미국 투자 기업 사이에 분쟁이 생겼을 때, 국제 투자분쟁 중재심판소에서 미국 기업에 유리하게 판결을 내리면 우리 정부는 미국 기업에게 보상해주어야 합니다. 물론 미국 정부와 한국 투자 기업 사이에 분

부 사이에 먼저 협의하는 장치도 있다. 이 경우 우리 재정경제부가 미 재무부와 대등하게 협의할 수 있을지 의문이다.

18 간접 수용의 재판을 담당하는 국제 투자분쟁 중재심판소가 속해 있는 세계은행의 냉정함은 능히 짐작할 것이다. 미국이 실질적으로 지배하고, 자본주의 사상으로 재단裁斷하는 곳이다.

19 North American Free Trade Aggreement (NAFTA); Chapter 11 investment, Article 1110 expropriation and compensation

쟁이 생겼을 경우 그 역^逆도 성립합니다.

이해영 교수는 공산품 시장을 위해 농업을 개방함으로써 우리 농산품이 희생될 것이라는 점도 지적했습니다. 덧붙여 다국적 제약회사의 의약품 자료독점권을 인정하여 특허를 연장해주는 효과를 주었기 때문에 약값 상승으로 인한 피해도 적지 않을 것이라 했습니다.

맺음말

한미 FTA는 세계화라는 이름으로 진행되고 있는 신자본주의의 결과물입니다. 이 속에는 달콤한 것도 많이 있지만 그 달콤한 것을 소유하기 위해 훨씬 더 가치 있는 것들을 포기하게 하는 냉정한 자본의 논리가 있습니다. 배부른 돼지를 택할 것인지 몸은 말랐으나 정신의 영혼이 빛나는 간디를 택할 것인지, 아니면 몸과 정신 모두 견실한 파우스트^{Faust}를 지향할 것인지 이제 결정의 시간이 우리 앞에 다가왔습니다.

사람은 먹어야 삽니다. 그러나 무엇을 먹느냐는 그 사람에게 달려 있는 것이지 그 사람의 의지에 반해 이것 먹어라 저것 먹어라 할 수는 없는 것입니다. 경제의 근본 원리는 모든 나라가 다를 바 없습니다. 하지만 그 경제의 운영을 어떻게 하느냐는 비슷한 것도 많지만 나라마다 똑같을 순 없습니다. 그 나라의 사정에 맞추어 다양해질 수밖에 없는 것입니다.

따라서 세계화, 선진화로 미화하면서 한미 FTA를 계기로 우리의 법률, 제도 및 관행을 미국식으로 다 바꾸려 해서는 안 됩니다. 합리적인 것은 적극 따라야겠지만 그렇지 아니한 것은 상대방과 의연하게 대화함이 옳습니다. 미국은 미국의 입장에서 한미 FTA 협상을 진행하는 것이 당연한 일입니다. 한국 또한 한국의 입장에서 협상을 진행하여야 함에도 불구하고 위정자와 정부 관리들이 우리의 원칙에 충실하였는가는 다시금 확인해보아야 하겠습니다. 한국과 미국 상호 호혜互惠적인 타결이 이루어지기를 바라는 대다수 사람의 마음은 순수하고 간절합니다. 그러나 금융을 비롯한 우리의 경제 주권을 상실하고 미국에 반半 경제 식민지로 전락해 미국의 안보에 의지한 채 사료로 배부른 돼지같이 살아가고 싶지는 않습니다.

제15장

재
정

처음말

개원절류[백성시화 사업득서자 화지원야 등부부고자 화지유야

開源節流[百姓時和 事業得敍者 貨之源也 等賦府庫者 貨之流也

고명주필근양기화 절기류 개기원 이시짐작언][1]

故明主必謹養其和 節其流 開其源 而時斟酌焉]

"백성들이 계절에 따라 힘껏 농사를 지으면 풍년을 맞이할
수 있고, 사업도 순서에 맞게 진행한다면 이것이야말로 재화
의 근본이다. 세금을 거둬들여 국고에 저축한 재화는 아무리
많다 해도 다 써버릴 수 있는 것이니 그것은 흐르는 물과도
같은 것이다. 그래서 현명한 군주는 생산 발전에 편리한 조건
을 마련해주고 재정 지출을 줄이는 한편 경제의 근본을 개척
하고 때에 따라 합리적으로 짐작해서 나라와 백성을 고르게
돌보는 것이다."

현대 국가에서도 불필요한 재정 지출을 줄여서, 국민의 세금
을 경제 발전에 꼭 필요한 인프라(infra, 기반시설)를 개발하고 구
축하는 데 사용하여, 국민이나 기업이 열심히 일할 수 있는 터전
과 바탕을 마련해주는 것이 개원절류라 하겠습니다.

---

1 순자荀子 부국富國; 敍 순서, 賦 세금, 斟 헤아리다, 酌 짐작하다

지방 공항

절용애인[2]

節用愛人

공자께서 말씀하였다. "재물을 아껴 쓰고 백성을 사랑하라."

2002년 1월 나는 두 아들과 함께 예천공항에서 비행기를 타고 김포로 돌아온 적이 있습니다. 공군 비행장을 빌려 쓰는 한적한 시골 공항이었지요. 그 자리에 2002년 12월 예천공항 신청사가 준공되었습니다. 하지만 2003년도 공항 이용자수가 1만 9,043명에 불과하여 그해 11월에 노선이 폐지되었고, 2004년 5월에는 민간 공항마저 폐쇄되었습니다.[3]

곧 중부내륙고속도와 중앙고속도로가[4] 뚫려 서울까지 2시간 반이면 가는데, 어떻게 신청사를 지을 생각을 하였을까요. 국민의 돈을 이토록 허술히 낭비할 수 있다니 가슴이 아픕니다. 1997년 6월 신청사 계획을 발표한 후 정책 판단이 잘못된 것을

---

2 논어論語 학이學而

3 조선일보 2005.6.10. 2002년 4월 개항한 양양공항도 2008년 6월 정기노선이 중단되었고, 1999년 말 착공하였으나 2008년 말까지도 개항을 못한 울진공항도 사정은 마찬가지이다. 국토해양부는 울진공항의 용도를 비행조종훈련센터로 전환할 계획이라고 한다.

4 중부내륙고속도 2002.12.20 여주-충주 개통, 2004.12.15 충주-북상주 개통; 중앙고속도로 2001.12.19 전 구간 개통

나중에 알았다면 수정하든지 취소했어야 합니다. 그런데 공무원들은 아무도 책임 있는 행정을 펴려 하지 않았고, 선거 때면 선심 정책을 마구 쏟아내는 정치가들의 무분별한 약속에 따라 시행된 것입니다. 무책임한 예산 낭비의 전형이 아닐 수 없습니다. 지도자라면 거품 인기에 연연하기보다는 무엇이 순리인가를 따져 잘못된 결정이라면 바꿀 수 있는 용단勇斷이 필요하며, 이를 위해서는 국민을 설득할 수 있는 진실된 자세를 평소 갖추고 있어야 합니다.

행정수도 혁신도시

2005-06-25

성죽흉중[5]
成竹胸中
"대를 그리려 할 때는 먼저 완전한 대나무 모양을 가슴속에 떠올린 다음에 붓을 대어야 한다."

행정 수도의 발상이 나왔어도 행정 수도의 청사진과 장단점을 충분히 검토한 후 국가의 명운命運에 합당하다고 확신할 때 비

---

5 화죽기畵竹記, 소식蘇軾

길 잃은 나의 조국

로소 일을 시작하여야 할 것입니다. 최근 새천년민주당 김대중 총재 전前 전략기획특보 아무개 씨가 행정 수도는 선거에서 표를 얻기 위한 전략으로, 아이디어 차원에서 나온 것이라고 말했습니다.[6] 행정 수도의 필요성이 대두해 충분히 검토한 끝에 나온 내용이 아니라 득표 전략에 불과했다는 말입니다.

그래서 행정 수도 사안을 구체화하는 과정에서 많은 문제가 발생한다는 겁니다. 행정 수도 이전移轉과 같이 '천도遷都'에 해당하는 중대한 국사國事는 국민과 더불어 충분하고도 남을 만큼 논의를 하고 진행을 해야 하는 것이지요. 득표 전략의 하나로 제안된 아이디어에 불과했던 것을 대통령 선거에서 승리했다고 마치 국민의 승인이나 받은 양 진행할 수 있는 사안이 아닌 것입니다.

행정 중심 복합도시가 들어설 지역인 충청남도 연기군에 2007년 2월 25억 원을 들여 국가 균형발전 홍보관을 건립했는데, 그곳은 이미 2006년 2월에 45억 원을 들여서 세운 행정 도시 홍보관과 아주 가깝다고 합니다.[7] 중복되는 부분이 많은 홍보관을 따로 세우는 것은 세금을 땅에다 버리는 행위에 지나지 않습니다. 두 홍보관을 유지하는 데 연간 5억3,000만 원이 들고, 하루 평균 방문객도 점차 감소하여 2008년 전반기에 행정 도시 홍보관 관람객이 일평균 73명, 균형발전 홍보관은 64명에 불과했다고 합니다.[8]

---

6 조선일보 2006.4.1
7 조선일보 2007.3.17
8 머니투데이 2008.10.4

불신인현 즉국공허 무예의 즉상하란 무정사 즉재용부족[9]

不信仁賢 則國空虛 無禮義 則上下亂 無政事 則財用不足

"어질고 지혜로운 사람을 믿지 않으면 나라가 공허해지며,
예절과 의리가 없으면 상하 질서가 어지러워진다. 올바른 정
사政事를 무시하면 나라 재정이 부족해진다."

2005년 6월 24일 국무회의는 수도권에 있는 공공기관 중
176곳을 지방으로 이전하겠다고 발표했습니다.[10] 공공기관이 지
방으로 이전한다는데, 공기업인 경우에는 경제 원리에 따라 어
디에 위치하는 것이 기업과 사회에 가장 이로울지를 공기업 스
스로 심사숙고하여 결정해야 할 것입니다. 이사회도 있고 주주
총회도 있고 집행부 내에 총의總意(consensus)를 모아가는 장치가
있을 터이니 말입니다. 조직 내부 시스템에 의해서가 아니라 외
부에서, 그것도 176개에 이르는 수많은 공기업과 공공기관의 이
전을 한꺼번에 논의하여 일괄적으로 정하는 게 과연 합리적인
결정 과정이라 할 수 있을지 의문입니다.

정사政事를 폄에 있어 순리를 무시하면 나라 재정이 부족해진
다고 하였습니다. 불필요한 이동에는 엄청난 비용이 소모되고,
부적절한 장소에 기업이 위치한다면 그로 인해 지속적으로 손실
혹은 이익 감소가 발생할 것입니다. 그러한 과정이 지속되면 공

---

9 맹자孟子 진심장구盡心章句
10 조선일보 2005.6.25

길 잃은 나의 조국

기업은 경쟁력이 떨어질 것이고 파산할 수도 있게 됩니다. 그렇게 되면 그 공기업을 외국 자본을 포함한 민간 자본에게 매각하거나 구조 조정을 해야 할 것입니다. 알다시피 공기업은 전기나 에너지, 도로 등 사회기간산업에 해당하는 부문을 담당하지요. 그런데 외국 자본이나 민간 자본이 나라와 국민을 위하여 사업을 할까요 아니면 자신의 이익을 먼저 고려하며 사업을 할까요? 답은 너무 뻔합니다. 그들은 겉으로는 소비자를 위하는 척하면서도, 안으로는 자신들의 이익을 최우선으로 할 것입니다. 공기업은 하나 둘 본래의 설립 취지를 상실하거나 사주社主나 주주의 이익에 휘둘릴 테지요. 그래서 최후에는 어찌 할 수 없이, 어디서부터 돌이켜야 회복이 가능할 지 생각하는 것조차 불가능한 상태에 이르는 것입니다.

공공기관의 위치도 적절한 장소가 있고, 만약 이전하는 게 낫더라도 적절한 시기가 있을 터인즉, 이러한 일의 판단은 실무진의 의견을 중시重視하는 민주적인 의사 결정 과정이 필수적입니다. 절차가 왜곡되고 무시당하면, 최선의 결과가 도출되기 어렵습니다. 업무 특성과 입지 요건 등을 경시輕視한 채 지방끼리 나눠 먹기식으로 배치하면 이에 따른 비효율과 낭비는 후대에까지 나쁜 영향을 미칠 것입니다. 유관有關 기관들이 유기적인 연결 고리가 부실한 채 여러 지방에 흩어지면 생산성이 대단히 떨어지리라는 것은 자명합니다. 과연 어느 기관이나 기업을 옮기는 게 좋을지, 옮긴다면 어디로 언제 이전하는 게 좋을지 신중하게 검토해 봅시다. 위정자가 대중영합주의에 발목을 잡혀 공공기관과 공기업을 부적절하게 분산 배치하면 나라의 국고가 비워질 겁니다. 이렇게 낭비되는 천문학적인 비용을 사회간접자본에 투자하고 국민 복지에 쓴다면 자자손손 대대로 국가가 번영할 것입니다.

과이불개 시위과의[11]
過而不改 是謂過矣

공자께서 말씀하였다. "잘못하고도 고치지 않는 것, 이것이 잘못이다."

공공기관이 이전할 소위 '혁신' 도시[12] 윤곽이 드러났습니다. 수도권 175개 공공기관 중 행정 수도로 가는 것을 제외한 125개 기관이 이전될 11개 도시가 정해진 겁니다.[13] 당장 이 사업으로 인해 수용되는 토지 보상금으로 막대한 자금이 쓰일 것이고, 주변 지역 땅값은 급등할 것입니다.[14] 생산한 것은 없는데 돈이 넘쳐나면 거품이라고 생각해도 틀림이 없습니다. 만약 부동산 거품이 사라지면 빚더미에 올라앉게 될 사람도 많아질 것입니다. 국민의 세금은 녹아서 사라지고, 땅은 그대로인데 국민의 빚만

---

11 논어論語 위령공衛靈公
12 정부는 그냥 도시라고 해도 될 것을 불필요한 과대포장 같은 혁신도시 명칭을 써서 국민을 현혹시키고자 하는 의도를 내보인다. 겉치레를 물리치고 실질을 숭상하여야겠다.
13 조선일보 2005.12.26
14 한겨레신문 2006.10.14. 지난 10년간 지가地價 상승 총액의 83%가 참여정부가 집권한 후에 올랐다.

늘어나는 모순이 나타날 우려도 높습니다. 다시 말하건대 공공기관 이전계획을 세웠어도 훗날 합당치 않은 부분이 드러나면 계획을 바꿀 수도 있고 취소할 수도 있다는 점을 국민들은 넓은 마음으로 이해해야 합니다. 잘못된 것은 이제라도 고쳐야 하며 잘못된 것을 고치지 않는 것이 더 큰 잘못이니까요.^(부록 2)

혈세 낭비

2006-11-14

피군자혜 불소찬혜[15]

彼君子兮 不素餐兮

"진실한 군자는 일 않고 밥 먹지 않는 법이다."

예로부터 탐욕스러운 소인배가 벼슬하는 경우가 많았습니다. 농사를 짓지 않아도 이들의 곳간에는 곡식이 그득했으며, 사냥하지 않아도 집에는 잡은 짐승이 많았습니다. 백성들이 이렇게 노래하고 있는 것으로 보아 그 당시 위^魏나라가 꽤 어지러운 상태였음을 짐작할 수 있습니다.

---

15 시경詩經 국풍國風 위풍魏風 벌단伐檀

이봉이록 민고민지[16]

爾俸爾祿 民膏民脂

당태종唐太宗이 신하들에게 말하였다. "너희들이 받는 녹봉祿俸
(봉록)은 백성들의 기름과 비계다."

예부터 벼슬아치들이 받는 녹봉은 백성들의 고혈膏血이요 혈
세血稅입니다. 그래서 벼슬에 나간 이는 하는 일 없이 녹을 받아
서는 안 되는 것입니다. 하지만 청와대 일부 비서관들이 면직하
고도 상당 기간 적籍을 그대로 유지해 퇴직 시(혹은 재취업 시)까
지 봉급을 수령했다고 합니다.[17]

거무용지 성왕지도 천하지대리야[18]

去無用之 聖王之道 天下之大利也

"쓸데없는 비용을 없애는 것이 성왕聖王의 도道이며 천하의 큰
이로움이다."

서울시의 모某 구청에서 귀빈이 방문했을 때 의전용으로 쓴다
는 명목으로 2006년 5월 고급 승용차(3,300cc, 5,300만 원)를 구
입했다고 합니다.[19] 특별한 날 쓰는 거라면 렌터카를 이용하면
될 것을 굳이 구입함으로써 불필요하게 세금을 낭비한 사례라고

---

16 명심보감明心寶鑑 치정治政, 추적秋適; 膏 기름
17 조선일보 2006.11.14
18 묵자墨子
19 조선일보 2007.3.6

길 잃은 나의 조국

할 수 있습니다.

안종범 교수(성균관대 경제학) 등이 연구한 바에 의하면,[20] 참여정부가 중복 혹은 낭비성 국책 사업과 정책 실패 등으로 집권 3년간 낭비한 예산이 무려 52조 원(2007년 예산안 163조 원의 32%)에 이른다고 합니다. 그 내역을 살펴보면, 정치 논리로 추진한 행정중심복합도시에 토지보상금 3조4,000억 원, 지방혁신도시 보상금 4조5,000억 원, 기업도시 예정지역 토지보상금 14조7,000억 원 외에도 과거사위원회 등 불요불급 예산 1,800억 원(2006년도), 신문발전기금 1,000억 원(2007년도)이 쓰였고, 그 외 정부 조직이 늘어나 공무원 인건비도 크게 증가했습니다.[21]

십양구목[22]
十羊九牧
"국민에 비해 공무원이 많다."

상호리즉국빈 사대부중즉국빈[23]
上好利則國貧 士大夫衆則國貧
"군주가 재물을 좋아하면 나라가 가난해지고, 벼슬아치가 많

---

20 한나라당 공공부문개혁특위; 참여정부 재정파탄의 원인분석과 대책. 2006.9
21 조선일보 2007.3.12
22 수서隋書 양상희전楊尙希傳; 고려사절요高麗史節要 인종仁宗; 고려 인종仁宗 때 궁궐을 중수重修하는데 일하는 사람에 비해 관료가 너무 많아, 열 마리의 양에 아홉 사람의 양치기를 둔 격이라고 신하가 아뢰니 감원하였다는 문헌이 있다.
23 순자荀子 부국富國

으면 나라가 가난해진다."

나라에 공무원이 많아지면 인건비가 증가할 뿐 아니라, 그 중에 부패 공무원이라도 끼게 되면 총체적인 국부를 축내게 되어 나라가 가난해 질 수밖에 없습니다. 공무원 인건비만 보더라도 참여정부가 집권한 지난 4년간 상당한 폭으로 증가했습니다. 국가 공무원 총인건비는 2006년도 20조 4,000억 원으로 2005년도 19조 원에 비해 7.4% 증가하여, 7년 만에 거의 2배 수준에 육박했고[24] 참여정부 직전 2002년 15조3,000억 원보다는 33.3%나 증가했습니다. 하지만 스위스의 경영대학원인 국제경영개발원(International Institute for Management Development＝IMD)에서 발표한 정부의 행정 효율은 2005년 31위에서 2006년 60개국 중 47위로 떨어졌으며, 국가 경쟁력은 2005년 19위에서 2006년 24위, 2007년 29위, 2008년 31위로 지속적으로 떨어지고 있습니다.[25]

---

24 조선일보 2007.1.23. 정부는 점점 커지면서 공무원 정원은 2002년 459,346명에서 2005년에 474,595명으로 늘어났다. 조선일보 2005.9.8

25 2009년도에는 말레이시아 18위, 중국 20위, 대만 23위, 칠레 25위, 태국 26위, 한국 27위, 인도 30위 등으로 나타났다. World competitiveness yearbook. 국제경영개발원(International Institute for Management Development)

길 잃은 나의 조국

농어촌 개발 사업

2007-03-23

용재불비 민덕불로 기흥리다[26]

用財不費 民德不勞 其興利多

"재물을 사용하는 데 낭비가 없고, 백성들의 생활이 고생스 럽지 않으면, 이로움이 많이 일어난다."

　'국가균형발전특별법'에 의해 농어촌 개발 사업을 하기 위해 서 119조 원의 정부 예산이 사용되는데, 지역 개발 사업이 상당 부분 중복되어 낭비 요소가 대단히 많았다고 합니다.[27] 2007년 3월 22일 한국 농촌경제연구원의 발표에 의하면,[28] 행정자치부 의 '정주기반확충사업'과 농림부의 '오지종합개발사업'은 중복되 는 부분이 많으며, 그 외에 6개 부처에서 19개의 농촌체험 관광 사업을 하는 것으로 나타났습니다.[29] 구체적인 사례를 살펴보면, 충북 모某 마을에는 1997~2000년 산촌종합개발사업(산림청 지원 18억 원)으로 산림문화회관과 도서관이 지어졌으나 이용자가 없 어 마을회관으로 변용했으며, 충남 모某 마을에서도 2003년 녹

26　묵자墨子

27　중앙일보 2007.3.23

28　이동필, 최경환, 성주인; 농어촌 지역개발 · 복지분야 지원체계 효율화 방안에 관 한 연구. 한국농촌경제연구원 2006.9

29　예를 들어, 행정자치부의 소도읍개발, 오지개발, 도서개발 사업, 농림부의 농촌마 을종합개발, 녹색농촌체험마을사업 등

색농촌체험으로 황토찜질방(2억 원)을 만들었으나, 관광객이 거의 안 와 주로 주민들이 이용한다고 합니다. 강원도 모某 마을은 2002년 정보화시범마을로 지정되어 마을정보센터 및 컴퓨터 100대(3억3,000만 원)를 지원받았으나 농산물 전자상거래는 156만 원에 그쳤으며, 충북의 모某 마을에는 정부 예산으로 만든 '정보화시범마을'과 '녹색농촌체험마을'이라는 2개의 비슷한 홈페이지가 있다고 합니다.

세금

2005-08-12

2004년에는 4조3,000억 원의 세수稅收가 부족했고, 2005년에는 4조 6,000억 원의 세수 부족을 예상하고 있었습니다.[30] 계속되는 경기 침체와 이에 따른 경제 활동 부진으로 2005년 상반기 예산액 대비 세수 진도율은 46.4%로 외환위기 당시인 1998년도와 비슷한 수준을 보였습니다.[31] 2004년말 조세 체납액은 21조 8,899억 원, 2005년 9월말 4대 사회보험료(국민연금, 건강보험, 산재보험, 고용보험) 연체는 8조5,328억 원에 이르렀습니다.[32]

---

30 조선일보 2005.8.12
31 조선일보 2005.9.16
32 조선일보 2005.12.13

길 잃은 나의 조국

나라의 흥망은 국민이 잘 살고 못사는 것과 비례하거니와, 국민이 살기 어려워지면 국민이 돈이 없어 세금을 못 내고, 세금이 적게 걷히니 국고는 줄어들어 나라는 가난해집니다. 빈 국고를 채우려고 국가는 세금을 거두려 하나 없는 살림에 국민의 원성만 높아지고,[33] 하는 수 없이 다른 나라에서 돈을 꾸면 나라 빚은 점차 늘어나고 돈 꿔준 나라의 말을 들어야 하는 악순환이 계속되면서 나라가 쇠약해진다는 것이 역사의 교훈입니다.

한 시민단체는 2005년 예산안 중 문제가 되는 사업 50가지에 총 5조6,780억 원의 예산이 잡혀 있다고 주장했습니다.[34] 세금은 우선순위에 따라 국가의 장래에 보탬이 많이 되는 사업에 사용하고, 공무원은 혈세를 알뜰하게 써서 국민들이 불만없이 세금을 내는 분위기가 되어야 합니다. 국민들에게서 세금을 받아다 정권 잡은 자 구미에 맞게 쓰거나, 공무원들이 눈먼 돈 쓰듯이 한다면 세금을 내는 국민들의 마음은 원망으로 가득 찰 것입니다. 납세근로자 1인당 내는 세금은 2003년 122.1만 원에서 2004년 142.2만 원, 2005년 160.1만 원, 2006년 184.9만 원,

---

33 고문진보古文眞寶; 당唐나라 두보杜甫도 '병차행兵車行'이라는 시에서 '나라에서는 세금을 받으려고 다그치나, 조세는 어디서 만들어내리' (현관급색조 조세종하출 縣官急索租 租稅從何出) 라며 백성들이 가혹한 세금 때문에 한탄하는 심정을 읊고 있다. 당시에는, 한무제漢武帝가 흉노匈奴를 치기 위하여 백성(군사)들을 전쟁터로 몰았듯이, 당나라 현종玄宗이 티벳을 치기 위해 군사를 모아 출병했다. 남자는 전쟁터로 나가고 고향집에 남은 부인은 조세를 부담해야 하는 힘든 상황에 백성들이 처해 있었다. 가혹한 세금은 고금古今을 막론하고 백성들의 원성을 초래할 따름이다.

34 '함께하는 시민행동' 조선일보 2005.9.8

2007년 202.6만 원, 2008년에는 214.2만 원으로 예상됩니다.[35]

2006년부터는 종합부동산세 부과 대상이 공시交가격 9억 원 초과 주택에서 6억 원 초과 주택으로 확대되었습니다. 그리하여 납부 대상자가 2005년 7만4,000명에서 2006년 36만 명으로 대폭 증가했지요.[36] 6~9억 원 사이의 30평형대 1가구 1주택자나 고정수입이 없는 은퇴계층에게는 불합리한 제도라 하겠습니다.

안토중천[안토중천 여민지성 골육상부 인정소원야][37]
安土重遷[安土重遷 黎民之性 骨肉相附 人情所願也]
한漢나라 원제元帝가 조서詔書에서 이렇게 말하였다. "편안한 고향에서 타지他地로 옮기는 것은 백성들이 싫어하는 바이고, 혈육끼리 서로 붙어 의지하는 것은 인정人情이 원하는 바이다."

예부터 사람들은 살던 곳을 떠나 다른 곳으로 이사하는 것을 싫어했습니다. 그러나 어느 세정稅政 당국자는 세금을 낼 능력이 없으면 집을 팔고 보다 싼 집으로 이사를 가면 세금을 낼 수 있지 않느냐는 몰지각한 언행도 서슴지 않습니다. 집(가정)이란 마음의 안식처, 보금자리, 가족의 많은 추억이 담긴 고향이라는 무형의 정신적 가치가 스며있는 곳인데, 단순히 재산 가치로만 보고 이사 가면 세금이 해결된다고 국민을 가르치려 드니 딱한 노

---

35 세계일보 2007.10.24
36 조선일보 2006.11.23
37 한서漢書 원제기元帝紀, 반고班固; 遷 옮기다, 黎 무리, 附 붙다

룻입니다. 도연명^{陶淵明}도 그의 시에서 "나 역시 내 집을 사랑한
다"라고 읊었지요.³⁸

국가 채무

2005-09-08

국무구년지축왈부족 무육년지축왈급 무삼년지축왈국비기
국야³⁹

國無九年之蓄曰不足　無六年之蓄曰急　無三年之蓄曰國非其
國也

"나라에 9년의 비축이 없으면 부족하다고 말하고, 6년의 비
축이 없으면 위급하다고 말하고, 3년의 비축이 없으면 나라
가 아니다라고 한다."

세수 부족을 메우려다 보니 국가 채무가 늘고 있습니다. 국가
채무가 는다는 건 국고가 비어간다는 의미입니다. 정부는 2005년
도 추가경정예산을 위해 4조1,000억 원의 적자 국채를 발행한다
고 했습니다.⁴⁰ 이로써 2005년도 적자 국채 발행액은 총 9조

38 독산해경讀山海經, 도연명陶淵明; 오역애오려吾亦愛吾廬 廬 집
39 예기禮記 왕제王制
40 조선일보 2005.9.8

8,000억 원이 됩니다. 2006년에도 적자 국채를 9조 원 발행하여 세수 부족분을 메운다고 했습니다. 기획재정부에 따르면 2009년에는 17조6,000억 원의 국채를 발행할 것으로 보입니다.[41]

국가 채무는 2000년 111조 원에서, 2004년 204조5,000억 원, 이미 2005년에는 246조 원에서 2006년 말에는 279조 원으로 늘어나고, 2007년에는 298조9,000억 원, 2008년 308조3,000억 원, 2009년에는 366조원에 이를 전망입니다.[42] GDP 대비 국가 채무 비율은 2005년 30.4%이며, 2006년 31.9%, 2007년 33.4%, 2009년에는 35.6%까지 이를 것으로 보입니다.[43](표1) 2002년에 279만 원이었던 국민 1인당 국가 채무는 2005년 509만 원에서 2006년에는 13% 증가한 575만 원에 이를 것이라고 하였습니다.[44]

세금이 덜 걷히는데 국책 사업은 더 확대되고 있습니다. 참여정부와 여당은 행정기관과 공기업 이전, 행정중심 복합도시 건설 등 불요불급不要不急한 대형 사업을 계획하고 있습니다. 전시 작전통제권 환수 등에 따른 국방 개혁(2006~2020년) 289조 원, 국가균형발전 5개년 계획(2004~2008년) 115조 원, 행정수도(2007~2030년) 45조6,000억 원 등 모두 엄청난 비용을 쏟아야 하는 사업들이 앞에 놓여 있습니다. 만성화된 적자 재정이 쌓이면서 이를

---

41 머니 투데이 2008.11.26
42 조선일보 2005.9.29. 머니 투데이 2008.11.26. 조선일보 2009.6.16. 한겨레신문 2009.8.17
43 조선일보 2009.4.22. 조선일보 2009.6.16
44 조선일보 2005.9.23

표1_ **국가 채무**(기획재정부 2004~2021)

연도	금액(조)	GDP 대비(%)
2004	203.7	22.4
2005	247.9	25.9
2006	282.7	28.1
2007	299.2	27.5
2008	309.0	26.8
2009	359.6	29.8
2010	392.2	29.7
2011	420.5	30.3
2012	443.1	30.8
2013	489.8	32.6.
2014	533.2	34.1
2015	591.5	35.7
2016	626.9	36.0
2017	660.2	36.0
2018	680.5	35.9
2019	723.2	37.6
2020	846.6	43.6
2021	970.7	46.9

국가채무액이 박근혜 정부말[2016] 626.9조원에서 문재인 정부말
[2021] 970.7조원으로 약 50% 증가하였다.

메우기 위하여 정부가 국채를 발행하니 국가 채무(나라 빚)는 늘
어나고, 세금은 더 걷으려 혈안입니다. 이 같은 대형 사업을 모
두 추진하면 정부 재정이 고갈되고 국가 채무는 더욱 늘어날 게
틀림없습니다. 국민들에게 선심을 쓰는 것보다 국가의 장래에
꼭 필요한 곳에 우선적으로 예산을 배정하여, 국민의 세금이 헛
되지 않도록 정부 지출을 조정하고 줄여야 할 것입니다.

2006년도 예산 부족분 중 6조 원은 기업은행 등 공기업의 주식을 매각해서 메운다고 합니다.[45] 국가 재산을 팔아서 예산을 쓰는 형태입니다. 2006년도 예산에서 사회 간접자본 예산이 사상 처음으로 2.7% 감소한다고 합니다.[46] 불요불급한 대형 국책 사업을 추진하려니 사회 간접자본 예산은 삭감할 수밖에 없었나 봅니다. 한국은행은 국민의 개인 부채 또한 총 532조6,000억 원에 달하며, 국민 개인이 빚을 갚을 수 있는 능력 역시 최저 수준이라고 발표했습니다.

맺음말

동일즉위지전죽 하일즉여지과거 이투취소경지예언 시투도야[47]
冬日則爲之鱣粥 夏日則與之瓜麩 以偸取少頃之譽焉 是偸道也
"겨울에는 잉어 죽을 끓여주고, 여름에는 오이와 보리를 나누어 주면 이는 작은 은혜를 베푸는 것으로 잠깐 명예를 훔쳐 가지려는 것, 곧 일시적으로 명예를 도둑질하는 방법이다."

---

45 기업은행 주식 7190만 주 (기업은행 총 발행주식의 15.7%) 기획재정부 국유재산과 2006.3.2
46 조선일보 2005.9.28
47 순자荀子 부국富國; 鱣 잉어, 麩 보리, 頃 잠깐, 偸 훔치다

패자지민 환우여야 왕자지민 호호여야[48]

覇者之民 驩虞如也 王者之民 皞皞如也

"패자覇者의 백성들은 환희에 차 있는 것 같다. 그러나 왕자王者
[군자]의 백성들은 흉도胸度가 크다."

순자는 대중영합주의에 대하여 일시적으로 명예를 훔치는 것
이라고 혹평했습니다. 맹자 또한 패자는 백성들에게 선심을 쓰
거나 백성들을 염려하는 태도가 유난스러워 백성들은 기뻐하나,
군자는 하늘의 바른 뜻을 따라 정치를 하므로 백성들의 통이 크
고 넓어 감정이 많이 드러나지 않는다고 했습니다. 다시 말해 패
자는 덕이 작아서 대중영합주의 통치를 하며, 백성들은 이에 금
방 환호를 보냅니다. 하지만 군자는 국가와 민족의 미래를 위해
서라면 백성들에게 힘든 수고를 요구할 수 있으며, 백성들은 그
래도 군자를 원망하지 않고 수고를 아끼지 않는 것입니다. 백성
을 진정으로 위하고 훗날 백성들에게 더 큰 이로움을 가져다주
는 것은 패자의 정치가 아니라 군자의 정치입니다. 패자는 그때
그때 임시적인 미봉책으로 나가지만, 군자는 하늘의 뜻을 따라
다스리므로 위업이 대단합니다. 다만 군자의 덕이 너무 크고 넓
어 당시에는 뚜렷이 알아보기 어려울 뿐이지요. 국민들의 환심
을 사기 위하여 국가 재정을 대중영합주의 사업에 낭비해서는
안 되며, 국가와 민족의 미래를 위하여 꼭 필요한 사업에 우선순
위를 두고 사용하여야 할 것입니다.

48 맹자孟子 진심장구盡心章句; 驩 기뻐하다, 虞 염려하다, 皞皞如 흉도가 광대하다

충북

진천 덕산면과 음성 맹동면 일대(257만평)

한국가스안전공사, 한국인터넷진흥원, 기술표준원, 한국소프트웨어진흥원, 한국교육과정평가원, 한국교육개발원, 정보통신정책연구원, 한국소비자보호원, 한국과학기술기획평가원(9개)

노동교육원, 법무연수원, 중앙공무원교육원(3개)–제천에 배치

부산

남구 문현동 금융단지(3만4,000평)

한국자산관리공사, 한국주택금융공사, 증권예탁결제원, 대한주택보증(4개)

한국남부발전, 한국청소년상담원(2개)–배치 계획은 아직 미정

영도구 동삼동 매립지(21만5,000평)

한국해양수산개발원, 한국해양연구원, 국립해양조사원, 국립수산물 품질검사원(4개)

해운대구 우동 센텀시티(35만8,000평)

영화진흥위원회, 영상물등급위원회(2개)

강서구 대저, 강동동 강서신도시(219만평)

12개 이전 기관 임직원들의 주거단지

광주, 전남

전남 나주시 금천, 봉황, 산포면 일원(380만평)

한국전력공사, 한전기공㈜, 한국전력거래소, 정보통신부지식정보센터, 한국정보보호진흥원, 전파연구소, 한국무선관리사업단, 프로그램 심의조정위원회, 농업기반공사, 한국농촌경제연구원, 농업연수원, 한국문화예술진흥원, 한국문화콘텐츠진흥원, 저작권심의조정위원회, 한전KDN㈜, 사립학교교직원연금관리공단, 농수산물유통공사(17개)

해양경찰학교(1개)—목포, 진도, 해남 등에서 유치희망

대구

동구 신서동(132만평)

한국산업기술평가원, 한국산업단지공단, 신용보증기금, 한국학술진흥재단, 한국사학진흥재단, 교육인적자원연수원, 한국교육학술정보원, 한국가스공사, 한국전산원, 한국감정원, 중앙119구조대, 중앙신체검사소(12개)

울산

중구 우정동 우정지구(84만평)

한국석유공사, 에너지관리공단, 에너지경제연구원, 한국동서발전, 한국산업인력공단, 근로복지공단, 산재의료관리원, 노동부종합상담센터, 한국산업안전공단, 국립방재연구소, 운전면허시험관리단(11개)

강원

원주시 반곡동 일대(105만평)

한국관광공사, 국립공원관리공단, 국민건강보험공단, 건강보험심사평가원, 대한적십자사, 한국보훈복지의료공단, 대한광업진흥공사, 대한석탄공

사, 석탄산업합리화사업단, 도로교통안전관리공단, 국립과학수사연구소, 한국지방행정연구원, 산림항공관리소(13개)

전북

완주군 이서면, 전주시 효자3동 일원(488만평)

    농업과학기술원, 농업생명공학연구원, 농업공학연구소, 원예연구소, 작물과학원, 축산연구소, 한국농업전문학교, 토지공사, 지적공사, 전기안전공사, 식품연구원, 자치인력개발원, 간행물윤리위원회(13개)

식품연구원을 정읍, 순창이, 자치인력개발원을 남원이 요구하고 있으나 이에 대한 구체적 검토는 없음

경북

김천시 농소면, 남면 일대(170만평)

    한국도로공사, ㈜한국건설관리공사, 교통안전공단, 국립농산물품질관리원, 국립수의과학검역원, 국립식물검역소, 국립종자관리소, 한국전력기술㈜, 대한법률구조공단, 기상통신소, 조달청중앙구매사업단, 정보통신부조달사무소, 한국갱생보호공단(13개)

한국전력기술㈜-경북북부, 교통안전공단-영천(논란 중)

경남

진주시 문산읍 소문리 소문지구(106만평)

    중소기업진흥공단, 한국전자거래진흥원, 산업기술시험원, 한국남동발전, 국민연금관리공단, 국방품질관리원, 한국승강기안전관리원, 중앙관세분석소, 요업기술원(9개)

대한주택공사, 주택관리공단, 한국시설안전기술공단(3개)-마산시 회성동 지

      길 잃은 나의 조국

구로 분산배치

제주

서귀포시 서호동 일대(20만평)

한국국제교류재단, 재외동포재단, 건설교통인재개발원, 국세공무원교육
원, 공무원연금관리공단, 국세청기술연구소, 국세종합상담센터, 정보문화
연구원, 기상연구소(9개)

제16장

식량과 물

처음말

동양의 옛 선조들은 물(水), 불(火), 나무(木), 금속(金), 흙(土/地), 이 다섯 가지를 생명의 근원적인 물질로 생각했으며,[1] 서양의 그리스에서도 물(水), 공기(氣/風), 불(火), 흙(土/地)의 4원소를 근원적인 물질로 생각했습니다.[2] 인간에게 기본적인 식량은 식물이 흙에서 물과 공기와 태양(火)의 도움으로 만들어낸 것으로, 동양의 옛사람들은 식량을 지기地氣의 응축으로 여겼고 호흡을 천기天氣와 접하는 것으로 생각했습니다. 그래서 사람이 숨을 쉬고 음식을 먹으며 살고 있다고 보았지요. 한국은 아직 심각하지는 않지만 엄연히 물 취약, 식량 부족, 대기 오염 국가라고 할 수 있으므로, 물과 식량과 공기를 잘 관리하지 못하면 국민들의 생명 현상을 유지하는 데 큰 어려움을 겪을 것입니다.

---

1 오행설五行說
2 엠페도클레스Empedocles의 4원소설元素說

길 잃은 나의 조국

농사

인무원려 필유근우[3]

人無遠慮 必有近憂

"사람이 멀리 내다보지 못하면 반드시 가까운 근심이 있게 된다."

우리나라 2006년도 식량자급도를 살펴보면 쌀의 경우 98.9%, 밀 0.3%, 옥수수 3.6%, 콩 40%, 그래서 전체적으로 53.6%의 자급률을 나타내고 있습니다.[4] 아직 쌀 개방은 미뤄둔 상태이나 쌀 시장이 외국에 열리면 아마도 쌀 자급률을 포함하여 식량자급도는 지금보다 현격하게 떨어질 것입니다. 우리가 멀리 내다보지 못하고 식량자급을 게을리 하면 가까운 장래에 큰 근심거리가 될 것입니다.

농촌은 노인이 지탱하고 있다 해도 과언이 아닌 실정입니다. '2003년 농업 및 어업기본통계조사(통계청)'에 따르면 농업인구가 10년간 34.7% 감소하여, 2003년 말 농가인구는 353만 명이

---

3 논어論語 위령공衛靈公
4 김용택, 김배성; 국제 곡물시장의 새로운 변화와 국내 대응 방안. 한국농촌경제연구원 2007.12

라고 합니다.[5] 4년 후인 2007년 말에는 327만 명으로 더욱 감소했습니다. 더욱이 젊은층의 이농離農과 탈농脫農 현상으로 경영주의 연령 분포는 점차 고령화되어가고 있어, 40세 미만이 절반으로 줄고, 70세 이상은 오히려 조금씩 늘고 있습니다. 2007년 말 농촌의 고령화율은 32.1%로 이미 초고령사회에 들어선 상태입니다.[6]

우리의 생명을 유지하는 데 절대적으로 필요한 농산물을 생산하는 인구가 노령화되고 농업 인구가 갈수록 줄어들고 있습니다. 이러다가는 우리나라의 식량 자립도는 점점 떨어질 것이고, 우리는 대부분의 농산물을 외국에 의지해야 할 것입니다. 수입 농산물을 주로 먹게 되면 유통 과정에서 피할 수 없이 사용되는 농약, 방부제 같은 해로운 물질도 우리 몸에 함께 들어갈 수밖에 없겠지요. 우리의 건강은 물론 우리 후대의 건강이 염려스럽습니다.

농촌의 노인들이 생을 다하면 이 땅의 농사는 누가 지을까요? 지을 사람이 없으면 그 농지는 다른 용도로 사용될 것이고 전체 농지는 줄어들 겁니다. 한국 농촌경제연구원에 따르면, 남한 내 총 재배면적은 2004년 1941.1천ha에서 점차 감소하여

---

5 조선일보 2005.2.18
6 고령화사회; 고령화율(65세 이상 인구 비중) 7~14% 미만, 고령사회; 14~20%, 초고령사회; 20% 이상. 농업 및 어업기본통계조사결과. 통계청 농수산통계과 2008.2

길 잃은 나의 조국

2014년에는 1543.6~1680.7천ha에 이를 전망이라 합니다.[7] 농사 지을 사람이 없는 농지는 농지은행[8]에서 공익적으로 사 모아서 규모가 큰 농업을 위해 활용하는 연구가 필요할 것으로 보입니다.

씨앗

2005-03-23

시시방화발 야야비적래[9]

時時防火發 夜夜備賊來

"수시로 불이 나는 것을 막고, 밤마다 도적이 오는 것을 방비하라." 매사에 미리 대비하고 준비하여야 한다.

딸기의 우리 품종 점유율은 9%에 불과하고, 일본종이 무려 85%에 이른다고 합니다.[10] 2008년부터는 외국 품종에 로열티마저 붙는다고 합니다. 우리 정부는 2002년 국제 식물 신품종 보호

---

7 김홍상, 김배성, 김관수, 안동환, 채광석; 쌀 협상 이후의 농지 이용구조 변화 전망과 대책. 한국농촌경제연구원 2005.12

8 2005년 설립

9 명심보감明心寶鑑 치가편治家篇, 추적秋適

10 조선일보 2005.3.23

연맹(The International Union for the Protection of New Varieties of Plants＝UPOV)에 가입하였기 때문에 외국산 종자의 출하분은 품종 사용료를 내야 합니다. 이미 평창의 고랭지高冷地 수출 딸기 협의회는 영국 품종 업체에게 로열티를 지불하고 있습니다.

외국에서 농산물이 들어오고, 그나마 우리 땅에서 재배하고 있는 농산물의 상당량이 외국 품종이고, 농민에게 종자를 공급하는 대규모 종묘회사도 거개가 외국 자본으로 넘어가 있는 현실이니 우리가 먹는 것도 앞으로는 우리 마음대로 할 수 없는 세상이 오고 있습니다. 외환위기 전에 있던 우리나라 3대 종묘회사가 외환위기를 거치면서 모두 외국 자본에게 넘어갔으며, 그 중 흥농종묘와 중앙종묘는 현재 몬산토코리아Monsanto Korea로 합병된 상태입니다. 몬산토는 유전자 변형 작물(genetically modified organism＝GMO) 분야에서 세계적으로 유명한 회사입니다. 외환위기 당시 국민의정부는 다른 기업에겐 천문학적인 공적 자금을 쏟아 부으면서, 무한한 가치를 지닌 생물자원을 보유하고 있는 중소기업 규모의 종묘회사를 왜 외국 회사에 넘어가도록 두었는지 너무 안타깝습니다. 매사에 미리 대비하고 준비하라고 했습니다. 장기적인 공익을 위해 우리 자본의 종묘회사를 육성할 필요가 있습니다.

길 잃은 나의 조국

쌀

쌀 소비량이 줄고, 중국 등지에서 싼 값의 쌀이 들어오니, 쌀 값은 2004년보다 10~20% 떨어지고, 내다팔 곳도 줄어들었습니다.[11] 시장 개방, 쌀값 하락과 판로販路 부족으로 농민들의 주름살만 늘어가고 있습니다. 국민 1인당 연간 쌀 소비량은 1985년도 128.1kg에서 2005년도에는 80.7kg, 2006년 78.8kg, 2007년 76.9kg, 2008년 75.8kg으로 감소하고 있다고 합니다.[12]

벼농사를 짓는 농민에게 쌀소득 보전 직접지불금(직불금)을 지급하고 있는데, 관정瓘井 없이 벼농사를 짓는 농민에게는 지하수 생산금도 돌려주어야 순리라고 생각합니다. 논에 잠겨 있는 물은 끊임없이 땅 속으로 스며들어가 지하수를 만드는데, 샘물 회사들이 지하수를 퍼내어 샘물을 팔아 수익을 올리고 있기 때문입니다. 지하수를 생산해내는 사람 중의 하나가 농민이기 때문에 농민에게 샘물 생산 원가의 일부를 지급해야 옳습니다. 그렇게 되면 샘물 값이 올라 샘물 소비보다 수돗물 소비가 늘어나고, 따라서 지하수가 고갈되는 환경 재해도 예방될 겁니다. 물론 수돗물의 질은 당연히 높아져야 합니다. 물의 효용성을 높이면

---

11 조선일보 2005.10.8
12 한국재경신문 2008.1.18. 통계청 자료에 의하면 1인당 연간 쌀소비량은 2021년도 56.9kg 까지 감소

물 부족을 극복하는 데 큰 도움이 될 것입니다.

대운하

2007-05-21

무견기리이불고기해[13]

無見其利而不顧其害

"이익만을 생각하고 그 해害를 고려하지 않아서는 안 된다."

이명박 한나라당 대통령 후보 경선자가 한반도 대운하 건설을 선거 공약으로 내걸었습니다.[14] 물류物流의 개선을 내세우나 그 효과는 미미하며, 부작용으로 환경 파괴와 식수원 오염의 위험성이 훨씬 크다는 지적이 있습니다. 환경 파괴로 수많은 식물 자원이 훼손되고 사라질 것이며, 동물과 곤충 등도 비슷한 운명에 놓일 것입니다. 강을 오염시키면 강물을 상수원으로 쓸 수 없을 것이고, 그러면 사람들이 식수원을 점점 더 샘물에 의존하게 되어 지하수가 고갈될 겁니다. 갈수록 땅은 메말라 갈 것이고, 결국 물 부족으로 인하여 우리 민족은 존망의 기로에 내몰릴 수

---

13 순자荀子 의병議兵; 顧 돌아보다
14 조선일보 2007.5.21

길 잃은 나의 조국

있습니다. 아직 우리나라는 강수량이 절대적으로 부족하다기보다는 물을 제대로 관리하지 못하여 물 부족 상태에 이른 물 취약국가입니다. 따라서 우리는 물을 효율적으로 관리하는 체계를 갖추어야 합니다. 즉 지하수를 보호하고 지표수인 강물, 빗물의 활용도를 높이는 방안을 강구해야 할 것입니다.

맺음말

만물득수이생[15]

萬物得水以生

"만물은 물을 얻음으로써 살아간다."

고대 중국에서 왕의 능력 중 매우 중요한 항목이 치수治水, 즉 물을 다스리는 것이었습니다. 농경사회에서 물을 다스리지 않고는 식량 생산을 제대로 할 수 없기 때문이지요. 순舜임금이 신하 우禹에게 왕위를 선양한 가장 주된 이유 역시 우가 치수에 성공하였기 때문입니다. 현대에서도 치수는 국가의 가장 중요한 정책 중 하나이어야 합니다. 홍수를 예방하고 가뭄에 대비하며, 식

---

15 도덕경道德經 하상공장구河上公章句 이성易性, 노자老子

수와 농업용수 및 공업용수 공급을 위하여 치수는 현대에도 그 중요성을 아무리 강조해도 지나치지 않습니다. 더구나 우리나라는 물의 수요와 공급을 비교할 때 물 취약 국가로 분류되어 있습니다. 치수에 실패하면 언제든지 물 부족 국가가 될 수 있으므로 물 관리를 게을리 해서는 아니될 것입니다.

식량 안보란 단어가 이제는 낯설지 않습니다. 생존의 근본인 먹거리를 어느 정도 자급하지 않으면 만약의 사태 시 곡물 수출국의 자비심에 우리 국민의 목구멍을 담보로 잡혀야 하니 말입니다. 농민, 농지, 씨앗(종자) 모두 확보해야 하는데, 농민은 점차 늙어만 가고 있고, 농지는 줄고 있으며, 씨앗을 공급하는 큰 종묘회사들은 외환위기를 거치면서 거의 다 외국 자본의 소유로 바뀌었습니다. 앞으로 닥칠 식량 안보 문제를 해결하기 위하여 어느 것 하나 소홀히 할 수 없는 이유가 바로 여기에 있습니다.

길 잃은 나의 조국

제17장

인구

처음말

의이자손 진진혜[1]

宜爾子孫 振振兮

옛사람들은 집안의 자손이 번성할 것을 축원하며 이렇게 노래했다. "그대의 자손들이 번성하기를 바란다."

우리나라 여성들이 아기를 낳지 않으려 한답니다. 여성은 종족 보존과 번성의 위대한 일을 맡은 존재입니다. 그리스의 철학가 소크라테스도 디오티마Diotima 부인으로부터 '생식과 임신은 신성한 것으로 멸망하는 생물 속에 깃든 불멸의 것이다'라는 이야기를 듣습니다.[2] 당대當代만 살고 말 이 세상이 아니므로 자신만을 생각하지 말고 후대後代를 위하여 건강한 아이를 낳아서 심신이 모두 건강한 인간으로 키워 인류가 번영토록 해야 할 터입니다. 지구상에 인류가 탄생한 이후 전해져온 인간의 유전자를 후대로 전수하는 신성한 일이 바로 출산 아니겠습니까.

---

1 시경詩經 국풍國風 주남周南 종사螽斯; 爾 너, 振 번성한 모양
2 향연(Symposium), 플라톤Platon

출산

천생만민 필수지직 다남자이수지직[3]

天生萬民 必授之職 多男子而授之職

화華의 국경 문지기인 봉인封人이 요堯임금에게 아들을 많이 가지라고 축원하였더니 요 임금은 아들이 많으면 걱정이 많다며 이를 사양하였다. 이에 봉인은 요 임금에게 훈계하기를, "하늘이 만민萬民을 낳을 때는 반드시 직분을 준다. 아들(자식)이 많으면 각각 직분이 주어진다"고 하였다.

2005년 8월 24일 통계청은 2004년 우리나라의 출산율이 세계 최저로 1.16명이라고 밝혔습니다.[4] 3년째 세계 최저 출산율을 기록한 것입니다. 1970년에는 신생아가 1,006,645명 태어났으나, 2004년에는 476,958명이 출생하여 절반 이하로 떨어졌고 2021년에는 260,562명으로 1/4로 감소했습니다. 인구를 현상 유지하려면 출산율이 2.1명이어야 한다고 합니다.[5] 종족을 제대로 보존하지 못하는 민족의 미래가 어떠할지 생각하면 괜히 끔찍해집니다.

통계청의 조사에 따르면 2005년 우리나라의 합계 출산율은

---

3 莊子장자 천지天地
4 조선일보 2005.8.25
5 조선일보 2005.8.31

1.08명으로 계속 세계 최저라고 합니다.[6] 1970년 4.53이었던 출산율은 계속 감소하여 급기야 2005년 1.1 이하로 떨어졌습니다. 비록 2006년 1.13, 2007년 1.26, 2008년 1.19로 약간 증가하였으나, 2018년 0.98로 1명 이하로 떨어지더니 2021년 0.81로 세계 최하를 계속 경신하고 있습니다.[7](표1) 낮은 출산의 직접적인 이유로 생각할 수 있는 만혼晚婚, 결혼 기피, 출산 기피, 불법 낙태[8] 같은 현상이 나타나게 된 사회 문화적 원인을 찾아서 해결하고 무엇보다도 가족과 가정의 가치를 강조해야 출산율이 근원적으로 회복될 수 있으리라고 생각합니다.

표1_ **출생아수 및 합계출산율(1970~2021)**

출생아수 (단위=명)

1970	1,006,645	1971	1,024,773	1972	952,780	1973	965,521
1974	922,823	1975	874,030	1976	796,331	1977	825,339
1978	750,728	1979	862,669	1980	862,835	1981	867,409
1982	848,312	1983	769,155	1984	674,793	1985	655,489
1986	636,019	1987	623,831	1988	633,092	1989	639,431
1990	649,738	1991	709,275	1992	730,678	1993	715,826

6 조선일보 2006.5.9
7 우리나라는 2013년부터 합계출산율이 OECD 국가 중에서 최하위이다.
8 대동서大同書, 강유위康有爲; 청淸나라 말 강유위는 태평세太平世를 유지하기 위해서 4가지 금해야 할 것이 있다고 했다. 게으름, 혼자만을 존귀하게 여기는 것, 경쟁, 그리고 인공 유산이 그것인데, 인공 유산은 인류의 멸종을 막기 위하여 절대 금지시켜야 한다고 주장했다. '인류를 보전하는 데는 낙태를 금지하는 것이 가장 중요한 일이며, 인류 보전에 이보다 더 큰 금기 사항은 없다. 태어나지 않은 아기를 수술하는 것에 대해서는 어른을 죽이는 것보다 더 엄하게 법률로 정하여 사람들로 하여금 두려움을 느끼도록 해야 한다.'

길 잃은 나의 조국

1994	721,185	1995	715,020	1996	691,226	1997	675,394
1998	641,594	1999	620,668	2000	640,089	2001	559,934
2002	496,911	2003	495,036	2004	476,958	2005	438,707
2006	451,759	2007	496,822	2008	465,892	2009	444,849
2010	470,171	2011	471,265	2012	484,550	2013	436,455
2014	435,435	2015	438,420	2016	406,243	2017	357,771
2018	326,822	2019	302,676	2020	272,337	2021	260,562

합계출산율

1970	4.530	1971	4.540	1972	4.120	1973	4.070
1974	3.770	1975	3.430	1976	3.000	1977	2.990
1978	2.640	1979	2.900	1980	2.820	1981	2.570
1982	2.390	1983	2.060	1984	1.740	1985	1.660
1986	1.580	1987	1.530	1988	1.550	1989	1.560
1990	1.570	1991	1.710	1992	1.760	1993	1.654
1994	1.656	1995	1.634	1996	1.574	1997	1.537
1998	1.464	1999	1.425	2000	1.480	2001	1.309
2002	1.178	2003	1.191	2004	1.164	2005	1.085
2006	1.132	2007	1.259	2008	1.192	2009	1.149
2010	1.226	2011	1.244	2012	1.297	2013	1.187
2014	1.205	2015	1.239	2016	1.172	2017	1.052
2018	0.977	2019	0.918	2020	0.837	2021	0.808

참여정부 마지막해인 2007년도 출산율 1.259에 비하여 이명박정부 마지막해인 2012년도에는 1.297로 3.02%의 출산율 증가가 있었다. 2012년도와 비교하여 박근혜정부 마지막해인 2016년도에는 1.172로 9.64%의 감소가 있었다. 2016년도와 비교하여 문재인정부 마지막해인 2021년도에는 0.808로 출산율의 감소가 무려 31.06%에 달했다. 자료: 인구동향조사, 통계청, 2022.9.27.

우리나라 산모의 초산初産 연령에 관한 통계청 자료에 따르면, 전국적으로 35세 이상 초산(40세 이상 초산)이 1990년 1.2%(0.1%), 1995년 2.5%(0.3%), 2000년 4.0%(0.5%), 2005년 6.2%(0.8%)로 나타나 고령 임신이 가파르게 늘고 있음을 알 수 있습니다.[9] 그리고 초산 산모의 평균 나이도 1990년 25.9세에서 2000년 27.7세, 2005년 29.1세로 증가하고 있습니다. 산모의 나이가 많아질수록 태아의 건강이 위협을 받으므로 고령 임신의 경우에는 산모의 건강을 잘 유지하여 건강한 태아가 태어나도록 노력해야 합니다.

고령화

2006-06-07

미국인 연령 중앙값(median age)은 2000년 35세에서 2050년에는 6살 증가하여 41세로 되며, 중국은 30세에서 15살 증가하여 45세, 한국은 32세에서 22살 증가하여 54세가 될 것으로 예측하고 있습니다.[10] 즉 2050년에는 한국의 연령대가 세계에서 가장 높을 것이라는데, 그 이유는 출산율은 매우 낮은데 평균 수

---

9 조선일보 2007.3.15
10 이코노미스트지 2005.7.16

길 잃은 나의 조국

명은 점점 길어져 인구의 고령화 현상이 빠르게 진행되고 있기 때문이라고 합니다. 나라의 국민이 이렇게 빨리 늙어 가면 생산에 종사할 수 있는 인구 비율이 점점 감소하여, 생산 인력이 부양해야 하는 노령인구의 비율이 높아지게 됩니다.

세계 인구 고령화에 관한 미국 신용평가기관 S&P사의 2006년 6월 7일자 보고서에 따르면, 우리나라는 고령화가 심해지면 정부의 재정적자와 순부채가 국내총생산(GDP)의 2.4%(2020년), 2050년에는 262%까지 될 것이라고 발표했습니다. 한국은 2006년의 출산율(1.13명) 대로라면 2050년에 인구는 4,460만 명(2005년 4,780만 명), 평균 연령은 53.9세(2005년 35.1세), 65세 이상의 고령인구는 9.4%에서 34.5%, 노령인구 부양비율은 2005년의 13.1%에서 64.6%, 생산가능인구는 2005년의 72%에서 53.5%, 고령화 관련 지출 규모는 GDP의 7.3%에서 20.1%로 될 것으로 전망합니다.[11] 이에 미리 대처하지 않는다면 2025년경 한국의 재정지표가 투기등급으로 악화될 수도 있을 것이라고 경고하고 있습니다.

통계청은 한창 일할 나이군인 30~40대 인구(생산인력)가 2006년을 정점으로 2007년부터는 줄어든다고 발표했습니다.[12] 생산인력이 준다는 것은 경제 활력이 떨어진다는 의미이며, 국

11 세계 인구 고령화: 한국편. S&P(Standard & Poor's)사 2006.6.7
12 조선일보 2006.12.4

가 경제의 성장 잠재력이 감소한다는 뜻입니다. 가정경제 측면에서는 생산인력이 부양인구를 먹여 살릴 수 있는 여력이 점차 감소하고 있음을 의미합니다.

> 백묘지전 필부경지 팔구지가가이무기의[13]
>
> 百畝之田 匹夫耕之 八口之家可以無飢矣
>
> "백 이랑의 밭을 한 사나이가 경작하면 8식구의 가족이 굶주리지 않는다."
>
> 주周 문왕文王은 왕도王道정치를 하여 늙은이들이 춥거나 굶주리지 않도록 하였다. 그는 부모, 부부와 4자녀 기준의 8식구를 한 가정으로 셈하여, 1 가구에 백묘의 경지를 나눠주어 먹고 살 수 있도록 하였다. 늙으신 부모님을 부양할 수 있는 경제체제를 유지하는 것은 예나 앞으로나 마찬가지 도리이다.

맺음말

나라의 힘을 이야기할 때 꼭 들어가는 것이 인구입니다. 인구가 많으면 물리적인 기준에서뿐 아니라 문화의 창조력도 인구에

---

13 맹자孟子 진심장구盡心章句; 畝 밭이랑

길 잃은 나의 조국

비례하여 증가할 것입니다. 현재 남북한 인구를 합치면 약 7,000만 명이라 추산하는데, 적정한 규모의 내수^{內需} 경제를 가지고 단일 언어권을 유지하려면 적어도 1억 명 정도의 인구가 필요하다는 주장이 있습니다. 국토가 좁아 한계가 있다는 점을 인정하더라도 현재 수준의 인구를 유지하려면 출산율이 적어도 2.0 이상은 되어야 합니다. 그러나 안타깝게도 2020년도에 출생자수가 사망자수를 밑돌아 한국의 인구 감소가 마침내 시작되고 말았습니다.[14] 이 추세대로 수십년이 간다면 남한의 인구수가 북한의 인구수에 근접할 것입니다. 50년 후 100년 후 우리나라가 생존해 있으려면 무엇보다도 사람이 있어야 합니다.

---

14 어린이동아 2021.1.4. 2020년 출생자수 275,815명, 사망자수 307,764명

제18장

건강과 환경

처음말

천하지본 재국 국지본 재가 가지본 재신[1]

天下之本 在國 國之本 在家 家之本 在身

"천하의 근본은 나라에 있고 나라의 근본은 가정에 있으며 가정의 근본은 몸에 있다."

한 국가의 미래는 국민의 건강에 달려 있다고 해도 과언이 아닙니다. 여기에서 건강이라고 하는 것은 육체적 건강뿐 아니라 정신적 건강까지 포함하는 '심신心身의 건강'을 뜻합니다. 태곳적 자연으로부터 물려받은 우리의 심신을 건강하게 유지하는 것은 자연에 대한 인간의 의무라 할 수 있습니다.

몸은 수많은 세포로 구성되어 있는데 세포는 모두 부모의 정자와 난자가 만나서 생긴 하나의 수정란에서 유래한 것입니다. 그러므로 부모의 건강한 정자와 난자는 건강한 수정란의 근본이 되는 것이지요. 어머니 뱃속에서 지내는 태아 시절부터 생성되는 세포가 건강하려면 어머니가 건강해야 합니다. 특히, 태아의 세포를 만드는 재료는 어머니가 섭취하는 음식에서 구하므로 임신부가 먹는 음식이야말로 청정淸淨해야 할 것입니다.[2]

---

1 맹자孟子 이루장구離婁章句

2 대동서大同書, 강유위康有爲; 청淸나라 말 강유위는 또한 태아 정신의 영혼을 위해

사람이 태어나 자라고 살아가는 과정에서 대부분의 세포들은 지속적으로 새롭게 다시 태어납니다. 예를 들어, 핏속의 붉은피톨(적혈구赤血球)은 평균 120일이 지나면 수명이 다해 죽고 새로운 붉은피톨이 골수에서 계속 만들어지는 것입니다. 새로운 세포를 만들 때도 재료가 필요한 건 당연하지요. 우리가 먹는 음식물을 단순히 칼로리라는 측면에서만 보아서는 안 됩니다. 우리의 몸을 구성하는 세포의 재료로 쓰인다는 점을 잊지 말아야 합니다. 그래서 우리 조상들은 음식을 약으로 생각해 귀하게 대했고, 음식을 함부로 하지 않았습니다.

지식인이오미 종구입장어위 오미탁욕 위형해골육 혈맥육정[3]
地食人以五味 從口入藏於胃 五味濁辱 爲形骸骨肉 血脉六情
"땅은 사람에게 오미五味[4]를 먹이는데, 이것은 입을 통하여 들어가 위에 저장된다. 오미는 혼탁하고 더럽다. 이것은 몸뚱이와 뼈와 살이 되고 혈맥과 여섯 가지 정情이 된다."

음식을 노화 원인 중의 하나로 보는 시각이 있습니다. 우리 몸이 되는 음식은 근원적으로 어쩔 수 없이 혼탁하고 더러운 속성이 담겨 있다고 보는 것이지요. 따라서 소식小食을 하되 건강에 좋은 재료를 섭취하면 세포의 신진대사를 젊고 생기 있게 유지할 수 있는 것입니다.

서 올바른 태교胎敎를 인간 도리 중 으뜸이라고 생각했다.
3 도덕경道德經 하상공장구河上公章句 성상成象, 노자老子; 脉 줄기
4 오미五味; 신맛, 짠맛, 매운맛, 단맛, 쓴맛

피자

1958년 미국에서 시작된 피자 체인점 '피자헛Pizza hut'이 한국에 들어온 때는 1985년입니다. 그 후 한국 피자헛은 날로 번창하여 전 세계 84개국에 진출한 피자헛 체인점 가운데 미국, 영국에 이어 3대 피자헛 시장으로 부상했습니다.[5] 4,800만 인구로 전 세계 시장에서 3위에 올랐다니 우리 국민이 피자를 얼마나 많이 먹는지 알 수 있습니다. 군대에 면회를 갈 때 가져가는 음식이 대부분의 경우 피자라는 건 알 만한 사람은 다 아는 사실이지요. 그런가 하면 직장이나 학교에서 값싸고 손쉽게 한 턱 낼 수 있는 음식으로 피자가 당당하게 자리잡고 있습니다. 모某 피자 회사 전직 사장은 "한국인의 라이프스타일life style 변화가 가장 큰 성공 요인"이라고 말한 바 있습니다. 그런데 지방이나 칼로리가 높은 피자가 우리 국민들, 특히 어린이들의 입맛을 점령하면 비만과 동맥경화 등의 건강 문제가 생길 수 있어서 걱정이 앞섭니다.

[5] 조선일보 2005.2.17

길 잃은 나의 조국

당뇨

2005-03-14

향미취미 후주비육 감구이병형[6]
香美脆味 厚酒肥肉 甘口而病形
"향기가 좋은 것, 연하고 맛있는 음식, 독한 술과 기름진 고
기는 입에 달지만 병이 생기게 한다."

당뇨 환자가 급증하고 있습니다. 2005년 7.3%였던 유병률
이-내당능耐糖能 장애 14.1%를 합치면 21.4%의 국민이 당뇨병
및 당뇨병 전前단계[7]-2030년쯤에는 인구의 14.4%에 이를 것으
로 전망됩니다.[8] 당뇨가 망국亡國병이 될 것 같아 참으로 염려스
럽습니다. 물론 당뇨에 걸린다고 사람이 바로 죽는 것은 아닙니
다. 대부분의 당뇨 환자는 10~20년에 걸쳐 당뇨에 의한 합병증
이 서서히 나타나면서 건강이 훼손되어 갑니다. 환자의 노동력
상실, 가정에 끼치는 악영향, 사회의 의료비 부담, 무엇보다도
환자 자신의 삶의 질(quality of life)이 크게 낮아지는 것 등은 "건
강은 건강할 때 지켜야 한다"는 교훈을 절감하게 합니다. 미래
사회는 평균 수명보다 건강 수명이 더 의미가 있는 사회입니다.

---

6 한비자韓非子 양각揚摧; 脆 연하다
7 국민건강.영양조사 제3기(2005)-총괄- 보건복지부 한국보건사회연구원 2006.7 내
   당능장애(glucose intolerance); 당뇨병 전단계
8 조선일보 2005.3.14

환자로 오래 사는 것보다 건강하게 얼마나 오래 살 수 있는지가 화두語頭가 될 것입니다.

당뇨병은 대부분의 경우 체중 과다나 운동 부족 등 후천적인 원인으로 발생하며, 예방이 가능한 데도 의학계나 국가 사회적으로 예방 노력이 부족하여 급증하고 있는 실정입니다. 질병에 걸리지 않도록 예방하는 데 들어가는 비용은 질병에 걸린 뒤에 들어가는 막대한 치료비에 비하면 말 그대로 '새발의 피'입니다. 앞으로 당뇨병이 국가 경제에 미칠 악영향은 천문학적인 수준에 달할 것입니다.

세계보건기구(World Health Organisation＝WHO)는 2007년 전 세계 성인 인구 중 2억4,600만 명이 당뇨병 환자일 것으로 추정했습니다.[9] 그리고 2030년에 이르면 이 수가 3억6,600만 명으로 늘어날 것으로 전망했습니다.

특히 태평양제도諸島의 원주민에게서 당뇨병이 폭발적으로 발생하고 있는 것으로 나타났습니다. 마샬Marshall 군도群島 성인 (25~64세)의 30% 정도가 당뇨병을 앓고 있으며, 나우루Nauru에서는 20세 이상 성인의 당뇨병 유병률이 30.2%이며, 당뇨병 전단계인 내당능장애(glucose intolerance)의 유병률은 20.4%에 달한다고 합니다.[10] 그런데 미국 해군이 태평양 전쟁(제2차 세계 대

---

9 조선일보 2007.3.28

10 International Diabetes Federation(IDF) Diabetes Atlas, 2nd edition, 2003

길 잃은 나의 조국

전) 직후 조사한 바에 따르면, 당시만 해도 태평양 제도의 원주민에게서 당뇨병은 발견되지 않았다고 합니다. 태평양 전쟁 전에는 이 지역 원주민들은 그들의 전통 생활양식대로 살아왔습니다. 생선, 과일, 채소 등을 주로 먹었으며, 활동량 또한 많았습니다. 하지만 태평양 전쟁 후 이들의 생활양식은 급격한 변화를 겪습니다. 튀긴 음식이나 동물성 지방, 정크 푸드junk food, 탄산음료/소다/주스 등 서구화된 음식을 주로 먹고 운동량이 현격하게 줄어든 것입니다.[11]

타산지석 가이위착 타산지석 가이공옥[12]

他山之石 可以爲錯 他山之石 可以攻玉

"다른 산의 돌이 이곳의 숫돌이 될 수 있고, 다른 산의 돌로 이곳의 옥을 갈 수 있다."

그러한 음식을 계속 먹어온 서구인과 달리 원주민의 유전자에는 서구식 음식을 잘 처리할 수 있는 유전 정보가 생겨나지 않은 상태였습니다. 결과적으로 태평양 제도의 원주민 사회에서 비만과 당뇨병은 유행병(epidemic)처럼 급증했지요. 이러한 변화가 단 50년 사이에 일어났습니다. 우리는 이를 타산지석으로 삼아 당뇨병 예방에 더욱 노력을 기울여야 합니다. 성인 당뇨병의 80%는 예방할 수 있으니까요.

[11] Rising tide of diabetes among pacific islanders. Asian Pacific American Heritage Month 2008.5.2
[12] 시경詩經 소아小雅 학명鶴鳴; 錯 숫돌

비만

병종구입 화종구출[13]

病從口入 禍從口出

"병은 입으로 들어오고, 화禍는 입에서 나온다."

신언어 절음식[14]

愼言語 節飮食

"말을 삼가고, 음식은 적게 먹어라."

입이 하는 일인 말하는 것과 먹는 것 두 가지 기능에 관한 설명이다. 병은 입으로 들어오고 화는 입에서 나가기 때문이다.

국민영양조사에 의하면, 우리나라 성인 비만율(과過체중 포함)이 1998년 26.3%에서 2001년 29.6%로 증가했습니다.[15] 2005년도 조사에서는 31.7%(남자 35.1%, 여자 28.0%)로 나타났으며, 성인 비만율은 매년 거의 1%씩 높아져 연간 25~30만 명씩 늘어나고 있는 실정입니다. 어린이 및 청소년 비만율도 22.3%에 달하며, 전체 인구 가운데 비만 인구는 거의 1,000만 명에 육박한 것으로 나타났습니다.

---

13 태평어람太平御覽 인사人事, 이방李昉
14 주역周易 산뢰이山雷頤 괘
15 조선일보 2005.10.20

길 잃은 나의 조국

양략이동한 즉천불능사지전[16]

養略而動罕 則天不能使之全

"섭생을 제대로 아니하고 몸을 움직이려 하지 않는다면 하늘
도 그 같은 사람의 건강을 온전하게 할 수는 없다."

비만을 예방하는 데는 아침 식사와 운동이 매우 중요합니다.
그런데 서울 일부와 분당 지역 중고등학생 중 45.8%가 아침을
먹지 않으며, 24.7%는 운동을 하지 않는다고 합니다.[17] 2005년
에 실시한 국민건강 영양조사에서도 청소년의 23%, 20대 성인
의 38%가 아침을 먹지 않는 것으로 나왔습니다.[18] 아침을 거르
면 오전 시간에 저혈당低血糖이 되어 학습 능률이 오르지 않고, 저
녁 때 폭식과 과식으로 이어져 청소년 비만으로 직결되는 경우
가 흔합니다. 운동 부족 또한 변비의 한 원인으로 작용하며 학습
능률의 저하를 가져올 수 있습니다.

인슐린insulin이라는 호르몬은 음식을 먹으면 췌장에서 분비되
어, 음식으로 들어온 탄수화물을 체내에서 잘 이용할 수 있도록
함으로써 혈당이 높아지지 않게 합니다. 그러나 비만이 되면 인
슐린에 대한 저항성이 생기고, 이 때문에 혈당을 정상으로 유지
하기 위하여 더 많은 인슐린을 분비해야 합니다. 그래서 비만인
사람은 세월이 지나면 인슐린을 분비하는 췌장이 지쳐서 필요한

16 순자荀子 천론天論; 罕 드물다
17 한국일보 2009.2.4
18 국민건강 · 영양조사 제3기(2005)-총괄- 보건복지부 한국보건사회연구원 2006.7

만큼의 인슐린을 분비하지 못할 뿐 아니라, 분비된 인슐린마저 인슐린 저항성으로 인하여 효과를 제대로 내지 못하게 되는 것이지요. 그러므로 비만 인구가 늘면 당뇨 환자가 늘어나는 게 당연한 이치입니다.

항생제

2005-06-14

우리나라 축산 농가와 양어장에서 쓰는 항생제가 연간 1,500톤에 달했습니다.[19] 감염병에 걸리지 않은 가축과 물고기에게도 무조건 항생제를 사료 풀듯이 먹이는 이유를 납득할 수 없군요. 항생제에 오염된 고기를 국민이 먹고 이로 인한 부작용이 적지 않아 안타깝습니다. 항생제 남용 때문에 세균의 균형이 깨지고, 장내세균의 분포가 나빠지며, 균에 대한 내성耐性이 생겨 국민의 건강이 훼손되고, 자연계의 평형平衡(equilibrium)이 흔들리고 있습니다. 축산업자와 양어업자養魚業者는 국민 건강에 피해가 크다는 것을 모르지 않을 터인데, 왜 비용을 들여서까지 항생제를 투입하는지 그 까닭을 알고 싶습니다.

[19] 조선일보 2005.6.14

길 잃은 나의 조국

전체 항생제 사용량 중에서 배합사료를 제조할 때 44%, 자가 치료나 예방에 50%가 소비되며, 수의사 처방에 의한 사용은 항생제 총 사용량의 6%에 지나지 않는다고 합니다.[20] 우리나라에서는 수의사의 처방이 없어도 동물용 항생제를 구입할 수 있는데, 늦었지만 이제라도 반드시 수의사의 처방이 있어야만 항생제를 투여할 수 있도록 관련 법규를 제정해야 합니다. 그리고 항생제를 남용하지 않아도 축산과 양어를 잘할 수 있음을 농어민에게 알려서, 농어민이 제약회사의 판촉 활동에 멋모르고 놀아나지 않도록 계도해야 할 것입니다.

정신 건강

2005-06-20

집도자덕전 덕전자형전 형전자신전 신전자성인지도야[21]
執道者德全 德全者形全 形全者神全 神全者聖人之道也
공자의 제자 자공子貢이 도인道人인 한 농부로부터 훈계를 듣고 "(유가儒家에 비하여 도가道家에서는) 도를 지킨 자는 덕이 온전하고, 덕이 온전한 자는 형체(신체)가 온전하고, 형체가 온전한

---

20 내일신문 2008.10.15
21 장자莊子 천지天地

자는 정신이 온전하고, 정신이 온전하면 그것이 성인의 도라고 (가르친다)"라고 그의 제자에게 일렀다.

전방^{前方}의 모^某 부대에서 한 사병이 수류탄과 총기를 난사하여 전우^{戰友} 8명을 살해하는 끔찍한 일이 벌어졌습니다.[22] 요즈음 신세대 젊은이들의 행동 패턴을 보면 순리를 따르기보다 기분을 따르는 경향이 높아지고 있습니다. 이는 비단 우리나라에만 한정된 현상은 아닙니다. 청소년 세대의 행동이 충동적이고 즉각적인 양상을 보이는 건 세계적인 현상으로 앞으로 더 심해질 가능성이 큽니다. 정서가 불안정해 늘 안절부절못하고, 쉽게 화를 내고 눈앞의 당장의 이익이나 즐거움에 좌지우지^{左之右之}되는 젊은이들의 모습을 보면서 우리 사회의 무감각, 무신경을 반성해 봅니다. 우리는 항상 후속 세대의 건강, 심신의 건강에 대하여 높은 관심을 가지고 돌봐야 하겠습니다.

유직정이경행자 융적지도야[23]
有直情而徑行者 戎狄之道也
자유^{子游}가 "자기 감정에 따라 곧바로 경솔하게 행동하는 자가 있다면 오랑캐의 도리이다"라고 했지만, 현대 의학에서는 이러한 현상이 뇌의 이상^{異常}에 의해서 얼마든지 올 수 있다고 설명한다.

22 조선일보 2005.6.20
23 예기禮記 단궁檀弓; 徑 빠르다, 戎狄 오랑캐

뇌에 관한 최근의 연구들은 정신을 육체와 완전히 분리된 것으로 보지 않고, 정신을 뇌에 담겨 있는 개념으로 파악합니다.[24] 정신이 건강하지 못한 현상을 정신이 담겨 있는 그릇인 뇌의 미세한 건강 부조화 혹은 불균형에 기인하는 일종의 증상 발현으로 보는 것입니다. 그러므로 우리는 젊은이의 정신 건강, 즉 뇌 건강을 회복시켜야 합니다. 스트레스가 쌓여도 충동적으로 이상한 행동을 하지 않도록 정신을, 즉 뇌를 건강하게 해야 합니다.

뇌 건강을 향상시키는 가장 좋은 방법은 운동인데, 운동할 때에는 꼭 스트레칭stretching을 포함시키는 게 좋습니다. 특히 상체의 양손을 골고루 쓰는 활동은 뇌에 많은 도움을 줍니다. 다음으로, 잠을 충분히 자도록 해야겠습니다. 잠자는 동안 뇌에서 노폐물이 제거되어 뇌를 회복시킵니다. 그리고 겉으로 보기에는 멀쩡해도 뇌를 화학적으로 손상시킬 수 있는 물질이 몸속으로 들어가는 것을 막아야 합니다. 정크 푸드, 패스트 푸드fast food, 인스턴트 식품, 가공 식품, 인조人造음료 등에 들어 있는 갖가지 인공색소, 방부제 및 화학 물질 등은 대부분 인체에 완전한 무해성無害性 여부가 아직 입증되지 않았으며, 신체 내에서 일어나는 무수한 화학 물질 사이의 상호 작용 역시 충분히 밝혀지지 않은 상태입니다. 인류가 해로운 물질로부터 후세대를 보호하는 것은 마땅히 해야 할 중요한 책무입니다.

---

24 동양에서는 예로부터 사람을 소우주小宇宙라 하여 사람(뇌) 속에 소우주(정신)가 들어있다고 생각해왔다.

보건복지부에서 전국 94개 초등학교 7,700명 학생(남 3,969명, 여 3,731명)을 대상으로 '2006년 상반기 아동 정신건강 선별검사'를 실시하였는데, 이중 25.8%의 학생이 정서 문제(불안증, 공포증, 우울증, 강박증)와 행동 문제(반항, 난폭행위)를 보이고, 33.1%에서 정신신체화장애, 20.3%에서 학습문제, 26.2%에서는 인터넷에 중독될 가능성이 있는 것으로 나왔다고 합니다.[25] 정신 건강은 이제 우리 자녀가 부딪히는 직접적인 문제로 다가왔습니다.

또한 주의력 결핍 과잉행동장애(attention deficit hyperactivity disorder＝ADHD) 환자가 세계적으로 크게 늘어나고 있으며, 이에 쓰이는 약이 1993년~2003년 사이 거의 3배나 증가했다고 합니다.[26] 이 가운데 83%를 미국에서 소비하며, 캐나다와 호주에서도 많이 처방하고 있으나, 프랑스, 스웨덴, 한국, 일본에서도 꾸준히 증가하고 있다 합니다. 주의력 결핍, 과잉행동, 충동적 증상이 주된 적응증인데, 미국 어린이와 청소년 중 4%가 이 약을 복용하고 있습니다. 전 세계적으로도 환자 발생이 증가하고 있는데, 우리나라에서는 초등학생의 약 5%가 이 질환에 걸려 있으며 고高위험군까지 합치면 10%가 넘는다고 합니다.[27] 혹시 인공 색소, 탄산음료, 중금속 중독 등과 관련이 있는 건 아닌지 의심스럽습니다.

25 일간보사 2006.8.3
26 BBC 2007.3.7
27 세계일보 2007.10.29

길 잃은 나의 조국

인터넷상에서 잔혹한 자작[作] 동화가 떠돌고 있습니다.[28] "백설 공주는 도끼로 일곱 난쟁이들을 토막 내어 죽였습니다." "나(그레텔)는 내 옷 속에 있던 도끼를 찾아 도망을 못 가게 오빠와 엄마의 다리를 싹둑 잘랐습니다…. 엄마는 날 구박하다 죽었고, 오빠는 날 무시하다 죽었죠." 폭력적이고 잔혹한 각종 오락 문화에 우리 아이들이 무방비로 노출되어 있습니다. 갈수록 수위가 높아지는 폭력 문화가 아이들의 심성에 미치는 영향을 생각하면 무섭기까지 합니다.

미불유초 선극유종[29]
靡不有初 鮮克有終
"시작은 누구에게나 다 있지만, 끝까지 잘 마치는 사람은 많지 않다."

2007년 4월 16일 오전 조승희(23세, 한국 국적, 미국 영주권자) 학생이 자신이 다니는 버지니아 텍[Virginia Tech]대학교(Virginia Polytechnic Institute and State University)에서 총으로 32명을 살해하고, 최소 15명에게 중경상을 입힌 끔찍한 사고가 일어났습니다. 그는 7시 15분경 기숙사에서 학생 2명을 사살하고, 약 2시간 후 공학부 건물 강의실에서 총을 난사해 30명(학생 및 교직원)을 살해하고 현장에서 자살했습니다.

---

28 조선일보 2007.1.22
29 시경詩經 대아大雅 탕蕩; 靡 쓰러지다

조승희 가족은 그가 초등학교 3학년 때 미국으로 이민을 갔으며, 부모는 미국에서 세탁업에 종사하면서 자녀를 키웠다고 합니다. 조승희는 학우들과 잘 어울리지 못하는 외톨이였으며, 심리적으로 불안정하였고, 사회에 대한 증오심과 비정상적인 행동으로 정신과 진찰을 받은 적도 있었습니다. 부모가 생업에 전념하느라 낯선 곳에서 힘들게 적응하는 아이의 마음을 살필 겨를이 없었을 거라 짐작은 됩니다. 어린 아이가 언어와 인종이 다른 환경에 적응할 때 겪는 스트레스에 대하여 어른들이 좀더 관심을 두었더라면 하는 아쉬움이 있습니다. 조승희 사건은 특정 개인의 문제가 아니라 이민 가정 모두의 문제일 수 있습니다. 처음부터 착하지 않은 아이는 없지만 성장해가면서 악惡이 스며들어 어른이 되어서도 착함을 유지하기란 쉽지 않습니다.

불건전한 신체에 건전한 정신이 깃들기를 기대하는 건 깨진 항아리에 물이 차기를 기다리는 것과 다르지 않습니다. 신체는 정신을 담는 그릇(器)입니다. 뇌를 포함한 신체를 건강하게 만들어 그곳에 전인 교육을 통하여 건전한 정신을 담아내야 합니다. 그리하면 건전한 정신은 다시 몸을 건전하게 다스리는 선순환善循環의 사이클이 완성될 것입니다.

자살

신야자 부모지유체야 행부모지유체 감불경호[30]
身也者 父母之遺體也 行父母之遺體 敢不敬乎

증자曾子는 말하였다. "몸은 부모가 남겨주신 것이다. 부모가 남겨주신 몸을 취급하면서 어찌 감히 (몸에 대하여) 공경치 않을 수 있겠는가!"

우리나라에서는 2004년 한 해에 10만 명당 24.2명이 자살을 하여 OECD 국가 중 자살률 1위에 올랐다고 합니다.[31] 살기 좋은 금수강산錦繡江山에 사는데 왜 이렇게 자살하는 사람이 많은 걸까요? 자살률만으로 보자면 우리나라에서 살아간다는 것이 엄청난 스트레스를 감당해내야 한다는 것이고, 그 정도가 아주 심각하다는 사실을 알 수 있습니다. 우리 사회가 청소년들을 이기지 않으면 진 것으로, 실패자로 간주하도록 하는 건 아닌지 반성해야 합니다. 지는 게 이긴 것일 수 있고, 이긴 쪽이 악惡이었고 진 쪽이 선善이었던 경우도 세상에는 참 흔하지 않습니까. 장미꽃만이 꽃이 아니지요. 호박꽃도 꽃이고 이름 모를 수많은 꽃들이 다 자연의 아름다운 꽃인 겁니다. 인간도 마찬가지입니다. 모든 인간이 존재 자체로 빛을 발하는 이 우주 자연의 아름다운 꽃

---

30 예기禮記 제의祭義
31 조선일보 2005.10.3

입니다. 자신이 쓸모없는 꽃이라고 오해하여 덧없이 목숨을 끊는 일은 없어져야 합니다.

불명예스러운 최고를 접하면서 우리 사회의 정신적인 행복지수가 과연 어느 수준일까 생각해봅니다. 물질적 행복의 의미를 평가절하하고 싶지는 않지만, 정신적인 행복이 훨씬 가치 있는 것이라는 진실을 강조하고 싶습니다.

체육

2006-05-08

남원북철[32]
南轅北轍

"남쪽으로 가려 하면서 수레는 북쪽으로 몬다." 전국戰國시대에 위魏나라에서 남쪽에 있는 초楚나라로 간다면서 북쪽으로 마차를 모는 사람이 있었다.

전국 고등학교 2, 3학년생 남자 21%, 여자 31%가 체육수업을 받지 않는다고 합니다.[33] 국민의정부 시절부터 고 2, 3학년에

---

32 전국책戰國策 위책魏策, 유향劉向; 轅 끌다, 轍 수레바퀴
33 조선일보 2006.5.8

서는 음악, 미술, 체육 가운데 하나를 선택할 수 있도록 한 교육 정책의 영향이 컸다고 생각됩니다. 교육 현장에서 지덕체의 근본 하나가 무너져 내린 것 같은 충격입니다. 우리 사회의 뜻있는 지도자들이[34] 체육을 우선적으로 강조하며 이구동성異口同聲으로 체덕지體德智를 이야기하는 까닭은 "건전한 정신은 건전한 신체에서"라는 말처럼 몸이 건강해야 정신, 즉 덕을 쌓을 수 있고, 덕이 있어야 지식을 나쁜 곳에 쓰지 않고 좋은 일에 사용할 것이기 때문입니다. 다시 강조하지만 체육은 학교 교육에서 필수과목이 되어야 합니다.

2004년 미국 캘리포니아 주에서 5,7,9학년 학생들에게 시행한 체력 검사 결과와 영어와 수학 학업 성적을 비교했더니, 체력이 단련된 학생일수록 학업 성적이 비례하여 높은 것으로 나타났다고 합니다.[35] 운동을 하면 뇌 기능이 향상된다는 게 간접적으로 입증된 사례라 하겠지요. 실제로도 운동을 하면 뇌에서 새로운 신경세포를 훨씬 더 많이 만들어냅니다. 학생들이 공부 잘하기를 기대하나요, 내 아이의 성적이 우수하기를 바라나요? 그렇다면 학교 체육 시간을 반드시 지키십시오. 그리고 아이를 학원으로만 돌리지 말고 운동을 즐길 수 있도록 도와주세요. 공부

---

34 이준구 미국 태권도 사범, 정운찬 서울대학교 전 총장, 강지원 청소년보호위원회 초대 위원장

35 California physical fitness test: A Study of the relationship between physical fitness and academic achievement in California using 2004 test results. California Department of Education, Sacramento, California, USA 2005.4

시간을 늘리기 위해 운동할 시간을 없애면 반대로 학업 성적이 떨어집니다. 체육 시간을 없애는 것은 남원북철, 즉 교육 목표의 반대편으로 학생들을 끌고 가는 것입니다.

애완동물

2005-04-05

견마 비기토성 불축 진금기수 불육우국[36]
犬馬 非其土性 不畜 珍禽奇獸 不育于國
상商나라 주紂왕을 멸한 주周나라 무武왕에게 신하인 소공召公은 이렇게 간하였다. "개와 말은 우리 풍토에 맞지 않는 것이면 기르지 말고, 진귀한 새나 기이한 짐승은 나라 안에서 기르지 마십시오."

요즈음 파충류(뱀, 이구아나iguana, 도마뱀), 사슴벌레, 타란튤라tarantula(왕거미), 지네, 전갈, 페릿ferret(족제비), 햄스터hamster, 마모셋marmoset, 기니피그guinea pig 같은 기이한 동물을 애완용으로 키우는 집이 늘고 있습니다.[37] 파충류, 양서류, 어류 등 외래 동물 수입이 2003년에 79만 마리에서, 2004년에 1,300만 마리, 2005년

36 서경書經 주서周書
37 조선일보 2006.4.5

길 잃은 나의 조국

에 1억3,100만 마리, 2006년에 4억9,700만 마리로 기하급수적으로 증가하고 있습니다.[38] 대부분 식용, 방생放生용, 애완용으로 무분별하게 수입되고 있는 실정인데, 생태계를 교란시킬 우려가 높으므로 외래 동물에 대한 검역과 관리 대책이 절실합니다. 옛 선인들은 풍토에 맞지 않은 동물을 함부로 들여오지 말라고 경고하는데, 아마도 그 동물들을 통해서 이상한 병이 전파되거나 생태계가 교란될 것을 우려했기 때문으로 보입니다.

현대에도 중증 급성 호흡기 증후군(severe acute respiratory syndrome=SARS, 사스)과 조류 독감(avian influenza, bird flu) 같은 전염성 질환이 동아시아 지역에서 발생한 적이 있었지요. 조류 독감은 닭, 오리나 야생 조류에서 발병하며 조류 인플루엔자 바이러스avian influenza virus에 의해 매개되는 것으로 알려져 있습니다. 한편 사스-코로나 바이러스SARS coronavirus가 매개하는 것으로 알려진 SARS는 2002년 말부터 2003년 중반까지 유행한 전염성 질환으로 많은 사망자가 발생한 바 있습니다. 중국의 광동廣東 지방은 예부터 야생 동물 요리가 발달하였는데, 야생 동물과의 접촉을 통하여 SARS가 인간에게 전염된 거라는 추측도 나오고 있습니다.[39]

---

38 조선일보 2007.1.22
39 SARS virus traced back to wild animals in China. China daily 2003.5.25 Cyranoski D, Abbott A; Virus detectives seek source of SARS in China's wild animals. Nature 2003 May 29;423(6939):467 홍콩대학 팀이 중국 광동성 심천深圳 야생동물 시장의 동물에서 SARS virus와 닮은 coronavirus를 분리해냈다고 발표

SBS에서 방송한 'SBS 스페셜, 환경호르몬의 습격-현재시간 11시 55분'의 파장이 큽니다. 환경호르몬의 영향으로 여자 아이의 성性 조숙증早熟症(sexual precocity)이 나타나고, 남자 아이에서 요도하열증(hypospadias) 같은 간성間性(intersex) 현상이 나타나고 있는데 요도하열증은 1984~1994년 10년 사이에 발생률이 2배나 증가하였다고 합니다.[40] 이러한 질환은 '프탈레이트phthalate' 같은 환경호르몬이 한 원인으로 작용한다고 알려져 있습니다. 종족의 건강한 번식은 우리 민족뿐 아니라 전 인류의 미래가 달려 있는 문제이니만큼 환경호르몬의 오염을 줄이고 후대의 건강을 지켜나가는 데 애써야 할 것입니다.

기소불욕 물시어인[41]
己所不欲 勿施於人
제자 중궁仲弓이 인仁에 대하여 묻자 공자께서는 이렇게 말씀하였다. "자기가 바라지 않는 일은 남에게 행하지 말아야 한다."

2005년에 우리가 바다에 버린 쓰레기 양이 993만 톤에 달했

---

40 SBS 2006.9.17
41 논어論語 안연顔淵/위령공衛靈公

다고 합니다.[42] 우리나라에서 분리 배출한 음식쓰레기의 절반이 폐수廢水로 나오고 이 폐수의 절반이 바다에 버려진다는데, 그 양이 2005년에만 150만 톤이었지요. 이전에 환경부와 농림부에서 1조5,000억 원을 들여 축산 폐수 처리시설을 지었으나 설계 결함 등으로 제대로 이용을 못하자 2002년 국민의정부는 축산 폐수도 바다에 버릴 수 있게 해주었습니다. 이를 근거로 2005년에 바다에 버려진 축산 폐수 양은 무려 275만 톤이나 되었습니다. 또 1993년부터 규정이 바뀌어 전국 하수찌꺼기의 59%인 163만 톤도 바다에 버려지는데, 알다시피 하수찌꺼기에는 유해물질이 굉장히 많이 섞여 있습니다. 바다가 환경호르몬, 중금속 등으로 오염되면 물고기가 오염될 것이고 그것을 먹는 사람까지 오염되는 것임은 불을 보듯 뻔한 일이건만 우리는 언제나 이런 행태를 멈출 수 있을까요.

우리나라도 지구 환경을 개선하는 데 적극 나서야 합니다. 설령 남들이 환경을 파괴하고 바다를 오염시키는 행위를 한다고 해도 우리까지 해도 된다는 생각은 하지 맙시다. 우리가 인류에게 유익한 행동을 하면 부수적으로 대한민국의 인식도 좋아지고 브랜드 가치도 높아집니다. 두 나라 기업에서 만든 똑같은 물건이 외국 시장에 나온다면 사람들은 두 나라 중 이미지가 좋은 나라의 물건을 더 선택할 것입니다. 21세기에서 국가 브랜드 가치의 중요성은 아무리 강조해도 부족하지 않습니다.

[42] 조선일보 2006.11.11 한삼희; 부끄러운 바다이야기.

시저기이불원 역물시어인[43]

施諸己而不願 亦勿施於人

"자기에게 베풀어지기를 바라지 않는 것은 또한 남에게도 베풀지 말라."

액세서리 목걸이, 귀걸이, 반지 등에 납 성분이 많이 들어 있다고 합니다.[44] 어떤 어린이 액세서리 중에는 성인 치사량致死量의 절반에 해당하는 납 5g을 넘게 함유한 것도 있었다고 하니, 불량 액세서리로부터 우리의 2세를 보호하기 위해 각별한 주의가 필요한 때입니다. 어린이 납중독은 특히 무서우며, 납은 피부로도 흡수된다는 점을 꼭 염두에 두어야 합니다. 액세서리에 납을 넣거나, 먹는 것에 몸에 해로운 물질을 섞는 짓은 차마 사람으로서 할 짓이 아닌데 이런 일이 전세계적으로 끊이지 않고 일어나고 있으니 통탄할 노릇입니다. 자기에게 해로운 것은 남에게도 절대로 하지 마라는 옛사람의 가르침이 유독 크게 울립니다.

43 중용中庸 13장
44 KBS 위기탈출 넘버원 2007.3.17

길 잃은 나의 조국

소나무

2007-03-19

화거분내 종핍생기 조입롱중 편감천취[45]

花居盆內 終乏生機 鳥入籠中 便減天趣

"꽃이 화분 속에 있으면 마침내 생기를 잃고, 새가 조롱 속에 들면 곧 자연스러운 멋이 줄어든다."

서울시 중구中區가 2010년까지 가로수 중 4,000그루를 소나무로 바꾸는 작업을 시작했습니다.[46] 국토 개발로 베어질 운명이었다면 모를까 자연 속에서 건강하게 자라고 있던 소나무가 공해에 찌든 도심의 길거리로 옮겨질 운명을 생각하니 가여운 느낌이 드는 걸 어찌 할 수 없습니다. 매사 자신들의 즐거움만을 위해 다른 생명체에 가하는 인간의 폭력에 쓸쓸함을 지울 수 없습니다. 도시로 옮기면 일부 나무는 죽기도 하며, 살아 있도록 하기 위해서 관리 비용이 꽤 들어가기도 합니다. 그대로 산 속에 있으면 수십 년 후 아름드리 나무가 되어 얼마나 자연이 풍요로와질까요. 설령 소나무 가로수가 과학적으로 바람직하다고 총의가 모아졌다면 그나마 어린 소나무를 심어 잘 키우는 방안을 택할 일이지, 자연 속에서 평화롭게 잘 살고 있는 우람한 소나무를 괴롭혀서는 안 되겠습니다.

45 채근담 菜根譚, 홍자성洪自誠
46 조선일보 2007.3.19

한국 환경정책 평가연구원이 2007년 3월 25일 발표한 '국외 반출 승인대상 생물자원 선정 연구'에 따르면 1984~1989년 사이 우리나라에서 외국으로 많은 식물 자원이 빠져나갔다고 합니다.[47] 이러한 행위는 심지어 생물해적질(Bio-piracy)이라고도 할 수 있는데, 미국 국립수목원National Arboretum과 홀덴수목원Holden Arboretum에서 직원을 파견해 비비추, 원추리, 때죽나무, 나도풍란과 같은 식물 950여 종種을 가져갔다더군요.

과거의 주요 사례를 살펴보면, 1970~1980년대 무당벌레 등 곤충 102종이 외교 행낭으로 미국에 반출되었고, 예전에는 1917~1919년 사이 미국 하버드Harvard대 아널드 수목원Arnold Arboretum의 식물 채집 담당자인 어니스트 윌슨Ernest Wilson이 한반도에서 구상나무, 노각나무, 팥배나무, 화살나무, 금낭화 등 300여 종의 식물을 가져간 적이 있습니다. 특히 1992년 6월 국제적으로 '생물 다양성 보존 협약(Convention on Biological Diversity)'이 체결된 이래, 우리나라도 생물 주권을 보호하는 데 있어 이제부터라도 각별한 노력을 기울여야 할 것입니다.[48] 우리 토종 식

---

47 조선일보 2007.3.26
48 외국으로 반출되어 상품화된 식물 예. 노각나무; 1917년 미국이 지리산에서 캐서 가져가 해외에서 정원수로 팔리고 있음 장수만리화; 북한이 원산지이며 국내로 역 수입 원추리; 'daylily'로 개량 구상나무; 크리스마스 트리 수수꽃다리; '미스킴 라일락'으로 개명

물도 외국에서 신품종으로 개량해 특허를 얻으면 오히려 우리가 로열티를 물고 수입해야 하는 어처구니없는 일도 벌어질 수 있기 때문입니다.

맺음말

우리의 정신은 육체라는 그릇에 담겨 있으므로 그릇인 육체가 건강해야 정신이 건강해질 수 있습니다. 육신의 건강을 유지하는 데 가장 중요한 네 가지는 음식, 운동, 잠 그리고 스트레스 관리라고 할 수 있습니다. 물론 몸에 해로운 것들을 멀리하는 것 또한 아주 당연한 일입니다. 현 세대뿐 아니라 우리 후대에게도 건강이라는 유산을 물려주어 민족을 영원토록 건강하게 보전하여야겠습니다.

환경이 오염되어 생물이 살 수 없게 되면 인류도 같이 멸망하는 것입니다. 물과 공기를 깨끗하고 맑게 가꾸고, 우리 세대가 잠시 빌려 쓰고 있는 자연 환경을 더럽히지 말고 후대에게 물려주어야 할 것입니다.

제19장

흔들리는 밑바탕

처음말

국가장흥 필유정상 국가장망 필유요얼[1]
國家將興 必有禎祥 國家將亡 必有妖孽
"나라가 장차 흥하려면 반드시 상서로운 일이 있고, 나라가
장차 망하려면 반드시 흉조가 나타난다."

강원도 양양에서 난 산불이 2005년 4월 5일 낙산사로 옮겨
붙어 낙산사가 소실되었다 합니다. 산불이 자연적으로 났다면
어쩔 수 없는 자연 재해로 받아들여야 하나, 낙산사와 같은 오래
된 사찰이 불에 타버렸다는 사실은 괜스레 이런저런 상념을 불
러일으킵니다. 그러나 천재天災보다 더 두려운 것은 바로 인간이
일으키는 기괴한 현상입니다.

성대목명… 괴지가야, 이외지비야… 인요즉가외야[2]
星隊木鳴… 怪之可也, 而畏之非也… 人祆則可畏也
"별이 떨어지거나 나무가 소리를 내면… 이것을 괴이하게 느
낄 수는 있으나, 두려워할 필요는 없다. 그러나 인간이 일으
키는 기괴한 현상 인요人祆야말로 두려워하지 않으면 안 된
다."

1 중용中庸 24장; 禎 상서롭다, 祥 상서롭다, 孽 재앙
2 순자荀子 천론天論

길 잃은 나의 조국

2008년 2월 10일 국보 1호 숭례문이 방화로 인하여 거의 다 타버린 경악할 만한 사고가 일어났습니다. 숭례문은 2006년 6월 일반 시민에게 개방되어 누구나 쉽게 접근할 수 있었습니다. 경비가 되고 있다고는 하나 노숙자들도 숭례문 건물 안에 들어가 잘 수도 있어, 한 노숙자는 "나도 겨울에 추워서 깡통에 나무 조각, 합판 등을 모아 불을 피우고 그곳에서 잔 적이 있다"고 말했을 정도입니다.[3] 그리고 이미 2007년 2월 24일 문화관광부 홈페이지에 "숭례문 경비 체제가 허술해 조만간 누가 방화를 저지를지도 모른다"는 글이 올라온 적도 있었다고 합니다. 이러한 건의가 공무원들의 관심을 끌기나 했을지 의문입니다. 숭례문도 이같은 상황에서 어느 방화범에 의해 속절없이 재로 변하고 만 것이지요. 순자는 천재보다 이러한 인재人災 인요人祅를 더 두려워하였습니다.

섹스

2005-08-06

관기무 지기덕[4]
觀其舞 知其德

3 조선일보 2008.2.12
4 예기禮記 악기樂記

"그 춤을 보면 그 덕을 알 수 있다."
당시에 유행하는 춤을 보면 그 시대의 덕이 어느 수준인지 알
수 있다.

물질 문명의 발달은 필연적으로 도덕의 추락을 가져옵니다.
대도시의 나이트클럽에서는 섹시댄스경연대회[5]가 종종 열린다
고 합니다. 완전 누드 춤까지 선보였다는데 전문 춤꾼도 나오지
만 일반 손님도 출연했다지요. 말초신경을 자극하는 일차원적인
누드 춤은 섹스라는 쾌락을 좇는 것으로, 섹스를 초월한 있는 그
대로의 나신裸身과는 그 차원이 전혀 다릅니다. 섹스가 종족의 번
식과 사랑의 표현이라는 숭고하고도 자연스러운 인간의 본능이
라면, 성적 쾌락은 일순간의 부나비와 같이 불이 좋아 타 죽는지
도 모르고 불로 돌진하는 어리석고 가여운 몸짓에 불과합니다.

오색영인목맹[탐호음색 즉상정실명][6]
五色令人目盲[貪好淫色 則傷精失明]
"화려한 색은 사람의 눈을 멀게 한다."
"음란한 색을 탐욕스럽게 좋아하면, 정기精氣를 상하여 정신의
밝음을 잃어버린다."

성매매금지법이 2004년 3월 제정된 뒤로 변칙적인 성업소性業
所가 다양한 형태로 생겨나고 있습니다. 한 예로, 성매매에 저촉

5 조선일보 2005.8.6
6 도덕경道德經 검욕檢欲/목복目腹, 노자老子

　　　　　　　　　　　　　　길 잃은 나의 조국

되지 않는 키스와 스킨쉽^{skinship}을 일정 시간 단위로 서비스하는 '키스방'이 대도시를 중심으로 갈수록 늘어나고 있다고 합니다.[7] 2009년 6월에는 서울의 강남 지역에 남녀 커플 손님끼리 성행위를 할 수 있는 클럽마저 문을 열었다고 하지요. 이 음란 클럽에서는 '성性에 대한 어떤 금기禁忌도 금기시한다'고 선전하고 있습니다.[8] 변칙적인 성업소가 음성적으로 번창하게되면 성병의 유병율도 비례하여 올라갈 것입니다.

인류 역사를 보면 흥했다 쇠락해가고 결국 멸망해 사라진 국가나 민족, 문화를 쉽게 찾을 수 있습니다. 멸망의 원인이야 다양하지만 물질 만능주의의 정점頂點에 섰다가 내부적으로 성적 문란, 마약과 같은 도덕의 타락 과정을 밟는 게 보편적으로 나타나는 현상입니다. 국가와 민족은 외부의 적에 의하여 멸망당하기 전에, 먼저 내부의 적에 의하여 스스로 무너져 내려 멸망을 재촉하는 경우가 참 많습니다.

7 조선일보 2009.4.18
8 중앙일보 2009.7.1

알악양선[9]

遏惡揚善

"악한 것을 막고, 선한 것을 드높여라." 물질 문명이 발달하면 빈부의 차가 커지고, 있는 자 없는 자 모두 재화를 탐하여 악을 행하고 죄를 짓게 된다. 그러므로 군자는 악을 막고 선을 드높여야 세상이 태평해진다.

2006년 2월 10일 서울경찰청 사이버 수사대에 의하면, 2005년 말 대학입시 정시 원서 접수를 대행해주는 사이트가 마비된 사건은 일부 수험생들이 다른 수험생들은 접속하지 못하도록 반복 접속 프로그램을 이용하여 사이트 서버를 다운시켰기 때문이라고 합니다.[10] 경찰은 이 사건을 수사해 34명을 업무방해로 불구속 입건했는데 이 가운데 32명이 입시 수험생이었다고 합니다.

자신의 이익을 위하여 동료 학생들에게 심각한 피해를 주는 비열한 행위를 태연하게 저지른 학생들을 보고 있자니 우리 민족의 앞날이 너무 걱정스럽습니다. 문제 학생들도 아닌 그저 평범한 학생들의 도덕불감증은 차라리 무서울 정도입니다. 서로

---

9 주역周易 화천대유火天大有 괘; 遏 막다
10 조선일보 2006.2.13

길 잃은 나의 조국

도와 우리의 미래를 함께 만들어가야 할 젊은 학도들이 오히려 '너를 죽여야 내가 산다'는 막가파식 행동을 한 것인데 이런 악이 도대체 어디에서 자라고 있는 걸까요?

흉악범

2006-02-24

상무례 하무학 적민흥 상무일의[11]

上無禮 下無學 賊民興 喪無日矣

"위에 있는 임금이 무례하고 아래 백성이 배우지 아니하면, 사람을 해치는 자들이 날뛰며 곧 나라가 멸망에 이른다."

성폭행범이 저지르는 흉악 범죄가 끊이지 않고 있어 국민들이 분노하고 있습니다. 극악무도한 흉악범에게는 아동도 성폭행 대상에서 벗어날 수 없습니다. 용산구 모某 초등생이 성추행을 당한 후 살해되었고, 2006년 2월 22일 아이의 장례식이 치러졌습니다.[12] 아이의 부모는 "우리 딸이 죽기 전에도 아동 성폭력 사건은 끊임없이 발생했는데 정부는 도대체 뭘 하고 있었느냐"

---

11 맹자孟子 이루장구離婁章句; 賊 해치다
12 조선일보 2006.2.24

고 절규했습니다.

'성매매 알선 등 행위의 처벌에 관한 법률'[13]에서 성매매자 쌍방을 엄벌하고 있는 것도 성범죄를 조장하는 하나의 요인으로 작용하고 있는 건 아닌지 연구가 필요할 것 같습니다. 청淸나라 말 강유위康有爲는 대동서大同書에서 '미성년을 강간하여 신체를 파손시킨 자는 엄한 형벌로 다스려야 한다. 이런 나쁜 죄악은 모두 중세의 지나치게 엄했던 법률에서 나온 것이다. 사람이 욕구를 가졌으나 해소시킬 곳이 없으면 이러한 범죄를 저지르게 된다'고 지적한 바 있습니다.[14] 어린이나 부녀자를 성추행하고 살해하는 자들이 더는 생겨나지 않았으면 좋으련만 현실은 그렇지 않으니 어쩌면 좋습니까.[15]

---

13 2004.3.22 제정 제21조 ① 성매매를 한 자는 1년 이하의 징역이나 300만원 이하의 벌금·구류 또는 과료에 처한다.

14 강유위康有爲는 이어서 '욕망을 만족시켜주려는 일에는 힘쓰지 않고 단지 엄한 법률만을 적용한다면, 성적 욕구를 충족시킬 수 없으므로 염치도 모르게 되어 법률을 두려워하는 마음이 없어진다'고 덧붙여 설명했다. 대동서大同書 이성애 역, 민음사, 서울, 한국 1991

15 강호순이라는 연쇄살인범이 2006~2008년 사이 무려 8명의 부녀자를 성폭행하고 살해했다.

길 잃은 나의 조국

경마

2005-10-10

불견가욕 사심불란[16]

不見可欲 使心不亂

"욕심이 날 만한 것을 내보이지 말라, 백성의 마음을 어지럽
히지 말라."

주말에만 하던 경마가 2005년 9월 30일부터 금요일에도 개
장하였습니다.[17] 마사회馬事會 장외場外발매소가 전국적으로 32곳
이 있는데 평균적으로 한 곳에 1,700~2,000명의 사람들이 붐빈
다고 합니다. 2004년 마사회의 총매출액 5조3,280억 원 가운데
장외 발매소에서 올린 매출이 3조6,730억 원에 달하는 것으로
조사되었습니다. 마사회는 2002년에 매출액이 7조6,000억 원이
었으나 점차 줄어들자 매출액을 회복시키고자 정부의 승인 하에
금요 경마를 만들었습니다. 금요일 오후에 경마장에서 경마를
할 수 있는 사람이라면 서민 중에서 시간 여유가 있는 사람일 가
능성이 높은데, 그렇지 않아도 가난한 사람을 나라가 나서서 경
마라는 도박으로 내모는 격이니 한심할 따름입니다.

---

16 도덕경道德經 안민安民/위무위爲無爲, 노자老子
17 조선일보 2005.10.10

유항산자 유항심 무항산자 무항심 구무항심 방벽사치
무불위이[18]
有恒産者 有恒心 無恒産者 無恒心 苟無恒心 放僻邪侈
無不爲已

등문공膝文公이 나라를 다스리는 방법을 묻자 맹자는 "일정한
생활 근거가 있는 사람은 일정한 마음을 지니고 있으나, 일정
한 생활 근거가 없는 사람은 일정한 마음이 없다. 일정한 마
음이 없으면 방탕, 편벽, 사악, 사치 등 못할 행동이 없다"고
답했다. 그러면서 맹자는 그들로 하여금 죄에 빠지게 한 연후
에 그들을 잡아 죄를 묻고 형벌을 가해서 나라를 다스리려고
한다면 백성을 그물로 잡는 것이라고 비난한다.

맹자는 백성들을 죄에 빠지게 한 후에 처벌하려고 하지 말고
백성들이 죄에 빠지지 않도록 미리 방지할 것을 권하고 있습니
다. 특히 무항산자無恒産者인 실직자나 실업자가 죄에 빠지지 않게
예방하고 도와주는 건 사회안전망을 구축하는 데 있어 무엇보다
도 중요합니다. 그런데도 정부가 나서서 마사회의 매출을 회복
시키기 위하여 도박을 조장하는 형국이니, 온 나라를 노름판으
로 바꾸어 도박을 일상생활로 들여놓는 꼴이 아니고 무엇인가
요. 마사회의 수지를 맞추느라 국민 정신을 황폐화한 대가가 얼
마나 클지 짐작도 못하는 관리들의 안일함은 비난받아 마땅합
니다.

18 맹자孟子 등문공장구膝文公章句; 苟 구차하다, 僻 편벽/치우치다, 邪 사악하다,
侈 사치하다

마사회 보고에 의하면 18세 이상 성인 남녀의 3.8%인 130만 명이 병적 도박에 빠져 있는 것으로 추정됩니다.[19] 병적 도박에 해당하는 사람은 일정한 생활 근거가 없는 무항산자일 경우도 많을 텐데, 이들을 대상으로 일확천금을 미끼로 유혹하여 그나마 있는 돈마저 경마 같은 도박으로 탕진케 하다니 이 어리석음은 언제나 고쳐질지 모르겠습니다.

정보문화진흥원은 청소년 10명 중 3명이 게임 중독이라고 추산하였습니다.[20] 게임에 중독된 아이는 대개 혼자서 놀고 지내기 십상입니다. 사회로부터 격리되거나 소외되어 사회성이 떨어질 뿐 아니라 정신 건강도 나빠지겠지요. 자본주의 아래에서 최대의 이윤을 추구하는 게임 업체의 눈부신 성장 뒤에는 나라의 미래인 청소년의 정신 건강을 심각하게 훼손한 어두운 이면裏面이 따라다님을 잊지 않아야 합니다.

19 조선일보 2005.10.11
20 조선일보 2006.2.11

바다이야기

무고이득천금 불유대복 필유대화[21]

無故而得千金 不有大福 必有大禍

소동파蘇東坡가 말하였다. "까닭 없이 천금千金을 얻는다면 큰 복이 있는 것이 아니라 반드시 큰 재앙이 있다."

성인오락실은 도박장에 다름 아닙니다. 2006년 8월 당시 성인오락실은 전국에 1만5,000개가 있었으며, 그 안에서는 경품용 상품권을 사용하고 있다고 합니다. '바다이야기'는 2004년 12월 28일 영상물등급위원회의 심의를 통과한 성인오락실의 도박용 게임기 일종입니다. 성인오락 시장은 2004년 말 2조 원 크기였으나, '바다이야기'가 나온 이후 1년 만에 규모가 4조 원 정도로 커졌습니다.[22] 성인오락실에서 사용되는 경품용 상품권도 2002년 9월에서 2004년 12월 사이에는 4,000억 원을 넘지 않았고, 상품권 발행액 또한 2003년 한 해 동안 3,800억 원에 지나지 않았습니다. 그랬던 상품권이 2005년 8월부터 2006년 7월까지 1년간 27조 원어치가 발행되었으며, 19종의 상품권이 경품용으로 지정받아 이 가운데 98%가 성인오락실에서 통용되었습니

---

21 명심보감明心寶鑑 성심편省心篇, 추적秋適; 소동파蘇東坡는 북송北宋 때의 문인文人으로서 당송팔대가唐宋八大家의 한 사람이다.

22 조선일보 2006.8.19

다.[23] 이렇게 규모가 커진 이유는, 2004년 12월 '바다이야기'가 영상물등급위원회를 통과한 후 그해 12월 31일 '게임제공업소의 경품취급기준고시'[24]가 나온 까닭입니다. 상품권 업체는 상품권 발행업체 인증을 얻어 상품권을 발행하는 것만으로도 1년에 4,000억 원이라는 엄청난 순익을 남겼습니다.[25] 국민을 도박 중독으로 내모는 정부와 그 결과로 잇속을 챙기는 상품권 발행업체 및 유통업자, 그 사이에 검은 거래는 과연 없었을까 의문입니다.[26]

복권

2006-09-23

2005년도 복권福券 수익액은 총 1조1,716억 원이었습니다. 2006년도 복권 계획을 보면 온라인복권(2조1,004억 원), 인쇄복권(추첨식 3,276억 원, 즉석식 2,100억 원), 전자복권(추첨식 1,650억 원, 즉석식 700억 원)을 합하여 총 2조8,730억 원어치를 발행할

---

23 조선일보 2006.8.21
24 문화관광부 고시 2004-14호
25 1년간 27조 원의 98% 상품권에서 5% 정도의 이익이 발생하였다고 가정하면, 총 1조3230억 원 가량이 상품권 발행 및 유통 과정에서 이익으로 창출된 셈이다.
26 그 배후에 정치 세력이나 조폭 세력 등이 있는지 아직 밝혀지지 않았다.

예정이라고 했습니다.[27] 그리고 국무총리실 산하 복권위원회에
의하면 제주특별자치도에서는 2006년 11월에 인터넷로또를 발
행할 계획이라고 합니다.

　복권을 사면 일부 이익금이 공익 사업에 쓰인다고 홍보하면
서, 국가가 국민을 대상으로 일확천금一攫千金의 사행심射倖心을 조
장하는게 아니고 무엇입니까? 게다가 복권을 사는 사람들은 대
부분 서민입니다. 뒤집어 보면 서민들 호주머니에서 돈을 빼내
복권을 사게 하고 그 돈으로 공익 사업을 한다고 선전하는 셈이
지요.

노동조합

2005-10-11

홍부오전 식화민칙[28]
弘敷五典 式和民則

주周나라 목穆왕이 군아君牙를 신하로 임명하며 이렇게 지시했
다. "오륜五倫을 널리 펴서 백성들이 법을 따르고 서로 공경하
고 화합케 하라."

---

27 조선일보 2006.9.23
28 서경書經 주서周書; 敷 널리 펴다, 五典/五倫 다섯 가지 윤리

노동운동도 기본적인 법치는 따라야 하며, 노사勞使가 서로 공경하고 화합하여야 합니다. 물론 무조건적인 화합을 강요하는 것이 아니라, 노사가 모두 예禮에 따라야 화합할 수 있습니다.

2003년 7월 당시 현대자동차 노조위원장은 회사측으로부터 2억 원을 받았으며, 법원은 이에 대하여 배임수재죄로 징역 1년 6월, 추징금 2억 원을 선고하였습니다.[29] 전국민주노동조합총연맹(민주노총) 수석부위원장 역시 전국택시운송사업조합 연합회 회장에게서 민주노총위원장선거 비용 5,100만 원을 지원받았으며, 서울택시운송조합 이사장에게서도 3,000만 원을 받았다고 합니다.[30] 노조 지도자가 협상 상대인 사용자측으로부터 오히려 돈을 받다니, 협상할 때 겉으로는 노동자를 위하는 척하면서도 속으로는 사용자의 이익을 위하여 행동했을 가능성이 높습니다.

29 중앙일보 2007.3.23
30 조선일보 2005.10.11

파업

2006-07-15

의이분즉화 화즉일 일즉다력 다력즉강 강즉승물[31]

義以分則和 和則一 一則多力 多力則彊 彊則勝物

"의義로서 사람들을 분별 지으면 화합하고, 화합하면 하나로 뭉쳐지고, 하나로 뭉치면 힘이 커지고, 힘이 커지면 강해지고, 강하면 만물을 이길 수 있다."

이 말은 국가에도 기업에도 해당되는 말입니다. 노사의 분별이 의義로우면 화합이 이루어지고, 화합이 이루어지면 회사가 발전하리라는 것은 자명한 사실이지요. 회사가 발전하면 해외 시장에서 그 회사 상품의 경쟁력이 높아질 것이고, 시장에서 상품이 잘 팔리면 이익이 많이 나고 결국 노사가 모두 잘될 수 있는 것입니다.

육마불화 조보불능이치원[32]

六馬不和 造父不能以致遠

"여섯 말이 화합하지 않으면 조보도 이를 몰고 멀리 갈 수 없다."

---

31 순자荀子 왕제王制
32 순자 荀子 의병議兵; 造父 주周나라 목왕穆王을 섬긴 뛰어난 마부

그러나 화합이 안 되면 회사를 이끌고 나갈 수가 없습니다. 이는 여섯 마리의 말이 끄는 수레에서 말들이 화합하지 않으면 조보와 같이 훌륭한 마부도 수레를 몰 수 없는 것과 같은 이치입니다.

민주노총 포항지역 건설 노조원들이 포항 포스코 본사 건물을 2006년 7월 13일부터 불법으로 점거하여[33] 포스코 본사는 업무를 보지 못하였습니다. 경찰은 공권력을 투입할 가능성을 비쳤으나 실제 행동으로 옮기지는 않고 기다렸습니다. 건설 노조가 자기 주장을 관철하기 위하여 정당하게 투쟁하는 것은 국민들이 지지하겠지만, 협상 대상이 아닌 회사를 불법적으로 점거하는 것은 예禮가 사라지고 떼를 쓰는 행위로 볼 것입니다.

민주노총 울산본부가 울산시측에 '한미 FTA 협상 반대 결의서'를 채택하라는 요구를 했으나 받아들여지지 않자 25개 노조 3만 명이 2006년 7월 19일 파업을 단행하였습니다.[34] 울산시에서 다룰 수 없는 사항에 대하여 억지 요구를 한 것으로 보아, 파업을 가정하고 그 핑계로 삼으려 한미 FTA 협상 반대 결의서를 요구한 것 같습니다.

예자표야, 비례혼세아[35]

33 조선일보 2006.7.15
34 조선일보 2006.7.20
35 순자荀子 천론天論

禮者表也, 非禮昏世也

"예는 (세상의) 푯말이다. 예가 없어지면 세상이 어두워진다."

화물연대가 2006년 12월 1일부터 파업에 돌입하였습니다.[36] 화물연대는 2004년 4월 정부로 하여금 화물운송업을 등록제에서 허가제로 바꾸도록 하더니, 이번에는 독과점獨寡占의 힘으로 "물류物流를 멈춰 세상을 바꾸자"는 구호를 외치고 있는 것입니다. 화물연대는 파업에 참여하지 않은 동료의 화물차에 불을 지르고,[37] 돌을 던지는 행위도 불사不辭하며, '운행하면 차를 작살내겠다'고 협박까지 하였습니다. 울산에서는 2006년 12월 1일 남구 장생포동 울산항 주변 도로와 울주군 온산읍 울산 석유화학공단 도로 7~8곳에 10cm가량 대못 30~40개씩을 뿌리기도 했습니다. 파업에 참여하지 않은 것도 그 사람의 자유인데 왜 그의 생명줄이나 다름없는 화물차에 불을 지르는 무례無禮를 저지르는지 답답하고 안타깝습니다. 이렇듯 예가 사라지면 세상은 오히려 어두워지는 법입니다.

인무례불생 사무례불성 국가무례불녕[38]
人無禮不生 事無禮不成 國家無禮不寧

36 조선일보 2006.12.4
37 2006년 12월 2일 오전 3시 43분경 경북 김천시 아포읍 경부고속도로 상행선 아포 분기점 부근 갓길에 주차된 11.5톤 트럭이 방화로 전소: 12월 3일 새벽 경기도 광주 장지동에 주차한 시멘트 운반 화물차가 방화로 반소半燒
38 순자荀子 대략大略

"사람은 예가 아니면 살아갈 수 없고, 일은 예가 아니면 이루어질 수 없고, 나라는 예가 아니면 편안할 수 없다."

현대자동차 노동조합이 2006년도 생산 목표(164만7,000대)를 달성하지 못하면 성과급을 150%에서 100%로 하기로 노사 간에 합의한 상태임에도 불구하고, 2006년 12월 28일부터 성과급 50%를 추가로 지급할 것을 요구하며 강경 투쟁을 벌였습니다.[39] 그도 모자라 2007년 1월 시무식에서는 분말 소화기를 뿌리는 등 난동을 부려 시무식이 중단되었다고 합니다. 일은 예禮가 아니면 이루어지지 않는다고 하였습니다. 노동 운동도 예禮를 지키면서 하여야 성취하는 바를 이룰 수 있는 것입니다.

민지난치 이기상지유위[40]
民之難治 以其上之有爲

"백성을 다스리기 어려운 것은 윗사람이 유위有爲하기 때문이다."

2007년 1월 17일 현대자동차는 노조에게 성과급으로 50%를 추가 지급하기로 했습니다.[41] 경영진이 약점이 많으면 노조가 불합리한 요구를 하더라도 들어줄 수밖에 없습니다. 윗사람들이 마음을 비우지 않고 욕심을 많이 부리면, 직원들도 윗사람을 닮

39 조선일보 2007.1.5
40 도덕경道德經 탐손貪損/구생求生, 노자老子
41 조선일보 2007.1.19

아가 탐욕이 생겨나고 그 결과 노무 관리가 어려워지게 됩니다. 그러므로 기업주들이 먼저 지나친 욕심을 버리고 노동자들의 몫을 제대로 돌려주어야 노동조합 운동이 예禮를 벗어나지 않고 순리에 따라 진행될 것입니다

황당 사고

지명자 불립호암장지하[42]

知命者 不立乎巖牆之下

"명을 아는 사람은 무너질 수 있는 돌담 밑에는 서지 않는다."

2005년 10월 3일 상주에서 MBC 가요 콘서트에 입장하려던 사람 11명이 압사壓死하고 수십 명이 다치는 사고가 발생했습니다.[43] 기본에 충실하지 않은 주최측과 기본 예의나 여유, 질서 의식이 부족한 국민 수준이 함께 작용한 비극입니다. 주최측이 입구를 하나만 열었고, 선착순으로 좋은 자리에 앉을 수 있다고 하니 관객들이 우하고 빨리 들어가려다 난 전형적인 후진국형 참사입니다. 마음에 여유가 있는 사람은 위태로울 것 같으면 한

---

42 맹자孟子 진심장구盡心章句; 巖 바위, 牆 담
43 조선일보 2005.10.4

길 잃은 나의 조국

발 물러나 돌아가는 슬기를 가지고 있을 것입니다. 이처럼 황당한 사고가 다시는 일어나지 않기를 바랍니다.[44]

2009년 2월 9일 음력 정월 대보름날 경상남도 창녕군 화왕산 억새태우기 축제에서 산불이 나 6명이 숨지고 수십 명이 중경상을 당하는 사고가 발생했습니다. 주최측은 방화선防火線을 좁게 설치하고, 방화선의 억새도 제대로 제거하지 않았으며, 흙도 잘 덮지 않았을 뿐 아니라 물 뿌리기조차 하지 않아 강풍이 일자 불길이 구경거리를 보려고 모여든 사람들에게 순식간에 번졌습니다. 지방 축제를 보려고 모인 시민들이 어처구니없는 큰 변을 당했습니다.[45]

드라마

2005-11-23

좌밀실 여통구 어촌심 여육마 가면과[46]
坐密室 如通衢 馭寸心 如六馬 可免過

---

44 하지만 불행히도 2022년 할로윈데이Halloween Day 직전 주말인 10월 29일 토요일 밤 서울시 이태원지구에서 158명(외국인 26명)이 인파에 압사당하였다.

45 MBC PD수첩 '화왕산의 눈물' 2009.2.17

46 명심보감明心寶鑑 존심편存心篇, 추적秋適; 衢 네거리, 馭 말부리다

『경행록景行錄』에 이르기를 "밀실密室에 앉았어도 마치 네거리에 앉은 것처럼 여기고, 작은 마음을 제어하기를 마치 여섯 필의 말을 부리듯 하면 허물을 면할 수 있다"고 한다. 자기의 행동을 지켜보는 사람이 없어도 매사에 조심하고, 마음가짐을 신중히 해야 잘못을 면할 수 있다는 뜻이다.

2005년 11월 20일 '프라하의 연인'이라는 드라마를 촬영하면서 덕수궁 돌담에 접착제를 사용해 종이 수백 장을 붙였다가, 촬영을 마치고 그것을 끌과 드라이버로 떼어내는 과정에서 담벼락이 훼손되었다고 합니다.[47] 1997년에는 '용의 눈물'을 촬영하기 위하여 경복궁 궁궐 마당에 깔린 돌 위에 빨간 물감을 뿌린 적이 있었고, 2000년 '왕과 비' 촬영 때는 창덕궁 인정전 마당에 LP 가스통을 설치했다고 합니다. 외주外注 제작업체가 드라마를 찍는다지만 방송 언론사의 책임이 없다고 할 수 없습니다. 문화 산업의 일선에서 예술에 종사하는 사람들에게 기본 예禮를 기대하는 시청자들의 마음을 저버리지 말아야 하겠습니다.

---

47 조선일보 2005.11.23

길 잃은 나의 조국

비속卑俗 광고

2006-05-09

유민생후 인물유천[48]

惟民生厚 因物有遷

주周나라 성成왕은 군진君陳에게 한 지방을 다스리게 하면서 이렇게 훈계했다. "사람의 성품은 착하게 태어나나, 사물로 인하여 나쁘게 바뀌어 진다."

'옥션'의 동영상 광고가 화제에 오른 적이 있습니다. 남자가 침대에 엎드려 있는 여자의 청바지를 벗기는 장면이 나오면서 "속궁합이 맞는 청바지를 찾으신다면 옥션!" 하는 내용과, 소매치기가 여자 핸드백을 채 가는데 잘린 여자 손목이 핸드백을 꼭 잡고 있자 "독한 논(년) 옥션 가면 다 있는데…" 하는 내용이 담겨 있었습니다.[49] '옥션'은 2006년 5월 2일 오후에 위 광고를 올렸다가 네티즌들의 항의로 1시간 만에 내렸다고 하는데, 일부 천박한 문화가 우리 심성心性에 부지불식不知不識간 나쁜 영향을 미칠 수 있음을 보여주는 광고인 것 같아 씁쓸합니다. 인간사회에서 문화가 야만스러워지면 그 사회는 스스로 쇠퇴하는 속도도 빨라집니다. 문화는 공기와 같습니다. 속되고 사악한 문화가 아름다운 문화를 어지럽히지 못하게 해야 할 것입니다.

---

48 서경書經 주서周書; 遷 달라지다
49 조선일보 2006.5.9

수능 방송

2006-06-09

2004년 4월 정부는 EBS 교육방송에서 대학수학능력시험(수능)을 대비한 방송 교육을 실시하여 형편이 어려워 학원에 가지 못하는 학생도 학원에 간 것과 다름없이 공부할 수 있도록 했습니다. 그리하여 전국의 수많은 고등학생들이 방송 교육에서 사용하는 수능 교재를 사서 공부하게 됐습니다. 그런데 교육 방송의 수능 교재를 독점으로 공급하다시피 하고 있는 EBS 측이 수능 교재 책값을 원가보다 터무니없이 비싸게 책정한 것이 감사원의 감사 결과 적발되었지요.[50] 게다가 2004년도의 경우 수능 교재를 팔아 생긴 이익금 382억 원 가운데 교육기반시설 확충에는 이익금 중 고작 13억7,000만 원이 쓰였고, 나머지 대부분을 직원 수입 증대 등에 돌려 썼다고 합니다. 우리나라에서 가장 많이 팔리는 책 종류가 중·고등학생 참고서라는데, 가난한 학생들을 위한 수능 방송이라면 수능 교재 값을 낮추든가 아니면 이익의 상당 부분을 교육에 재투자했어야 하지 않을까요.

---

[50] 조선일보 2006.6.9

회사 직원

군자지덕풍 소인지덕초 초상지풍 필언[51]
君子之德風 小人之德草 草上之風 必偃
"군자의 덕이 바람과 같다면, 소인의 덕은 풀과 같은 것이다.
풀은 바람이 불어오면 반드시 눕게 마련이다."
노魯나라 재상 계강자季康子가 공자에게 무도한 자를 죽이면 도道
가 제대로 서겠느냐고 묻자, 군자에게 덕이 있으면 백성들은
자연스럽게 덕을 따라오게 되어 있으니 구태여 살인까지 할
필요가 어디에 있겠느냐고 답한다. 지도층이 덕을 쌓으면 아
랫사람은 반드시 그 영향을 받아 선해지기 마련이며, 반대로
지도층에 덕이 부족하면 그 반대 현상이 나타나는 것이다.

2005년 10월 모某 재벌 그룹 회장이 두바이를 방문했을 때 묵
은 7성급 버즈 알 아랍Burj Al Arab 호텔에 걸린 타사他社 제품 TV를
해당 그룹 직원들이 호텔측으로 하여금 회장이 묵는 방에서 떼
어내고 자사自社 제품으로 바꾸어 달도록 한 일이 있었습니다. 이
일이 보도되자 관련 직원은 그 호텔에 우리나라 TV가 아예 없
었다고 거짓말을 하였다가 나중에 "그 호텔에 LG전자 TV가 납
품된 것은 사실이다"고 말을 바꾸면서, 회장이 묵은 방에서 타사

---

51 논어論語 안연顔淵; 偃 쏠리다/눕다

TV를 떼어내긴 했었다고 진술했답니다.[52] 세칭世稱 우리나라 최고 기업이라는 회사의 직원이 하는 행동이 이런 형편이라니 부끄럽습니다. 그 나라 사람들이 한국의 대기업과 회사원 수준을 어떻게 평가할지 자못 궁금합니다. 속으로 경멸하였다면 브랜드 가치의 하락으로 나타날 것입니다.

2007년 9월 9일 새벽 경비회사 에스원 직원(31세)이 자신이 맡았다가 얼마 전 경비 계약이 끝난 서울 청담동의 한 고객 집에 복면을 쓰고 침입해 강도질을 하고 성추행까지 한 사건이 발생했습니다.[53] 이 사건에 관해 회사측은 범인이 이미 퇴직한 경비 직원이었다고 발표했습니다. "9월 5일 사표를 냈고, 더 이상 우리 직원이 아니다", "8일자로 그만두었다"는 내용이었지요. 회사측은 범인이 퇴직한 직원이기 때문에 회사와 이 사건과는 직접적인 관련이 없다는 입장이었습니다. 그런데 사건의 피해자에 따르면 에스원 압구정 지사장이 집에 찾아와 사과했을 당시에는 범인이 현직 직원이라고 했는데 9월 10일에 찾아와서는 범인이 8일날 사표를 제출했다고 말을 바꾸었다고 합니다. 이에 대하여 회사측은 "그만둔 사원이 맞다"고만 되풀이할 뿐 그 근거는 제시하지 않다가 결국 에스원 직원임이 드러나자 유감을 표하고 사장과 전무가 물러났습니다. 고객의 집을 대상으로 직원이 벌인 범죄도 중대한 문제지만, 사건 이후의 과정에서 회사측이 보여

---

52 조선일보 2006.11.15
53 조선일보 2007.9.11. 2008년 1월 8일 법원은 강도, 강간미수로 위 범인에게 징역 7년을 선고했다.

준 위선적인 언행 또한 시사하는 바가 크다 하겠습니다. 책임을 회피하기 위하여 거짓말도 불사하는 후안무치厚顏無恥를 보면 이 회사가 과연 고객의 안전을 목표로 하는 기업이 맞는지 국민들로 하여금 불신감을 심어주기에 충분했습니다. 2008년 1월 9일에도 에스원 직원이 고객 업체에서 물건을 훔쳤다가 CCTV에 찍혀 절도혐의로 불구속 입건된 일이 있었습니다.[54] 고양이에게 생선을 맡긴 격입니다.

> 적선지가 필유여경 적불선지가 필유여앙[55]
>
> 積善之家 必有餘慶 積不善之家 必有餘殃
>
> "선善을 쌓은 집에는 반드시 경사가 넘치고, 불선不善을 쌓은 집에는 반드시 재앙이 넘친다."

2007년 12월 7일 아침 7시경 삼성중공업 측 예인선이 해상 날씨가 매우 나빠 줄이 끊어지면서 유조선 허베이 스피리트Hebei Spirit호(홍콩 선적)를 들이받는 사고가 발생했습니다. 이 사고로 유조선에 실려 있던 원유 1만800톤이 바다로 유출되었고, 흘러나온 원유로 태안반도 일대가 심하게 오염되었습니다.

법원은 2008년 12월 10일 항소심 공판에서 유조선과 삼성중공업 양측에 유죄를 선고했습니다. 유조선 선장(인도인)에게 금고 18개월 벌금 2,000만 원, 항해사(인도인) 금고 8개월 벌금

---

54 문화일보 2008.1.24
55 주역周易 중지곤重地坤 괘; 殃 재앙

1,000만 원, 삼성중공업 해상크레인 선장에게 징역 18개월, 예인선단 선장 징역 30개월 벌금 200만 원, 보조 예인선장 징역 8개월 등이 선고 내용입니다.[56] 유조선측의 잘못을 인정하면 나중에 피해 보상을 받는 데 유리하겠지만, 굳이 유조선의 선장과 항해사에게 금고禁錮와 같이 인신人身을 구금하는 형벌까지 내리는 것은 지나치다는 느낌이 듭니다. 선장과 항해사는 '예인선이 가만히 있는 유조선에 와서 부딪쳐 일어난 사건인데 이게 무슨 날벼락이냐'라고 생각할지도 모르겠습니다.

임형자실인정 필유여원급어양인[57]
任刑者失人情 必有餘怨及於良人
"형벌에 의존하는 사람은 인정을 잃고, 반드시 원한이 남아 그것이 선량한 사람에게까지 미친다."

2008년 12월 22, 23일 인도 첸나이Chennai와 뭄바이Mumbai에서 약 1,500명의 인도 선원들이 수감된 두 명의 인도 선원 석방을 요구하는 시위를 벌였으며, 삼성 제품을 비롯해 한국 상품 불매운동을 시작한다고 합니다.[58] 해외 선원들도 허베이 스피리트호 인도인 유조선 선장과 항해사 수감에 항의했고, 국제해운선원연맹(International Transport Workers' Federation) 역시 이해할 수 없는 보복 판결이라며 석방을 요구했으며, 인도무역노조(Indian

---

56 조선일보 2008.12.11, Hindu Business Line (인도) 2008.12.11
57 도덕경道德經 하상공장구河上公章句 임계任契, 노자老子; 怨 원한
58 문화일보 2008.12.26

trade unions)는 한국 상품의 불매 운동을 벌일 것이라 밝혔습니다.[59] 인신을 구금하는 금고라는 형벌을 내려 사건과는 상관없는 한국의 불특정 상품들이 불매 운동의 대상이 되다니 그 피해가 선량한 사람에게까지 미친다는 도덕경의 해석이 와 닿습니다.

도덕의 해이

2007-01-30

상화공정 하무사사[60]

上化公正 下無邪私

"윗사람이 공정해지면 아랫사람이 사악하거나 사사로운 것이 없게 된다."

사민불위도[61]

使民不爲盜

"백성을 도둑으로 만들지 말라." 윗사람이 맑고 깨끗해지면, 아랫사람 중에 탐욕스러운 사람이 없게 된다.

---

59 파이낸셜 타임즈 Financial Times 2008.12.28
60 도덕경道德經 하상공장구河上公章句 환순還淳, 노자老子
61 도덕경道德經 안민安民/위무위爲無爲, 노자老子

노자는, 아랫사람이 사악해지는 것은 윗사람이 먼저 부패해
진 까닭에 백성들이 그것에 물들어버리기 때문이라고 매섭게 지
적했습니다.

원청즉류청 원탁즉류탁[62]
原清則流清 原濁則流濁
순자께서 이르기를, "원천이 맑으면 물줄기도 맑고, 원천이
흐리면 물줄기도 흐리다"라고 하였다.

수원시 공무원들이 거짓으로 초과근무시간을 기입해 5년간
330억 원의 시간외 근무수당을 타냈다고 합니다.[63] 수원 시청 및
구청의 5급 이하 공무원 2,300명이 모두 매일 밤 11시에 퇴근한
것으로 서무직원이 일괄 기록했으니, 1인당 월 평균 50여 시간
을 초과 근무한 것으로 조작해서 평균 20여만 원씩 더 받은 셈입
니다. 혈세를 주인이 없는 눈먼 돈으로 여기고 자신의 호주머니
에 집어넣은 행위로 밖에는 볼 수 없군요. 이와 비슷한 사건은
다른 지방자치단체에서도 발생했다는데 감사원에서 2004년에서
2006년 6월까지 적발한 액수만 무려 950억 원에 이른다고 합니
다.[64] 2009년 5월 6일 CBS 노컷뉴스는 서울시 모某 구청에서는
이러한 관례가 아직도 근절되지 않고 있다고 보도하였습니다.

62 순자荀子 군도君道
63 조선일보 2007.1.30
64 기타 사례; 마포구는 공무원직장협의회와 협약을 맺어 야근 여부에 상관없이 모든
직원이 월 50시간 초과 근무한 것으로 했으며, 도봉구청 직원은 수고비를 받고 일
과 후 사무실에 나가 동료들 출퇴근 입력카드를 한꺼번에 찍었다고 한다.

윗사람들의 도덕 관념이 무뎌지면 아랫사람들도 죄의식이 희박해져 이런 파렴치한 짓을 아무렇지 않게 저지르는 것입니다.

민위국본 본삭즉국잔[65]
民爲國本 本削則國殘
"백성이 나라의 근본이니, 근본인 백성이 쇠약해지면 나라도 쇠잔해진다."

전봉준의 동학당 포고문에서 백성들이 살기 어려워지면 나라가 망한다고 한 것은 물질적인 삶을 가리킨 것이나, 백성들의 정신력이 쇠퇴해져도 나라가 망하기는 마찬가지입니다. 공무원들이 부패하여 행정부를 지탱해내지 못하면 정부가 망하고, 백성들이 나라를 지탱하지 못하면 국가가 망하는 것입니다.

물이악소이위지 물이선소이불위[66]
勿以惡小而爲之 勿以善小而不爲
유비劉備가 아들에게 훈계하기를, "악惡이 작다고 하여 행해서는 안 되며, 선善이 작다고 하여 행하지 않아서는 안 된다"고 했다.

2008년 10월 14일 감사원은 2006년도 '쌀 소득 보전 직접지불금(직불금)'을 받은 99만8,000명의 감사 결과를 공개했습니

---

65 전봉준全琫準 취어聚語; 削 약해지다, 殘 멸하다
66 소학小學 외편外篇 가언嘉言; 촉지蜀志 선주유비전先主劉備傳

다.[67] 2007년 3~5월 사이에 조사한 '2006년 쌀 소득 보전 직접 지불제 운용실태' 자료에는 회사원(99,981가구), 공무원(39,971가 구; 본인 10,700, 가족 29,271), 금융계(8,442가구), 공기업(6,213가 구), 전문직(2,143가구), 언론계(463가구), 임대업(52가구), 기타 (16,232가구) 등 실實경작자가 아닌 것으로 추정되는 비非농업인 에게 총 1,683억 원의 직접지불금이 지급된 것으로 드러났습니 다. 그러나 농협 수매 실적이 있는 실경작 농가 53만 명 중 7만 1,000농가는 총 1,068억 원의 [농가당 약 150만 원] 직불금을 받 지 못했다고 합니다. 감사원은 "직불금 수령자 가운데 17~28% 가 비농업인으로 추정되는 반면, 실제 농업인 중 13~24%는 직 불금을 수령하지 못하고 있는 등 직불금 누수漏水 사례가 만연해 있다"고 발표했습니다. 직불금을 받은 비농업인 가운데 그럴 만 한 연유가 있는 경우도 있겠지만, 상당수는 직불금을 받기에 적 합하지 않은 사람이었을 것입니다.

예전의 농경사회에서는 경자유전耕者有田의 법칙이 나라를 다스 리는 데 굉장히 중요하였지만, 현대 사회에서는 그 원칙이 반드 시 지켜지는 것만은 아닙니다. 기업농 등 농지소유와 농사짓기 가 일치하지 않는 경우가 드물지 않을 테니까요. 그렇지만 비농 업인이 직불금을 받는 것은 인정하기 어렵습니다. 아무 죄책감 도 없이 비농업인이 직불금을 받는 등 죄의식이 희박해진 현상이 사회에 널리 퍼지면 그 사회는 밑바탕부터 붕괴할 수 있습니다.

67 한겨레신문 2008.10.15

길 잃은 나의 조국

의료법

2007-02-07

신체발부수지부모 불감훼상 효지단[시]야[68]
身體髮膚受之父母 不敢毁傷 孝之端[始]也
"몸, 머리털, 살갗, 즉 몸 전체가 부모로부터 받은 것이므로, 감히 훼손시키지 않는 것이 효의 시작이다." 공자께서 증자 曾子에게 이른 말이다.

2007년 2월 6일 과천 정부종합청사 앞에서 벌어진 '의료법 개악改惡 저지 궐기대회'에서 서울시 의사회 홍보이사가 배를 자해自害하여 혈서를 썼습니다. 생명을 가장 고귀하게 여겨야 하는 의사가 자신의 몸을 이렇게 훼손해서야 인간 생명에 대한 직업 윤리가 제대로 서겠는지 의심스럽습니다.

경덕불회 비이간록야[69]
經德不回 非以干祿也
"덕으로 살아가고 사악하게 굴지 않는 것은 그렇게 해서 녹을 받자는 것이 아니다." 군자가 직책을 맡아 덕으로 임무를 잘 수행해 나가는 것은 소명감召命感으로 하는 것이지, 녹祿을 벌기 위해 일을 하는 것은 아니다.

---

68 효경孝經 개종명의장開從明義章; 髮 머리털, 膚 살갗, 毁 훼손하다, 端 처음
69 맹자孟子 진심장구盡心章句

의사가 환자를 진료하는 것은 진료를 해서 돈을 벌자는 게 목적이 아닙니다. 그런데 요즈음에는 돈을 벌기 위한 목적으로 환자를 진료하는 경우가 점점 늘어나고 있어 안타깝습니다. 환자를 위하여 의료법 개정을 반대하는 것인지, 아니면 의료법이 개정되면 의사의 수입이 줄기 때문에 반대하는 것인지 판단이 서지 않습니다. 의사라는 직업이 돈벌이를 일차적인 목적으로 하여 환자를 진료하는 건 아니지 않을까 생각해봅니다.

문화재 발굴

2007-03-03

난득지화 영인행방[70]
難得之貨 令人行妨

"얻기 어려운 재화는 사람으로 하여금 옳지 못한 행동을 하게 한다." 정당한 방법에 의하지 않고 보화寶貨를 탐내면 사람의 마음이 사악해져 행동을 그르치게 된다.

우리나라에서 2006년도에 집행된 문화재 발굴비가 무려 2,150억 원에 달했다고 합니다. 그런데 문화재 발굴 용역을 맡은

---

70 도덕경道德經 검욕檢欲/목복目腹, 노자老子; 妨 방해하다

길 잃은 나의 조국

일부 고고학자가 발굴비를 횡령하여 문제가 되었습니다. 2007년 3월 1일 검찰은 몇몇 고고학자들이 발굴비 중 8억6,000만 원을 횡령하여 구속했다고 합니다.[71] 모某 대학 총장도 2001년 3월부터 2007년 5월 사이 57건의 발굴 사업을 맡아 진행하면서 발굴비 중 14억4,500만 원을 횡령하였다고 감사원이 2008년 4월 발표했습니다.[72] 우리나라 고고학계의 저명한 학자들이 발굴비를 횡령하여 탐욕을 채우다니 허물이 이보다 더 클 수는 없을 것입니다.

맺음말

천지양만물 성인양현 이급만민[73]
天地養萬物 聖人養賢 以及萬民
"천지가 만물을 기르며, 성인이 어진 이를 길러서, 만백성에게 미친다."

교육을 통하여 인재를 기르고 이들이 국민을 이끌고 국민을 위해서 일하게 하여야 사회가 발전할 것입니다.

71 조선일보 2007.3.3
72 경향신문 2008.4.23
73 주역周易 산뢰이山雷頤 괘

유인자 의재고위 불인이재고위 시 파기악어중야[74]

惟仁者 宜在高位 不仁而在高位 是 播其惡於衆也

"오직 어진 사람만이 높은 지위에 있어야 마땅하다. 어질지 않은 자가 높은 지위에 있으면 그 악惡을 대중에게 퍼뜨리는 것이다."

그러나 이들이 국민을 위하기보다는 사리사욕私利私慾을 채우는 데 자신들의 능력을 활용하면 사회에 큰 해악을 끼치고 대중도 이들을 따라서 오염이 되니 사회에 악이 만연하게 됩니다. 사회의 기본 구조를 지탱하는 세력은 대중인데 그들이 광범위하게 오염되면 사회의 밑바탕이 흔들리기 시작합니다.

국가혼란 상현상동[75]

國家昏亂 尙賢尙同

제자 위월魏越이 '유세游說를 가면 무어라 말할까요?' 하고 물으니 묵자는 이렇게 답했다. "(그) 나라가 혼란하면 어진 이를 높이고 화동和同함을 높여야 한다고 말해라."

사회의 밑바탕이 흔들리고 혼란스러워지면 나라의 붕괴를 막기 위하여 어진 인재를 등용하고 대동 화합의 방향으로 나가야 합니다. 대동大同 사회야말로 국가와 민족을 쇠망의 길로부터 중흥中興의 길로 인도하는 근본입니다.

---

74 맹자孟子 이루장구離婁章句; 宜 마땅하다, 播 (씨를) 뿌리다
75 묵자墨子

대동사회

大同社會

"크게 하나가 되어 모든 사람이 더불어 잘 사는 사회"

예기禮記에 이르기를,[76] '큰 도道가 행해지면 천하가 공평해지고, 현명하고 능력있는 사람이 위정자로 뽑히며, 신의가 존중되고 화목해진다'고 하였습니다. 그런 세상이 되면 사람들은 자기 부모만 부모로 생각지 않고 남의 부모도 부모로 여기며, 자기 자식만 자식으로 생각지 않고 남의 자식도 내 자식처럼 여긴다고 합니다.[77] 나아가 다른 나라 사람도 우리나라 사람과 다름없이 아껴준다면 나라 안팎으로 서로 사랑하는 대동大同 세상이 올 것입니다. 대동 사회에서는 노인은 여생을 잘 마무리하고, 젊은이는 각자가 다 쓸데가 있으며, 어린이는 올바르게 자라납니다. 여기가 바로 우리가 추구하는 곳이며 후천後天 세상이 열리는 시초입니다.

---

[76] 예기禮記 예운禮運; 대도지행야 천하위공 선현여능 강신수목 고인불독친기친 불독자기자 사노유소종 장유소용 유유소장…시위대동 大道之行也 天下爲公 選賢與能 講信修睦 故人不獨親其親 不獨子其子 使老有所終 壯有所用 幼有所長…是謂大同. 睦 화목하다

[77] 고문진보古文眞寶; 송宋나라 철학자 장재張載도 '서명西銘' 이라는 글에서 '노인을 존경하는 것은 자신의 어른을 어른으로 모시는 것과 같고, 어린 고아를 사랑하는 것은 나의 자식을 자식으로 보살피는 것과 같다' (존고년 소이장기장 자고약 소이유오유 尊高年 所以長其長 慈孤弱 所以幼吾幼) 라며 공감하고 있다.

추천의 글

유필화(성균관대학교 명예교수)

"길 잃은 나의 조국"의 저자 홍경표 교수는 이 시대의 보기 드문 참 지성인이다. 서울대 의대 출신의 내과 전문의로서 오랜 세월 성균관대학교 의과대학 교수로 재직하면서 삼성서울병원에서 수많은 환자를 진료하였으니 그의 뛰어난 전문성은 의심의 여지가 없다. 그러나 전문성만을 갖춘 지식인과 넓고 깊은 지식을 바탕으로 무게있는 통찰을 제시할 수 있는 지성인 사이에는 깊은 도랑이 있다. 우리 주변에는 실력 있는 각 분야의 전문가들이 참으로 많다. 하지만 세계와 삶의 여러 측면에 따뜻한 관심을 갖고 균형 감각을 잃지 않으면서 우리가 부딪히는 갖가지 문제에 대해 합리적 의견과 설득력 있는 통찰을 제공할 수 있는 수준 높은 지성인은 결코 흔치 않다. 그러한 아름다운 지성의 향기를 은은히 풍기는 저자의 작품을 추천하는 글을 쓰는 것은 나 자신에게도 크나큰 기쁨이다.

모두 19개 장으로 이루어져 있는 이 책의 각 장의 제목을 보면 우선 저자의 관심사가 무척 다양하면서도 대한민국은 말할 것도 없고 온 인류와 그들이 살고 있는 지구에 대해 남다른 애정이 있음을 알 수 있다.

바쁜 의사 생활을 하면서도 그렇게 많은 토픽에 지속적으로 관심을 갖고 관련 자료를 꾸준히 수집하는 것 자체만도 절대로 쉬운 일이 아니다. 또한 서양의학을 전공한 저자가 그렇게 많은 동양고전을 섭렵했다는 사실도 범상치 않다.

결과적으로는 동서양의 지혜를 모두 동원할 수 있는 힘을 홍경표 교수는 갖고 있다. 이렇게 타고난 두뇌, 세상을 보는 따뜻한 시각, 동서양의 융합에서 오는 독특한 안목, 그리고 특유의 부지런함이 모두 반영된 이 책을 우리는 어떻게 보아야 할까?

첫째, 무엇보다 눈에 띄는 점은 저자가 각종 현안을 그야말로 있는 그대로 보고, 즉 아무런 정치적 사회적 편견이나 선입관을 개입시키지 않고, 그가 본 있는 그대로의 모습에 대해 역시 담담하게 자신의 생각을 펼쳐간다는 사실이다.

그래서 일부 독자들은 그의 의견에 동의하지 않을 수도 있고 또 어떤 분들은 그의 말에 찬사를 보낼 것이다. 그러나 어느 쪽에 속하든 독자들은 각 토픽에 대한 저자의 진지한 논의를 통해 신선한 느낌을 받을 것이다.

둘째, 이 책에서 여러 토픽을 다루고 있는 시점이 주로 2,000년대 중반이기 때문에 얼핏 보아서는 다 지나간 이야기 같지만 실은 그렇지 않다. 우선 상당수의 문제가 풀리지 않은 채 지금도 우리 곁에 있으며, 당시의 분석이 상당 부분 여전히 유효하기 때문이다. 뿐만 아니라 그 시절의 문제를 조금 거리를 두고 역사적 관점에서 다시 바라보는 것도 의미있을 뿐만 아니라 많은 경우 재미있기도 하다.

끝으로, 이 책은 현재 한국사회 및 인류가 봉착하고 있는 여러 어려운 문제에 대해 우리의 관심을 환기시키고 더 나은 해법을 모색하는 계기를 제공해준다. 결국, 과거 현재 미래가 모두 맞물려 있음을 이 책은 간접적으로 우리에게 말하고 있다.

대한민국을 사랑하는 모든 이에게 나는 자신있게 이 책을 권하는 바이다.

주요 참고문헌

1. 소크라테스의 변명: 파이돈·크리톤·향연·프로타고라스
   플라톤Platon 저 최현 역 집문당 파주 한국 2008

2. 순자荀子
   김학주 역 을유문화사 서울 한국 2008

3. 춘추-역사 해석학: 동중서의 춘추번로春秋繁露
   동중서董仲舒 저 신정근 역 태학사 파주 한국 2006

4. 역사 서설 al-Muqaddimah (An Introduction to History)[1]
   이븐 할둔Ibn Khaldun 저 김호동 역 까치글방 서울 한국 2003

5. 파우스트 Faust[2]
   요한 볼프강 폰 괴테Johann Wolfgang von Goethe 저 정서웅 역 민음사 서울 한국 1999

6. 자본론: 정치경제학 비판 Capital: A Critique of Political Economy[3]
   칼 마르크스Karl Marx 저 김수행 역 비봉출판사 서울 한국 2001

7. 대동서大同書[4]
   강유위康有爲 저 이성애 역 민음사 서울 한국 1991

---

[1] 1337년 집필
[2] 1831년 파우스트 2부 발행
[3] 1867년 독일어 초판 발행
[4] 1919년 발행

8. 조선상고사[5]

　신채호 저 박기봉 역 비봉출판사 서울 한국 2006

9. 문명의 충돌 The Clash of Civilizations and the Remaking of World Order

　새뮤얼 헌팅턴Samuel Huntington 저 이희재 역 김영사 서울 한국 1997
　[Simon & Schuster 판, New York, USA 1996]

10. 세계화의 덫: 민주주의와 삶의 질에 대한 공격 Die Globalisierungsfalle: Der Angriff Demokratie und Wohlstand

　한스 페터 마르틴Hans-Peter Martin/하랄트 슈만Harald Schumann 저
　강수돌 역 영림카디널 서울 한국 1997 [Rowohlt Verlag GmbH 판,
　Reinbek bei Hamburg, Germany 1996]

11. 문화대혁명사

　김춘명金春明/석선席宣 저 이정남/하도형/주장환 역 나무와 숲 서울 한
　국 2000

12. 상도商道

　최인호 저 여백 서울 한국 2000

13. 현대 일본을 찾아서 The Making of Modern Japan

　마리우스 잰슨Marius Jansen 저 김우영/강인황/허형주/이정 역 이산 서
　울 한국 2006 [Harvard University Press 판, Cambridge, USA 2000]

14. 소프트 파워 Soft Power

　조셉 나이Joseph S Nye Jr 저 홍수원 역 세종연구원 서울 한국 2004
　[PublicAffairs 판, Jackson, USA 2004]

5　'조선사'는 1931년 조선일보에 연재되었으며, 1948년 '조선상고사'의 이름으로 단행
　본이 발간되었다.

15. 인간의 얼굴을 한 세계화 Making Globalization Work
조지프 스티글리츠Joseph Stiglitz 저 홍민경 역 21세기북스 파주 한국 2008 [W.W.Norton & Company 판, New York, USA 2006]

16. The Next Great Globalization.
Frederic Mishkin, Princeton University Press, Princeton, USA 2006

17. 대한민국사 04: 386세대에서 한미FTA까지
한홍구 저 한겨레출판 서울 한국 2006

18. 르몽드세계사 L'Atlas du Monde diplomatique
르몽드 디플로마티크 le monde diplomatique 편저 휴머니스트 서울 한국 2008 [Armand 판, Paris, France 2006]

19. 세계화의 역사적 조망
양동휴 저 서울대학교출판부 서울 한국 2007

20. 동서속담사전
변재옥 엮음 영남대학교출판부 경산 한국 2007

21. 앞쪽형 인간
나덕렬 저 허원미디어 서울 한국 2008

22. 한국 사회와 좌파의 재정립
사민 복지기획위원회 편저 산책사 서울 한국 2008

길 잃은 나의 조국